Joanna Bolouri a travaillé dans le secteur de la vente avant de choisir la carrière d'écrivain à l'âge de trente ans. Lauréate d'un concours d'écriture de comédie organisé par la BBC, elle travaille et écrit avec des humoristes, des scénaristes et des acteurs de comédie dans tout le Royaume-Uni. Elle vit actuellement à Glasgow avec sa fille.

Du même auteur, chez Milady, en grand format :

La Liste : comment prendre en main sa vie sexuelle
Comment le faire craquer en dix leçons

Chez Milady, en poche :

La Liste : comment prendre en main sa vie sexuelle
Comment le faire craquer en dix leçons

Joanna Bolouri

Comment le faire craquer en dix leçons

Traduit de l'anglais (Grande-Bretagne) par Claire Allouch

Milady

Milady est un label des éditions Bragelonne

Titre original : *I Followed the Rules*

Originellement publié en Grande-Bretagne par Quercus.

ISBN : 978-2-8112-1959-8

Bragelonne – Milady
60-62, rue d'Hauteville – 75010 Paris

E-mail : info@milady.fr
Site Internet : www.milady.fr

À Claudia.

Note de l'auteure

Le guide de séduction, auquel Cat Buchanan se réfère dans mon roman, est librement inspiré du très populaire best-seller international *Les Règles – Secrets pour capturer l'homme idéal ou comment attraper un mari en 35 leçons* de Ellen Fein et Sherrie Schneider. L'expérience de Cat est évidemment très différente de la mienne, et j'invite toute personne souhaitant connaître les trucs et astuces et éviter les faux pas en matière de séduction à se procurer un exemplaire de ce livre. Tous les personnages que l'on croise entre ces pages et celles du manuel des *Règles d'or de la séduction* sont les produits de mon imagination.

The Lowdown Magazine
Samedi 6 septembre 2014

Est-il nécessaire de vivre ensemble pour avoir une bonne relation de couple ? Glasgow Girl pense que non.

Quand on est célibataire depuis longtemps, on commence à se demander si on serait vraiment heureuse en couple. J'ai mes petites habitudes, et l'idée d'inviter une tierce personne dans le petit monde que j'ai créé pour ma fille et moi n'est guère tentante.

Élever seule un enfant tout en travaillant m'épuise déjà assez, et je me demande si je pourrais trouver du temps et de l'énergie pour quelqu'un d'autre. J'ai parfois du mal à imaginer qu'un jour, je ne ferais plus tout toute seule. Pourtant, le temps passe et je dois reconnaître que j'ai des envies ! J'ai envie de flirter, d'être embrassée, aimée et câlinée par quelqu'un à qui je n'ai pas donné le jour.

Je ne m'inquiète pas pour la phase de séduction. Je suis certaine qu'en rencontrant l'homme qui me convient, je vais me transformer en une tornade d'humour, d'érotisme, de nuits partagées et de marathons de coffrets DVD. Jusqu'à ce que l'un des deux flanque tout par terre par une parole malencontreuse, du style : « Et si on s'installait ensemble ? ».

Sortir avec un mec ? Avec plaisir. Vivre ensemble, en revanche, ne fait pas partie de mes priorités. Me sentir enfermée, y laisser des plumes côté finances, m'engluer dans des reproches du genre « Je ne te croyais pas si bordélique, tu as oublié de sortir la poubelle, arrête deux minutes tes blagues vaseuses, je regrette que tu aies vu le jour », non merci. Et je sais très bien que ça finit toujours comme ça : je suis déjà passée par là, et je n'ai aucune envie de recommencer.

Avant même notre premier rendez-vous, j'ai déjà des limites à poser à cet homme que je n'ai pas encore rencontré.

Par exemple : tu ne passeras jamais en premier dans ma vie. Je ne te présenterai pas ma fille avant d'être certaine que tu n'es pas psychopathe (ça prendra minimum six mois). Pas la peine de demander à entrer si elle est dans l'appartement, même si elle dort. Et ça ne sert à rien de faire la tête. Ne viens pas me bassiner avec toutes les horreurs que ton ex t'a fait subir : j'ai eu le cœur brisé, je sais très bien qu'il y a toujours deux versions de l'histoire. Tu me plais, mais je ne suis pas sotte.

Je pense que les gens qui s'aiment sans jamais vivre ensemble ont tout compris, comme Mia Farrow et Woody Allen. Euh… non, mauvais exemple, mais vous saisissez l'idée. J'ai des amis que j'adore, et pourtant je ne voudrais pas vivre avec eux, ni les voir tous les jours jusqu'à ce que la mort nous sépare ; on a tous besoin de respirer. Bon sang, je suis horrible. Ne vous bousculez pas, messieurs.

Chapitre premier

Il est en retard. D'une bonne demi-heure.

Nerveuse, je range une mèche de cheveux derrière mes oreilles et continue à tripoter mon Smartphone.

Ce n'est pas grave. Être en retard, ça arrive tout le temps.

Bon, une demi-heure de retard au premier rendez-vous, il faut admettre que c'est déjà moins courant, mais il a dû avoir un pépin. Tout est possible : un bouchon... un accident de voiture... un glissement de terrain... ces choses-là se produisent tous les jours. Je vais continuer à lire les infos dans l'appli de la BBC, comme si de rien n'était. Ce n'est pas écrit sur ma tête que j'attends quelqu'un. Les gens ne me voient que comme une cliente attablée devant un verre de vin. C'est tout.

Lorsque je commande un deuxième verre, il n'est toujours pas arrivé et je suis folle de rage. De toute évidence, il ne viendra pas, et je viens de gâcher un vendredi soir que j'aurais pu passer à câliner ma fille de huit ans vêtue de son pyjama tout doux. Pendant ce temps, mon chat Heisenberg, tout doux également, m'aurait fait la gueule. Grace est avec ma sœur Helen, sans doute ravie d'avoir déniché un mec pour sa pauvre frangine qui n'a pas eu de rendez-vous galant depuis des semaines...

— Tout ce que je te demande, c'est de le rencontrer une fois. Prends un verre avec lui. Colin est adorable... un peu artiste. C'est un grand amateur de théâtre.

— Et tu le connais d'où ?

J'avais de bonnes raisons de me montrer suspicieuse : ma sœur ne fréquente que deux types d'hommes : ceux qui sont mariés, et ceux avec qui elle veut me caser.

— C'est un collègue d'Adam, et il m'a dit que Colin et toi, vous étiez faits l'un pour l'autre.

— Tu ne l'as jamais vu ? Tu t'appuies uniquement sur l'avis de ton mari ? Ce même mari qui m'a monté un coup avec Kevin alors qu'il était déjà fiancé ?

— Personne ne savait qu'il était fiancé…

— Sauf sa fiancée elle-même, je présume ! Je suis passée devant l'église juste au moment de la séance photo. Alors qu'il m'avait raconté qu'il était à Chester, au chevet de sa pauvre mère malade.

— Oui, il s'est vraiment mal conduit. Sa mère est morte depuis des années. De toute façon, on ne le fréquente plus. Mais Colin est célibataire, aucun doute là-dessus.

Je consulte une nouvelle fois l'horloge derrière le bar et secoue la tête. Pourquoi l'ai-je écoutée ?

Lance-toi ! Tu as le droit de t'amuser !

Et me voilà, en train de boire seule, avec un sourire de femme soûle et trois pour cent de batterie sur mon téléphone. Ça suffit. Je finis mon verre d'un trait, enfile mon manteau, et jette mon Smartphone au fond de mon sac. J'ai mieux à faire que d'attendre un homme qui…

— Catriona ?

Je me retourne et me trouve nez à nez avec un inconnu de petite taille, ruisselant de pluie, et portant une cravate mordorée. Avec un pincement au cœur, je devine que ce type étrange n'est autre que Colin.

— Mes plus humbles excuses pour ce fâcheux contretemps, madame, déclare-t-il. Je n'ai pu me soustraire à mon travail, et j'ai eu toutes les peines du monde à trouver un taxi depuis le West End. Puis-je vous offrir une consommation ?

(« Mes plus humbles excuses » ? Helen, tu me le paieras !)

— Avec plaisir, dis-je en scrutant la goutte de pluie qui pend au bout de son nez. Je vais prendre un verre de merlot.

Avec un hochement de tête approbateur, il s'éloigne vers le comptoir. Je me rassieds, mon sac sous la table et les mains croisées devant moi, et me prépare mentalement au moment gênant qui va nécessairement s'ensuivre. Il ne tarde pas à revenir avec deux verres de vin rouge qu'il pose maladroitement avant d'enlever sa veste de tweed trempée, qui semble peser cent cinquante kilos.

— L'enfer est vide, tous les démons sont ici.

Je le regarde sans comprendre.

— Pardon ?

— Shakespeare ! C'est une citation de ce bon vieux William. Je ne suis guère coutumier des bouibouis de ce genre. Ces gens… ils doivent tous être tatoués et à demi analphabètes, j'imagine, explique-t-il en passant sa main osseuse dans ses cheveux clairsemés.

Je regarde autour de moi. Les clients sont parfaitement normaux : deux jeunes femmes d'une vingtaine d'années, plongées dans une conversation sur leurs tenues qui se ressemblent étrangement. Un couple de trentenaires qui partage une assiette de nachos. Et un groupe de messieurs d'un certain âge occupés à descendre des shots aux couleurs vives, et qui se vomiront sans doute sur les pieds avant minuit. Un vendredi soir comme les autres, dans un bar comme les autres. C'est décidé : un seul verre, et je me casse.

— Shakespeare, ah tiens ? Mon royaume pour un cheval !

Je m'attends à ce qu'il soit au moins un peu admiratif devant l'unique citation de *Richard III* que je connaisse, mais il reste impassible, sans doute occupé à se demander quelle quantité d'alcool j'ai déjà ingérée. Et pendant ce temps, il dégouline toujours. Pfff, ce type n'a pas la fonction séchage automatique. Le silence s'installe et j'avale une grande gorgée de vin.

Pourquoi c'est toujours sur moi que ça tombe? À croire que je suis maudite! Je puise du réconfort dans l'idée que sitôt mon verre avalé, je pourrai m'excuser et partir, mais en attendant cet instant de pur bonheur, il va falloir que je fasse la conversation.

—Alors, Colin… Helen m'a dit que tu aimais le théâtre?

—En effet, c'est exact, mais rien de trop baroque. J'aime les classiques… pas toutes ces imbécillités qu'on voit aujourd'hui, comme *We Will Rock You* ou *Mamma Mia*.

—Moi, j'aime les comédies musicales. Je connais *Evita* par cœur. Et *Rocky Horror*, aussi.

Je suis ravie de n'avoir aucun point commun avec lui.

—Je vois, commente-t-il avec un petit reniflement de mépris. Chacun ses goûts. Qu'est-ce que tu fais dans la vie, Catriona? Mais tu préfères peut-être que je t'appelle Cat?

Il n'y a que les gens que j'apprécie qui m'appellent Cat.

—Non, Catriona c'est très bien. Je suis journaliste. J'écris surtout des chroniques. Je travaille pour le *Lowdown*.

—Ah, oui, j'en ai entendu parler, soupire-t-il. Plutôt à gauche, non? Et bourré de prêchi-prêcha féministe… Ce n'est pas ma tasse de thé. Pas mal pour un premier poste, mais tu vises sûrement une publication plus réputée à terme?

Cette remarque met fin au rendez-vous. J'en ai assez entendu. En temps normal, j'adore parler de mon boulot. J'écris pour l'édition écossaise du *Tribune* – le journal le plus vendu du pays –, dans leur magazine du week-end, et c'est un job de rêve: deux jours de présence au bureau, un temps de travail que j'aménage autour des horaires de ma fille, et même une récompense pour ma chronique si drôle, *Lowdown and Dirty*. Je dispose de trois cent cinquante mots chaque semaine pour divaguer sur l'amour, la vie et les hommes, sous le nom de plume de Glasgow Girl. J'ai même le *New York Times* et Ellen DeGeneres parmi mes followers sur Twitter ! Mais je ne m'abaisserai pas à le dire à Colin : il ne mérite pas de savoir combien je suis fascinante. Je repousse mon verre encore à moitié plein et me lève.

— C'était un plaisir de te rencontrer, mais je dois rentrer.

— Mais je suis arrivé il y a dix minutes à peine !

Je bredouille une excuse à propos de la baby-sitter, et croise les doigts pour qu'il ne s'accroche pas.

— Ah, je comprends, déclare-t-il en se levant à son tour pour me prendre la main. Chère Catriona, la séparation est un si doux chagrin…

Je lui arrache ma main en m'exclamant :

— Bordel de merde, arrête de me citer Shakespeare ! Franchement, Colin, il ne faut pas exagérer !

J'attrape mon sac et me dirige à grandes enjambées vers la porte, tête baissée, prête à affronter la pluie pendant le court trajet qui me sépare de l'appartement d'Helen (que je vais assassiner). J'entre en collision avec un petit vieux souriant, coiffé d'un béret en tartan.

— Doucement, ma grande.

— Oh, mon Dieu, je suis désolée ! C'est ma faute !

— Ne vous en faites pas, mademoiselle. Quelle belle soirée, pas vrai ?

Je regarde le ciel. Il est dégagé. Pas un nuage à l'horizon. Le genre de ciel qui inciterait Julie Andrews à chanter tout en faisant la toupie au sommet d'une montagne. Je baisse les yeux vers le trottoir : il est sec. Colin n'est entré dans le bar que depuis dix minutes… Une averse aurait laissé des traces.

Il n'est pas tombé une goutte. Je me rends d'un pas décidé vers Queens Park afin de remercier ma sœur et son mari de m'avoir arrangé un coup avec le pire abruti que la terre ait porté.

Chapitre 2

2007

Après sept ans, c'est enfin terminé. Nous sommes séparés.

J'ouvre la porte blanche de ma confortable maison à trois chambres, descends l'allée bien lisse que nous avons fait bitumer il y a six semaines, et déverrouille les portières de ma Honda bleue.

J'attache ma fille de dix mois dans son siège-auto sans la réveiller et referme doucement la porte juste au moment où Peter lance avec colère les derniers sacs-poubelles sur la pelouse. L'un d'eux se déchire et les bavoirs et biberons de Grace s'éparpillent dans l'herbe. J'essaie de contenir ma réaction en les ramassant. Je ne vais pas le laisser m'atteindre. Je me baisse pour éviter un nouveau sac qui passe au-dessus de ma tête. Feignant de n'avoir rien remarqué, je m'approche du sac éventré.

— Je ne te le pardonnerai jamais ! hurle-t-il. Jamais de la vie !

— Me pardonner quoi ? dis-je entre mes dents tout en ramassant le biberon nounours préféré de Grace. D'avoir le courage de mettre un terme à cette fausse relation ? Je veux que Grace mène une vie heureuse, pas qu'elle soit élevée par des parents qui se détestent. Je veux que…

Il m'interrompt par un éclat de rire.

— Tu ne sais pas toi-même ce que tu veux ! Bonne chance pour être une mère célibataire, espèce de déchet de l'espèce humaine. Tu es idiote, Cat. Mais ce n'est pas nouveau. Je l'ai su dès le premier jour.

Il ricane avec un tel venin que je recule.

Ce n'est plus l'homme que j'ai connu : ce beau blond que j'ai rencontré au concert des White Stripes, et qui m'est venu en aide alors que j'étais ivre et que j'avais perdu mon groupe d'amis dans la foule. Le mec qui m'a envoyé des fleurs tous les jours jusqu'à ce que j'accepte de dîner avec lui. Qui m'a dit que j'étais tout pour lui. Cette personne n'existe plus…

Il faut que je parte. J'abandonne le reste des affaires éparpillées sur la pelouse, attrape le dernier sac et monte en voiture. Alors que je m'éloigne, Grace se met à pleurer à pleins poumons. Moi aussi.

— Mais il était trempé ! Pourquoi ?!

Helen referme la porte de la cuisine et me fait les gros yeux. Je ne devrais pas parler si fort alors qu'elle vient juste de coucher Grace. Adam, son mari, étouffe un rire et me rajoute une sucrette dans mon café.

— C'était peut-être de la transpiration. C'est vrai qu'il a la réputation d'être un peu moite, mais d'habitude, ce n'est pas à ce point… En y repensant, j'aurais sans doute dû prêter attention au surnom que les filles du bureau lui ont donné…

— C'est-à-dire ?

— Eh bien…

— Dis-moi.

— « L'autre connard dégoulinant ».

Helen pouffe en s'asseyant à sa belle table en érable sur mesure, avant de poser avec soin sa tasse brûlante sur un sous-verre jaune. J'ai envie de rire moi aussi, mais je suis trop en colère.

— Putain de merde, c'est encore pire que ce que je pensais ! Adam, ça fait huit ans que tu me connais. Comment as-tu pu croire que j'allais craquer pour quelqu'un comme Colin ? Est-ce que j'ai l'air du genre de femmes qui en pincent pour les hommes qui citent Shakespeare et ont des problèmes d'hygrométrie ?

Helen décide d'intervenir, non sans me fourrer une part de gâteau aux carottes dans la main.

— Mais on n'a pas la moindre idée de ton genre d'hommes, Cat !

Je prends une bouchée de gâteau afin de lui répondre la bouche pleine, juste pour l'embêter.

— Peter. Mon genre, c'est Peter. Ou plutôt, c'était.

Une pluie de miettes s'envole de ma bouche pour atterrir juste devant sa tasse. Elle me regarde comme si je venais de me moucher dans ses cheveux.

— Peter ? Après tout ce qu'il t'a fait ? C'est un pauvre type. D'ailleurs, il faut qu'on ait une petite discussion à son sujet…

— Non, je ne parlais pas de sa personnalité. Je voulais dire, physiquement. Blond, grand, musclé… à son avantage dans un pantalon moulant. Souviens-t'en pour la prochaine fois. Enfin, non, merde, il n'y aura pas de prochaine fois. Je mettrais ma vie entre vos mains, mais je ne vous laisserai pas me trouver un mec. Plus jamais. Je vous retire la mission.

Helen jette un coup d'œil à Adam. Elle laissera tomber quand les poules auront des dents. Je me hâte de changer de sujet.

— Je laisse Grace dormir chez vous, du coup ?

— Elle voulait passer la nuit ici, de toute façon, confirme Helen. On ne pensait pas te revoir avant demain. Rentre profiter de ta soirée, et je te l'enverrai après le petit déjeuner. Au fait, ton chat est ici.

— Quelle surprise, dis-je en levant les yeux. Parfait. Ça veut dire qu'il n'est pas tapi sous mon lit, à attendre d'attaquer mes pieds nus. Je vous jure que ce chat me hait. Il déteste l'humanité entière, à l'exception de Grace. Elle, il l'adore…

— Nous aussi. Elle est tellement gentille ! commente Helen avec un sourire.

L'affection d'Adam et Helen pour Grace est réciproque, et je ne devrais pas ronchonner comme je le fais. Ils me sont d'une aide précieuse, pourtant il m'arrive de ne plus en pouvoir d'habiter sur le même palier qu'eux. Helen entre chez moi comme dans un moulin, déplace les objets et me déconcentre quand j'essaie de travailler… mais lorsque j'ai besoin qu'elle s'occupe de Grace, elle est toujours là, et je lui en suis reconnaissante. Peter préférerait se passer la bite au mixeur que de me dépanner quand ce n'est pas son tour d'avoir la petite.

Je pose ma tasse dans l'évier avant de leur souhaiter une bonne nuit. Il n'est que 21 h 45, mais j'ai envie de prendre un long bain bien chaud, puis de m'installer devant un film d'Hitchcock avec un gin-tonic. Avant de partir, je me faufile dans la chambre de Grace. Le son de sa respiration sereine remet cette soirée désastreuse en perspective. Dans la pénombre, je distingue Heisenberg, pelotonné en une masse de fourrure blanche sur l'oreiller de ma fille, montant la garde comme tous les soirs. Je le pousse doucement, lui arrachant un grognement sourd.

— Ta gueule, boule de poils ! dis-je à voix basse.

J'écarte les boucles blondes de Grace pour l'embrasser et respirer son parfum unique. Elle dégage une fragrance délicieuse… Je ne peux m'empêcher d'inspirer de nouveau. Elle remue.

— Maman… Arrête. Ça me chatouille l'oreille…

— Désolée, Gracie-chérie. Je voulais juste te faire un bisou. On se voit demain.

— D'accord. On va faire des pancakes pour le petit déjeuner.

— Super ! Rendors-toi.

— Moi, je les prendrai à la confiture.

— Dors bien, ma chérie.

— Si tu étais un ours, tu serais quelle espèce ?

— Polaire. Rendors-toi.

— Bonne nuit, maman. Oh, avant que tu partes… Tonton Adam a fait un « prout » dans le salon, et ça puait la mort.

— Rendors-toi ! dis-je en pouffant de rire.

Je tente de m'éloigner, mais elle me retient en riant. Puis elle se blottit contre son nounours et tombe aussitôt endormie. Je referme la porte derrière moi, après un dernier regard assassin à l'horrible chat qui ne me quitte pas des yeux dans l'obscurité. Puis je regagne mon joli appartement, heureuse d'avoir la soirée pour moi. J'ouvre la serrure et franchis le seuil, suivie d'Helen.

— Il faut que je te parle, chuchote-t-elle en me poussant vers le salon.

— Qu'est-ce qu'il a encore fait, ton mari ? dis-je en posant mon manteau vert préféré sur une chaise. C'est au sujet de son « prout » ?

— Rien à voir. Il s'agit de Peter, répond-elle avec un froncement de sourcils.

— Par pitié, Helen… Quand j'ai raconté que c'était mon genre d'hommes, c'était pour te faire marcher…

— Tu n'as plus de sentiments pour lui, alors ?

— Pas du tout ! C'est le père de Grace, c'est tout. Cette histoire est finie depuis bien longtemps.

— J'espère… parce qu'il va se marier.

Je reste un moment interdite.

— Quoi ? Déconne pas ! Comment tu le sais ?

Je sens mes joues, déjà pâles, blanchir encore plus, et mes lèvres se mettre à trembler. Oh non, je crois que je vais pleurer.

— Ma collègue Melanie est copine avec Emma. Elle m'a envoyé un texto dans la soirée.

Je m'assieds sur l'accoudoir du canapé et hausse les épaules. Je suis bien décidée à réagir en adulte. Après tout, Emma, la copine de Peter, est très gentille, et malgré ses airs de maîtresse des ténèbres, elle est chouette avec Grace.

— Bon, ça fait un moment qu'ils sont ensemble, je suppose que ça devait arriver... Je me demande quand il va me l'annoncer ? Ça va sans doute lui procurer une joie sadique...

— Évidemment. Je dois avouer que je ne m'attendais pas à ce que tu le prennes si bien. Tu avais vraiment les boules quand tu lui as demandé de t'épouser et qu'il a refusé.

— Oui, merci de me mettre le nez dans le caca, Helen.

— Ne sois pas susceptible. Tu es sûre que tu vas le digérer ?

— Oui.

Helen voit bien que ce n'est pas vrai, mais ce soir, elle n'insiste pas. Elle se contente de m'embrasser le front.

— Parfait. On se voit demain. Haut les cœurs.

— Ne t'en fais pas. Mon cœur est bien accroché depuis que j'ai quitté Peter.

Je raconte n'importe quoi et nous le savons toutes les deux, mais Helen me sourit et sort de la pièce. Je reste plantée là, à répéter « accroché » à voix basse.

Au bout de quelques minutes, je songe que contempler le mur du salon n'est sans doute pas la meilleure façon d'occuper mon temps, alors je fais couler un bain et me déshabille. Toute nue, j'entre dans la chambre de Grace pour lui emprunter ses enceintes d'iPod en forme de lapin, espérant que quelques chansons de Regina Spektor suffisent à me consoler. Je m'enfonce dans l'eau mousseuse et ferme les yeux, laissant la musique me submerger.

À la fin de *Samson*, j'ai envie de me noyer. Non seulement il se marie, mais il ne va pas se priver pour en remettre une couche à la pauvre célibataire que je suis.

À 23 heures, j'ai enfilé la grenouillère panda que Grace m'a offerte à Noël, choisi mon film, et préparé mon verre de Baileys avec des glaçons. J'entre dans le salon, tenant mon verre d'une main et tirant sur la grenouillère de l'autre, car elle me rentre déjà dans le cul. Je me laisse tomber sur le canapé, et juste au moment où je lance le film sur Netflix, mon téléphone se met à sonner.

Appel masqué. Je déteste ça.

— Allô ?

— C'est moi. Comment ça s'est passé, ton rendez-vous ?

— Kerry ? Pourquoi tu m'appelles en numéro masqué ? Pour un peu, je n'aurais pas décroché…

— J'essaie d'être mystérieuse. Et je suis sur le téléphone de Kieran. Il est déjà au lit, alors j'en profite pour lui piquer son forfait et lui siffler toutes ses bières. Raconte-moi tout.

Kieran Nelson est graphiste. Ma copine Kerry l'a rencontré il y a six ans, alors qu'il se promenait la braguette ouverte dans une galerie d'art. Elle l'a menacé d'appeler la sécurité, et ils ne se sont plus quittés. Si elle n'était pas ma meilleure amie de tout l'univers, je la défierais en duel pour la main de son promis.

— Mon rencard ? Je suis déjà en train d'essayer de l'oublier. Non seulement le gars était incroyablement repoussant et moite, mais en plus il était grossier, pédant, et je suis sûre qu'il vote à droite.

— Eh ben ! Je suis vraiment navrée. J'espérais qu'il serait au moins appétissant physiquement. Que ça vaille le coup de le mettre dans ton lit.

Je l'entends prendre une gorgée de bière et émettre un rot discret.

— Oui, ça aurait été bien. La dernière fois que j'ai fait l'amour, la science n'en était qu'à ses balbutiements.

Je ris, pleine de mépris pour la pauvre fille poussiéreuse et auto-apitoyée que je suis.

— C'était quand, déjà ?

— Par terre dans le salon, avec Kevin, le gars qui était fiancé, dis-je en regardant mon parquet stratifié d'un air de dégoût. Rien de bien merveilleux.

— N'importe quoi. Tu as couché avec un type, après la fête de Noël de ton journal… Comment il s'appelait, déjà ?

L'un de mes pires coups d'un soir me revient en mémoire. Je grimace.

— Bordel, tu te souviens du moindre de mes faits et gestes ? Il s'appelait Chris. Beurk.

— Bon, tu vois bien que ça ne fait pas si longtemps.

— Kerry, se faire pilonner par un type à petite bite qui bosse à la poissonnerie du supermarché, ça ne compte pas.

— Admettons. Mais il y a aussi eu le notaire qui t'a mis un doigt et…

— Kerry ! Ce n'est pas pour rien que j'oublie ce genre d'événements, et je te conseille de m'imiter.

— Jamais de la vie. Quand tu te marieras, il faudra bien que j'aie des choses à raconter dans mon discours. Tu ne veux pas venir m'aider à finir cette bière ? Voire en apporter d'autres ?

— Non merci. Je viens de sortir du bain. Je me suis servi un Baileys et je suis d'une humeur de chien. Et puisqu'on parle de mariage… Peter va faire le grand saut.

Je l'entends s'étrangler avec sa bière.

— Quoi ?!

— Tu m'enlèves les mots de la bouche.

— Il épouse Elvira ? Quand ça ?

— Aucune idée. C'est Helen qui me l'a appris. Il ne m'a encore rien dit.

— Quel connard !

— Je suis bien d'accord. Il a intérêt à me prévenir avant d'annoncer la nouvelle à Grace. C'est un gros changement pour elle, même si elle ne s'en rendra sans doute pas compte. Elle va avoir une belle-mère…

Nous restons toutes deux silencieuses un moment, et je vide mon verre. La tristesse m'envahit de nouveau. Je soupire.

— Ça va ?

Je secoue la tête.

— Tu fais « non » de la tête ?

J'acquiesce d'un hochement silencieux. J'ai envie de donner un grand coup de poing dans le mur, mais ça risque de faire mal, alors je me contente de frapper un coussin.

— C'est tellement injuste ! Pourquoi il a rencontré la femme de sa vie alors que je suis toujours toute seule ?

— Cat, ne le laisse pas te bouffer. Tu ne vas pas devenir aigrie pour ça. Je te connais depuis qu'on a sept ans, et je peux te dire que tu vaux mieux que ça. Ce n'est pas une compétition. Tu rencontreras quelqu'un, toi aussi. Promis.

— Mais si…

— Il n'y a pas de « mais si ». Il se marie, et tu suis une autre voie en ce moment. Tu devrais plutôt plaindre Emma. Observons une minute de silence pour cette femme qui va lier son destin à celui de Peter Anderson jusqu'à ce que la mort, ou un coûteux divorce, les sépare.

J'éclate de rire. J'ai l'impression que tout va déjà mieux, sauf cette saleté de grenouillère, qui me remonte tellement dans les fesses qu'elle va finir par me chatouiller les amygdales.

— Tu as raison. Je vais regarder *Fenêtre sur cour* et arrêter d'y penser pour aujourd'hui.

— Tu devrais plutôt voir *Les Noces funèbres*. Ça ne te fait pas penser à quelqu'un ?

— Bon, allez, je raccroche. À bientôt.

Je ris toujours une fois le téléphone reposé. Je me ressers un verre et m'installe sur mon canapé d'angle blanc, les yeux rivés sur l'énorme tache de chocolat que Grace y a faite, et qu'elle a oublié de me signaler.

Pourvu que ce soit du chocolat.

Chapitre 3

Je suis réveillée à 8 h 30 par le bruit d'Adam et Grace qui sortent faire des courses. J'entends Grace pouffer de rire alors qu'Adam lui demande si elle veut conduire, puis la porte d'entrée se referme avec un fracas que seul un enfant hyperactif est capable de produire. Le soleil passe à travers mes stores Ikea pour me brûler les yeux comme un rayon laser, et je me recouche en tirant la couverture jaune citron sur ma tête. Dès que j'aurai eu ma paie du mois, je vais m'acheter des rideaux occultants. Et peut-être repeindre ma chambre en noir pour accentuer l'effet. J'ai besoin de sommeil, moi.

J'ai au minimum une demi-heure avant que Grace revienne et que ce soit la panique, alors j'approche la main de mon entrejambe, contente d'avoir du temps pour moi. Mais à cet instant, la tête de Chris, le vendeur de poissons, surgit dans mon esprit, et j'écarte les doigts de mon pubis comme s'il était devenu brûlant. Merde, maintenant je revis en pensée tous mes coups d'un soir foireux, jusqu'au DJ qui m'avait bavé sur la figure en 1998 et l'avocat que j'avais surpris à renifler mes culottes sales. J'essaie de repousser ces images et de recommencer. Mais mon téléphone se met à sonner, et il devient évident que ma petite séance de galipettes solitaires est fichue. Je n'ai pas besoin de me demander qui c'est : il n'y a qu'une seule personne à qui j'ai attribué la chanson *Loser* de Beck comme sonnerie. J'attrape l'appareil sur ma table de nuit. Autant en finir.

— Salut, Peter.

— Bonjour, Catriona. Je voulais te dire un mot.

Quand on était ensemble, il m'appelait Cat. Maintenant il utilise mon prénom entier, comme un parent qui gronde son petit.

— D'accord…

Il appelle pour m'annoncer son mariage. Je me redresse contre l'oreiller, respire un grand coup, et ferme les yeux.

— C'est à propos de Grace. Nous avons remarqué qu'elle était très fatiguée. À l'heure d'aller au lit, elle ne tient plus debout.

Je soupire de soulagement.

— Quoi ?

— Je disais que nous avions remarqué…

— Tu me téléphones pour me dire que Grace est fatiguée au moment du coucher ?

Il n'a pas dit un mot de ses fiançailles.

— Oui, c'est ça. Attends… Non, pas dans ce sens-là. Il nous a semblé qu'elle est particulièrement épuisée quand tu nous l'amènes.

Je me tais et lève les yeux si haut que je peux presque voir à l'intérieur de mon crâne, où mon cerveau est en train de griller sous l'effet de l'agacement. Pourquoi est-ce qu'il faut toujours qu'il fasse ça ? Il m'appelle pour rien : on pourrait discuter de ces questions idiotes quand je passe déposer Grace. Je soupire.

— Fascinant. Peut-être que je la fais trop travailler, mais que veux-tu, il faut bien que quelqu'un ramone la cheminée.

— Ah, tu me fais marcher…

— Peter, à moins qu'elle couve quelque chose, je pense que si elle est fatiguée, c'est tout simplement parce qu'elle déborde d'énergie le reste du temps.

— Peut-être, mais ça fait deux fois que nous le remarquons, et nous sommes inquiets.

Je pouffe de rire. Depuis que Peter a rencontré Emma, il ne semble plus capable de penser par lui-même. Il ne parle plus qu'au pluriel, et je suis sûre que c'est sa façon de me rappeler que désormais, je ne dois plus compter avec un crétin, mais avec deux. Pour être honnête, je n'ai rien à reprocher à Emma, si ce n'est qu'elle est ridiculement grande, avec les cheveux noirs et un maquillage gothique, tout l'inverse de moi qui suis petite et blonde. J'évite le noir, sauf pour les robes de soirée et les sous-vêtements. Je ne comprendrai jamais ces conneries de look gothique : OK, les gens ont le droit d'avoir regardé *Dangereuse Alliance* quand ils étaient ados, mais il faut passer à autre chose, ensuite. Mettre un peu de blush et sourire à la vie. J'imagine qu'elle se dit la même chose à propos de mon amour des fringues rétro (mais dans ce cas, elle a tort).

Je décide de raccrocher le plus vite possible. Il est trop tôt pour subir ce genre d'emmerdements, et je suis en rogne qu'on m'ait gâché le peu de temps que j'avais pour abuser de moi-même. Je feins d'avoir un autre appel.

— Grace va bien, Peter. J'ai quelqu'un d'autre en ligne, il faut que je raccroche. Je te la dépose vers 14 heures cet après-midi, comme d'habitude. Il y a autre chose dont tu voulais me parler ?

— Non. Nous attendons Grace tout à l'heure.

Il ne se doute pas que je lui fais un doigt d'honneur alors qu'il raccroche, mais ça me remonte quand même le moral. Je jette mon téléphone sur la table de chevet et ramène la couverture sur mon visage pour étouffer mes cris de rage.

Franchement, je préférerais commencer la journée par une séance de torture que par une conversation avec Peter.

Je traîne encore dix minutes au lit jusqu'à ce que j'entende le livreur glisser l'édition dominicale du *Tribune* dans la boîte aux lettres de la porte d'entrée. De toute évidence, l'univers tout entier a décidé que je ne ferais pas la grasse matinée. Acceptant la défaite, je me lève et bâille comme *Le Cri* de Munch.

Je me laisse tomber sur la chaise de ma coiffeuse pour m'attacher les cheveux avec l'un des chouchous roses de Grace. Puis je scrute mon visage à la recherche de signes de décomposition. Je ne discerne aucun pli, mais j'ai désormais l'âge où on peut se réveiller le matin avec une nouvelle ride, et ça me terrifie. J'ai une routine beauté assez basique : démaquillant, tonique et crème hydratante, le tout acheté au gré des promos chez *Boots*. J'y consacre cinq minutes le matin pendant que la cafetière me prépare une tasse de réveil liquide, et aujourd'hui ne fait pas exception à la règle. Deux tasses plus tard, je suis en robe de chambre et assise à la table de la cuisine, le *Scottish Tribune* étalé devant moi, un croissant à moitié enfoncé dans le bec. Je pousse le journal de côté pour ouvrir le magazine et vérifier ma chronique signée Glasgow Girl.

> Ces derniers temps, j'ai songé aux sites de rencontres, mais ça n'est pas très engageant. Après avoir mis en ligne mon annonce, dans laquelle j'explique que j'ai les cheveux hirsutes, que j'aime les petites promenades au milieu des voitures, et que je cherche un homme avec un aquarium, qui connaisse par cœur les paroles de *The Safety Dance*, que va-t-il se passer ? Si quelqu'un venait à répondre à ce pathétique appel à un peu de

contact humain et d'affection, je suppose qu'on se donnerait rendez-vous… Je n'aurais plus qu'à croiser les doigts pour qu'il ressemble à ses photos. Mais en réalité, ça ne serait pas le cas. Personne ne se ressemble en photo.

Je survole le reste de la chronique avant de vérifier que mon édito sur des crèmes de jour hors de prix et mon interview sont également présents et sans erreur avant de refermer le *Lowdown,* très fière à l'idée qu'on me paie pour ça. Les choses auraient pu se passer tout autrement…

2010

— Des nouvelles sur le front de l'emploi ? Il ne doit plus te rester grand-chose de ton indemnité de licenciement…

Je me tourne vers Helen et secoue la tête. Par moments, on croirait qu'elle est la réincarnation de notre mère.

— Les gens du magazine devaient me recontacter, mais ça fait déjà deux semaines…

— Quel magazine ?

— Le journal du week-end qui débute… Tu te souviens ? Le supplément du *Scottish Tribune.*

Apparemment, c'est une première nouvelle pour Helen. Elle me regarde comme si elle ne m'avait jamais vue et se demandait ce que je fais chez elle.

— Le rédacteur en chef était à la recherche de nouvelles plumes… J'ai passé l'entretien l'autre semaine… C'est toi qui m'as déposée. Tu n'as quand même pas oublié ?

— Non, bien sûr que non !

Je ne suis pas dupe. Elle se hâte de changer le sujet de conversation.

— Au fait, Cat, ils recrutent, à l'université. Ils cherchent du monde pour la cantine. Je ne pense pas que le salaire soit terrible, mais c'est mieux que rien. Tu veux que je te rapporte un formulaire de candidature ?

Avec un pincement au cœur, je lui réponds que ce serait super. Je tuerais père et mère pour ce job au *Tribune*, mais je suis consciente de manquer d'expérience. Je ne suis entrée au *South Side News* qu'un an avant sa faillite, et mes chances de décrocher ce contrat sont minces, pour le dire gentiment… Mais j'écris bien ! C'est une certitude. J'essaie de m'imaginer en train de servir des frites gratinées à des étudiants bourrés, dans la même fac où j'ai autrefois passé mon diplôme de journalisme. Ça me donne envie de pleurer.

Helen fronce les sourcils. Elle essaie de deviner ce que je pense.

— Ce n'est pas une honte de travailler dans une cantine, Catriona. Il n'y a pas de sot métier.

— Merde, Helen, je n'ai jamais dit ça ! Je sais bien que je ne peux pas me permettre de faire la difficile, mais si je veux quitter l'appartement minable que je loue, il va falloir que j'aie un salaire décent. Je dois avoir un peu d'ambition !

— Personne n'a dit que tu devais renoncer à tes ambitions, mais en attendant, il faut faire bouillir la marmite. Tu as trente et un ans, maintenant, et tu vas être en compétition avec des petits jeunes qui acceptent de travailler pour des clopinettes. Il est peut-être temps de songer à changer de carrière ? Tu pourrais toujours venir t'installer ici avec Adam et moi, ça te permettrait d'économiser sur…

— Je t'arrête tout de suite. Je vous adore, tous les deux, mais Grace et moi, on a besoin d'un espace à nous. Même si ce n'est qu'un vieil appart pourri. Et je suis bien consciente de ma situation sur le marché, merci. Mais je trouverai quelque chose.

— Ma proposition tient toujours. Garde-la en tête.

J'acquiesce, tout en sachant très bien que je vivrai chez ma sœur quand les poules auront des dents. Je n'ai pas plaqué un tyran domestique pour m'installer chez un autre.

À 13 h 45, je quitte l'appartement d'Helen pour aller chercher Grace à la maternelle. Il n'y a qu'un quart d'heure de marche, mais la pluie froide et insistante me pique le visage et vient plaquer mon jean trempé sur mes cuisses. C'est dans des moments comme ceux-là que je regrette ma vieille Honda bleue, mais les cinq cents livres que j'en ai tirées ont payé quelques factures et Caddies de supermarché. Je remonte ma capuche et baisse la tête.

Hillcross Family Center est une école publique vraiment chouette. Le personnel est composé de femmes d'âges et de tempéraments variés, à l'exception de John, un puériculteur d'une vingtaine d'années qui enchante les enfants et surprend les parents, par le seul fait d'être un homme. La directrice, Mrs Woods, adore son métier et les ponchos, ainsi que la danse et le rouge à lèvres corail. Elle semble avoir un faible pour Grace.

— *Votre fille est merveilleuse, Cat. Elle fait partie de mes chouchous.*

— *Merci. Vous avez le droit d'avoir des chouchous ?*

— *Sans doute pas, mais je n'y peux rien. Elle est tellement mignonne ! Elle dit « gros-vité » à la place de « gravité », et quand on y réfléchit, ce n'est pas bête.*

Lorsque j'arrive, un groupe de mères est déjà massé devant les portes. Je repère Rose, à l'écart du lot, sous un énorme parapluie jaune. Je m'approche pour m'abriter.

— Salut, Cat ! s'écrie Rose en levant son parapluie pour me faire de la place, attentive à ne pas m'éborgner. J'étais justement en train de me dire que je hais le monde entier.

J'adore Rose. C'est une fille hilarante, qui jure comme un charretier et déteste la maternité – bien qu'elle aime son fils à la vie, à la mort. Je l'ai rencontrée lors de la première rentrée, et on s'est tout de suite bien entendues.

— Sans exception ? dis-je avec un sourire.

— Oui, j'en ai peur. Et en particulier, je n'en peux plus de ce rituel. C'est tous les jours la même chose. Et Jason est vraiment dur en ce moment. Hier soir, au dîner, il m'a fait une crise parce que ses petits pois étaient trop petits. On parle de *petits pois*, là ! Je te jure, je n'ai pas signé pour toutes ces conneries. Hier, il a absolument voulu emporter sa Barbie à l'école. Il est devenu fou furieux quand la maîtresse a refusé de le laisser l'apporter en classe, au cas où elle se casserait.

— Oh, ils ont tous leurs petites manies, à cet âge-là, dis-je pour la consoler.

Je cherche désespérément une habitude bizarre de Grace à lui raconter, mais rien ne vient. Je finis par lui parler de « gros-vité ».

— Pfff, ta gamine est normale, répond Rose avec un sourire désabusé. Va plutôt rejoindre le groupe des parents parfaits.

Je ris en regardant les trois femmes bien pomponnées qui attendent devant la grille avec impatience. Janice, Patricia et Anne-Marie représentent tout ce que Rose déteste, et je la comprends. Elles sont mesquines, toujours prêtes à se mettre en avant, et, aussi étonnant que ça puisse paraître, elles sont encore plus promptes à juger que Rose et moi réunies.

La dernière fois que j'ai fait le compte, elles avaient à elles trois au moins douze enfants. Elles ont également deux Range Rover, trois sens de l'humour atrophiés, un pékinois prénommé Barnaby, une étoile d'argent Weight Watchers si ce n'est deux, et mille et une façons d'expliquer à quel point leurs enfants – pourtant totalement banals – sont merveilleux. Par exemple, pendant la Journée des Sports. Le chef de la petite bande, qui n'est autre que Ben, le fils d'Anne-Marie, est arrivé troisième dans une course à l'œuf. Il a hurlé. Ensuite il a fait une crise et a jeté son œuf dur sur la maîtresse. Anne-Marie non plus ne prenait pas la défaite du bon côté.

— C'est une honte ! Ben est un excellent athlète. C'est injuste ! Il a eu un œuf beaucoup plus gros que les autres. Si ça se trouve, ce n'était même pas un œuf de poule.

La sonnerie de l'école recouvre presque celle de mon téléphone. Je m'écarte vers la fin de la file de parents pour répondre alors que les autres commencent à entrer. C'est le *Scottish Tribune*. J'ai le cœur qui bat la chamade.

— Allô, ici Natasha. Nous souhaitons vous offrir le poste.

Trois minutes plus tard, tout le monde a franchi la porte, mais je suis toujours dans la cour. Agitant les poings comme en 1985.

Je finis mon café juste au moment où Grace entre en trombe, de retour de ses courses avec Adam. Elle tient une petite bouteille d'orange pressée. L'appartement semble soudain prendre vie.

— Bonjour, ma chérie ! Alors, tu as mangé des pancakes, ce matin ?

— Ouais ! Tata Helen a essayé d'en faire un en forme de Mickey, mais Tonton Adam lui a dit qu'il ressemblait à un zizi, alors elle m'en a fait un normal à la place.

— Ah… tant pis.

Elle s'arrête un moment, les mains sur les hanches, toute petite.

— Pourquoi les filles n'ont pas de zizi ? Pourquoi on a un bagin ? C'est pour qu'on puisse faire pipi assises ?

— C'est un *va*gin, pas un *ba*gin. Et il est un peu trop tôt pour discuter de zizi et de pipi, Grace. Est-ce qu'on peut en reparler quand je serai mieux réveillée ?

Alors que je regagne ma chambre pour me changer, je l'entends crier :

— Maman, papa s'assied parfois pour faire pipi. Il appelle ça un pipi-assis.

— Dis-lui de fermer la porte, la prochaine fois. Il y a des choses qu'on ne fait pas en public.

J'enfile un jean que j'aurais dû mettre au sale depuis une semaine. Le visage de Grace apparaît dans l'embrasure de la porte.

— Mais je t'ai déjà vue faire pipi quarante-douze milliards de fois. Et papa ferme la porte, mais j'entre quand même.

C'est vrai. Je n'ai plus fait pipi toute seule depuis 2007. Et pareil pour la douche. C'est justement dans ces moments d'intimité que Grace a quelque chose de très important à me raconter, ou perd un jouet, ou a envie de dire n'importe quoi, ou de me montrer des pas de danse. Je me réjouis secrètement qu'il en soit de même pour Peter – qu'il puisse se faire une toute petite idée de ce que c'est, de ne pas avoir une seule minute à soi.

— Bon, je suis en train de m'habiller. Pourquoi tu ne regarderais pas la télé avant qu'on aille au marché ? Grace, qu'est-ce qui te fait rire ?

— Tu as des lolos énormes. Est-ce que j'aurai les mêmes quand je serai grande ?

— Non, tu auras tes seins à toi. Donc ça ne sera pas exactement les mêmes. On ne se les passe pas de mère en fille, ce n'est pas un héritage. Maintenant, laisse-moi dix minutes ; va jouer.

Elle repart en sautillant dans le salon, sans me demander ce que signifie « héritage ». J'entends le générique de *Monster High* à fond pendant que je cherche une paire de chaussettes dans l'énorme tas de linge à repasser qui envahit lentement un coin de la pièce. Je maudis mon incapacité à être à jour dans les corvées. Quand j'avais la vingtaine, je croyais sincèrement qu'à trente ans, j'aurais les moyens de payer quelqu'un à faire le ménage pendant que j'irais travailler. À présent, je n'attends plus que le moment où Grace sera assez grande pour apprendre à passer l'aspirateur.

Je suis enfin prête, et nous partons au marché. Chaque dernier samedi du mois, les producteurs locaux se réunissent, et c'est de là que découle ma nouvelle passion pour le pain au levain. Avant la naissance de Grace, je profitais du samedi matin pour cuver, ou dormir. À présent, je le passe à admirer des pots de confiture maison et des légumes racines, pendant que mes amies nullipares font l'amour au réveil ou ronflent pour se remettre de leur cuite de la veille. Je peux vous assurer qu'à l'heure qu'il est, Kerry n'est même pas au courant qu'on est le matin.

Nous traversons la rue et longeons le parc, où les leçons de tennis ont déjà commencé, les chiens sont de sortie et les joggeurs ont l'air trop enthousiaste pour leur bien.

L'atmosphère est plus calme que d'habitude, et j'en profite pour goûter du fromage et du chutney vendus par une dame en châle. Grace saute d'un pied sur l'autre, tout excitée, en essayant de décider quel gâteau sera le meilleur dans sa petite bouche. Même s'il m'arrive de rêver d'une vie moins ordinaire, il me suffit d'un coup d'œil à Grace pour savoir que j'ai tout ce qu'il me faut : une enfant merveilleuse et un stand de boulangerie.

— Les fruits ont l'air bons, Grace. Tu ne prendrais pas des poires ? Tu adores ça.

— C'est vrai que j'aime bien les poires, maman. Mais il faudrait être complètement timbrée pour acheter des fruits avec mon argent de poche. Je veux une sucrerie !

— Les fruits sont les sucreries que nous offre la nature, dis-je d'une voix douce.

Mais je sais que la bataille est perdue. Elle me regarde avec pitié sans cesser de sautiller. Elle a raison, évidemment. Personne n'irait dépenser son argent de poche pour des poires ! C'est le week-end, après tout. Depuis quand est-ce que je suis aussi rabat-joie ?

Elle finit par choisir des scones avec de la confiture qu'elle apportera chez son père. Puis elle repère sa copine Caron et s'élance vers les balançoires. Je la suis le plus vite possible. Je la surveille d'un œil tout en scrutant les environs de l'autre, à la recherche d'éventuels pervers voleurs d'enfants.

Le parc est plutôt bondé. Je m'assieds sur un banc pour la regarder jouer. Elle me fait un grand signe de la main depuis le haut de l'espalier, et je lui rends son geste, avec de gros efforts pour ne pas passer pour le genre de mère qui crie : « Arrête tout de suite ! Fais attention ! Tu vas tomber et te tuer ! » chaque fois que son enfant escalade un objet plus haut que le trottoir. Je détourne les yeux pour me calmer.

Il y a trois pères dans le parc ce matin, et je les classe aussitôt en fonction de leur charme. J'élimine d'emblée celui qui essaie de s'installer sur le tape-cul avec sa fille : il porte un jean turquoise si moulant qu'il a du mal à lever la jambe pour s'installer sur le siège. Le deuxième est certes le plus beau des trois, mais le haut du classement lui échappe tout de même. Il est beaucoup trop propre sur lui, de même que son fils. Je devine que c'est sa femme qui les a habillés, et qu'elle est sans doute en train de passer toute la maison à la javel – non diluée – en avalant du Valium. Le vainqueur du jour est donc le papa n° 3. Sa barbe de trois jours est assez dense pour y gratter une allumette, et il porte une chemise de bûcheron dans laquelle je me verrais bien moi-même. Mais son bébé a des chaussures dépareillées, ce qui m'amène à penser qu'il est soit très fatigué, soit complètement idiot.

Vingt minutes plus tard, une Grace aux joues roses se laisse tomber à côté de moi sur le banc et s'essuie le nez dans sa manche.

— On peut y aller ? demande-t-elle en reniflant.

— Tu veux un mouchoir ?

— Pas la peine.

La trace de morve sur sa manche me donne un haut-le-cœur.

— La prochaine fois, prends un mouchoir, s'il te plaît. C'est vraiment répugnant, dis-je en ramassant nos sacs du marché.

— C'était une urgence, explique-t-elle avec un sourire. Ça me coulait sur la figure. À l'école, John Kirk a toujours le visage plein de morve et c'est dégoûtant. Et aussi, il a traité la maîtresse de tu-sais-quoi. Un mot qui commence par « P ».

— Quel charmant garçon. Je t'interdis de le fréquenter.

— Je ne joue jamais avec lui. Il est copain avec Brian McKenzie. C'est le garçon qui a apporté une abeille morte à l'école et l'a gardée dans sa poche toute la journée.

Sur le chemin du retour, Grace me prend la main pour traverser la route. Après ses câlins, c'est ce que je préfère au monde ; je sais qu'elle ne risque rien quand sa main est dans la mienne. Ça m'attriste de savoir qu'un jour, elle préférera se couper la main que de me la donner en public. Parfois, je voudrais qu'elle reste toujours petite.

À 14 heures, j'amène Grace chez Peter, ou plutôt, dans la maison qui a autrefois été la mienne aussi, et qui abrite désormais Emma et son immense collection d'eye-liner noir, de fringues en velours écrasé et de bottes grunge. Je n'en reviens toujours pas qu'elle soit son genre. Peut-être que je ne l'ai jamais été… J'appuie sur la sonnette et embrasse Grace juste quand la porte s'ouvre, dans l'espoir de filer au plus vite.

— À demain, ma puce. Amuse-toi bien !

— Au revoir, maman. Salut, papa, j'ai apporté des scones ! s'écrie-t-elle en dévalant le couloir, récemment repeint dans une délicieuse teinte marron.

Autrefois, il était ivoire, et c'était très joli. Mais je n'habite plus là, ils peuvent faire ce qu'ils veulent. Ils peuvent peindre tout l'intérieur dans cette splendide nuance merde de chien si ça leur chante. Je m'en fous.

Je me concentre sur Peter. Je tente de faire comme si je n'avais pas remarqué la nouvelle peinture, ni le fait qu'il ait apparemment décidé de se laisser pousser un bouc. Plutôt clairsemé pour être honnête. Il commence à ressembler à ce personnage de *Narnia*… Comment il s'appelle, déjà ?

— Ne la laisse pas tout manger, dis-je en riant.

Non que cette idée soit particulièrement drôle, mais cette barbe… Comment il s'appelle, ce bonhomme ?

— Je veillerai à ce qu'elle ne se gave pas, promet-il. Mais je ne peux pas en dire autant pour moi. Comment ça va ?

Je me méfie toujours quand il ne commence pas la conversation par « Nous sommes inquiets à propos de… »

— Euh… bien. À plus tard, alors. Bon après-midi.

(Ça me revient ! Tumnus. C'est M. Tumnus.)

— Oh oui, ça va être chouette. On emmène Grace au cinéma.

J'arrive à répondre « Quelle chance ! », et non « Retourne dans cette putain d'armoire, Tumnus ! » comme j'en meurs d'envie. Incapable de penser à autre chose que Narnia et des montagnes de loukoums, je me hâte de bredouiller un au revoir avant de filer vers ma voiture. Je me demande s'il compte se raser pour le mariage. Et aussi, quand il va enfin me l'annoncer…

Chapitre 4

De retour à l'appartement, je me jette sur le canapé. Le week-end, j'essaie en principe de rattraper le retard sur les tâches ménagères. Quand Grace est là, elle arrive à mettre une pièce sens dessus dessous plus vite que je ne parviens à la ranger. Je finis donc par bouger mon cul du canapé, nourrir Heisenberg, ouvrir la fenêtre de Grace pour qu'il puisse sortir, et je me prépare à faire le ménage. Au moins, ça m'aidera à oublier l'horrible rendez-vous d'hier soir.

Je branche mes écouteurs sur mon téléphone et m'attelle à la tâche avec les mélodies apaisantes des Chemical Brothers en fond sonore. Sans musique, je ne supporterais pas cette torture domestique. Helen me répète souvent que j'ai des goûts grotesques.

— Écouter de la dance à trente-six ans, franchement ! Il y a un âge pour tout…

— Je n'écoute pas que de la dance, Helen : j'aime aussi la pop, le disco… On a le droit de ne pas être fan de Michael Bublé ou je ne sais qui…

— Alors là, je t'arrête tout de suite. Michael Bublé est un dieu vivant. Une légende absolue. Je t'interdis de dire du mal de lui.

— Je me demande si on est vraiment sœurs…

Je commence à passer l'aspirateur alors que Donna Summer chante qu'elle « feels love », mais je suis interrompue par un appel. C'est Rose.

— Jason exige que je l'amène à l'aire de jeux couverte. Tu veux venir avec Grace ? Je ne vais pas survivre toute seule.

— Oh, merde, je viens juste de la déposer chez Peter. Désolée, ma poulette. Tu sais bien que sinon j'aurais accepté.

— Bordel, je vais devoir supporter les enfants des autres toute seule pendant deux heures !

Ça me fait de la peine pour elle. Je ne connais rien de pire que les gosses des autres.

— Emporte des magazines people, prends un café et montre les dents dès qu'on s'approche de toi. Comme d'hab, tu vois ce que je veux dire ?

— Oui, je vois. Mais c'est quand même plus drôle quand tu es là. Tu fais quoi, d'ailleurs ?

— Que dalle, mais ça ne me dérange pas. Je suis sur les rotules.

— Tu devrais sortir de ton trou. Tu as besoin d'un homme. De préférence, un qui est souvent en déplacement professionnel et te rapporte des diamants.

— Comme le père de Jason ? Deux semaines sur une plate-forme pétrolière, deux semaines à la maison ?

— Ah, tout ce que George me rapporte, c'est du linge sale. Mais il ne reste pas assez longtemps pour me taper sur les nerfs, donc pour moi c'est tout bon. Bref, passe un bon week-end. À la semaine prochaine !

Elle raccroche et je reprends mon ménage. Ses paroles tournent en boucle dans mon cerveau. « Tu as besoin d'un homme. » Techniquement, on ne peut pas dire que j'en aie *besoin*. Je suis une célibataire indépendante, qui élève au mieux une enfant intelligente et pleine d'esprit, et qui subvient à ses besoins. Cela dit, je suis lasse de cette existence sans passion. Je meurs d'envie d'avoir de la compagnie, de rire, et de faire l'amour à l'improviste. Ou pas à l'improviste, d'ailleurs. J'aimerais connaître à nouveau cette intimité que je n'ai plus eue depuis Peter – comme une sorte de couverture de survie qui nous enveloppe, même quand l'autre n'est pas là. Je voudrais me sentir aimée à nouveau.

Donc non, je n'ai pas *besoin* d'un homme… mais parfois, c'est vrai que n'aurais rien contre!

Le dimanche soir, il est presque 19 heures lorsque Peter ramène Grace à la maison. Elle a de la sauce tomate sur le menton, ce qui signifie qu'il l'a déjà nourrie. Ça m'évite d'avoir à cuisiner une heure plus tard que prévu, et je ne m'en plains pas.

— Tu as passé un bon week-end, ma chérie?

J'ai à peine eu le temps de poser ma question qu'elle s'écrie, surexcitée:

— Je vais lancer des pétales sur les mariés!

Il lui a annoncé la nouvelle. Je me tourne vers Peter d'un air interrogateur. Il regarde ses pieds.

Je feins la surprise, car si Peter savait que j'ai mes infos sur sa vie privée, ça causerait des remous. Je parviens même à sourire, alors que je suis encore étourdie.

— C'est merveilleux, ma chérie. Va jouer dans l'appartement pendant que je discute cinq minutes avec papa.

Elle se rue dans sa chambre en sautillant et salue le chat. Je tire la porte d'entrée derrière elle.

— Félicitations, Peter, dis-je avec un sourire pas très convaincant. Tu ne crois pas que tu aurais dû m'en parler avant? C'est un grand changement pour Grace aussi…

— Je ne *dois* rien faire du tout. Je voulais l'annoncer d'abord à ma fille.

— C'est *notre* fille à tous les deux, Pete. Ne me dis pas que tu ne réagirais pas comme moi si les rôles étaient inversés!

— Non, je ne le prendrais pas comme ça.

Il a l'air d'un gamin de neuf ans qui vient de se faire gronder. Mais comme tous les gosses de neuf ans, il est bien décidé à faire de la provoc'. Plutôt mourir que d'admettre qu'il a tort…

— Écoute, il faut que je rentre. Tout ce que je dis, c'est que ça aurait été sympa de me prévenir. C'est quand même un gros changement.

— Pour Grace ? Ou pour toi ? Tu ne serais pas un peu jalouse, par hasard ?

— Je ne te ferai pas l'honneur de te répondre, espèce de connard arrogant ! Tu te prends pour qui ? Dégage !

— C'est bien ce que je pensais, commente-t-il avec un sourire suffisant.

Et sur ces mots, il descend l'allée et monte dans sa voiture pendant que j'articule silencieusement les mots « fils de pute » dans son dos. Ça me peine toujours que quelqu'un que j'ai autrefois beaucoup aimé ne soit aujourd'hui digne que de mon mépris. L'homme avec lequel je pensais finir mes jours n'est qu'un étranger, et par-delà la colère, je ne peux m'empêcher d'être blessée.

Je rentre et me force à reprendre contenance pour écouter Grace m'expliquer à quel point elle est heureuse et impatiente de ce mariage. Mais je bouillonne toujours de rage.

Le dimanche, c'est soir de bain. Grace pourrait passer des heures à jouer dans l'eau, mais c'est toujours une galère de la faire entrer dedans.

— Grace, tu veux une douche ou un bain ?

Je sors des serviettes du placard et les pose sur le radiateur.

— Ni l'un ni l'autre.

— Ça, ce n'est pas possible. Je te fais couler un bain.

— Qu'est-ce que j'aurai en échange ?

— Deux histoires avant de dormir.

— Mais ça, c'est juste normal !

— Grace, va prendre ton bain !

Elle glousse de rire et quitte le salon en sautant à pieds joints. Je verse du bain moussant sous le filet d'eau.

— Maman, tu crois que je pourrai avoir une grande robe blanche ? Et un diadème ?

Elle saute dans la baignoire et se met à jouer avec les animaux marins en plastique qu'elle a choisis il y a trois ans lors d'une visite à l'aquarium, et qui ont maintenant l'air de mériter de retourner dans l'océan pour l'éternité.

— Hum... en général, c'est la mariée qui a une robe blanche, ma puce. Mais je suis sûre que papa te laissera choisir une jolie tenue.

J'imagine qu'Emma aura plutôt envie de porter du noir et de remonter l'allée sur un balai.

Après le bain, nous avons le temps de lire deux chapitres de *Coraline* avant que Grace se mette à bâiller. Je corne la page et embrasse ma fille qui se blottit sous les couvertures. Le chat dort sur sa table de chevet – il est tellement mignon, quand il ne fait pas sa tête de pine en fourrure blanche...

Après avoir préparé le déjeuner de Grace à l'avance, j'envoie un texto à Helen pour lui rappeler de déposer la petite à l'école demain matin, puis je me dirige à mon tour vers mon lit, emportant *Coraline* avec moi. Je ne suis pas fatiguée, mais la perspective de passer encore une soirée toute seule sur le canapé me déprime. Je commence à me lasser de ma propre compagnie. Une fois Grace au lit, j'aimerais pouvoir me blottir contre quelqu'un qui s'intéresse à ma journée. Qui en l'occurrence était pénible, et si remplie de corvées domestiques que je n'ai eu le temps de rien faire. Le moindre instant de ma vie est planifié. Il n'y a plus ni enthousiasme, ni surprise. Ça me manque à un point, d'être surprise...

Je prépare mes habits pour le matin sur ma chaise, m'affale dans le lit et reprends la lecture là où nous nous étions arrêtées.

J'espère que ça ira mieux demain.

Chapitre 5

Je prends le train de 8 h 21 à la station de Queens Park et parviens à trouver une place à côté d'un homme velu qui agrippe une bouteille de boisson gazeuse comme si sa vie en dépendait. Il porte le genre de costume anthracite hors de prix qui proclame : « Je ne suis pas là pour rigoler », mais son visage défait dit plutôt : « Je n'aurais pas dû boire du whisky jusqu'à 3 heures du mat'. »

Le trajet est court, seulement deux arrêts. Je descends à Central Station et me perds aussitôt dans l'océan familier de visages tristes. Tout le monde préférerait faire autre chose qu'aller travailler. Pour ma part, je ne suis pas obligée de me rendre au bureau. Je peux écrire mes articles de chez moi et les envoyer par mail, mais je sais que si je ne fais pas l'effort d'être présente deux jours par semaine, je vais finir comme tous ces freelances qui portent uniquement des robes de chambre malodorantes, et ne s'habillent que pour courir chercher les enfants à l'école ou ouvrir au livreur de pizza. Ça semble tentant, mais je préfère garder un contact avec la société aussi longtemps que possible.

Comme dans les autres domaines de ma vie, ma routine change rarement. La seule variation est l'endroit où j'achète mon café le matin. Cela dépend uniquement de la longueur de la file d'attente, et aujourd'hui je m'aperçois qu'il n'y a que trois clients à *Délice de France*. À cette heure-ci, c'est inouï, alors je me dirige vers l'échoppe de mon air le plus nonchalant pour éviter d'attirer l'attention des autres buveurs de café. Ce miracle risquerait de les attirer. Je repère une femme sophistiquée et hautaine, avec un manteau en fausse fourrure, qui s'approche de la queue. Merde, elle a l'air de s'apprêter à commander un produit qu'ils vont devoir importer exprès pour elle. Refusant d'être coincée derrière la bonne femme qui veut tester chaque cru de café avant de lâcher ses trois livres cinquante, j'accélère le pas pour lui signifier que ce n'est pas la peine d'espérer. Je me glisse dans la file quelques secondes avant elle, et bien que je garde une expression neutre, je viens de me décerner intérieurement le titre de Championne du Monde de la Mort Qui Tue, et je porte en imagination son manteau de fourrure comme une parure d'hermine.

Je commande mon latte caramel allégé tout en louchant sur les viennoiseries. Je me décide pour le dernier croissant au chocolat pendant que l'assistante astique la machine à café avec une poigne pour laquelle bien des hommes seraient prêts à débourser une coquette somme. Je reste hypnotisée par cette vision jusqu'à ce qu'une tape sur l'épaule vienne rompre ma concentration.

— Bonjour, Cat !

C'est ma collègue Leanne.

— Prête pour une super journée ? Je me suis levée à 6 heures. J'ai fait un jogging.

Leanne est du matin.

— Je meurs de faim. J'allais… regarde ce type, là-bas. C'est du tweed, qu'il porte ? Il fait bien trop chaud pour mettre du tweed !

Leanne a tendance à sauter du coq à l'âne.

— Oh, tu as eu le dernier croissant ! Crotte. On partage ? Je n'ai vraiment pas le temps d'aller faire la queue à un autre stand.

Leanne peut aller se faire foutre.

— Allez, s'il te plaît... Je te donnerai un sachet de chocolat en poudre pour te faire une boisson chaude. J'en cache dans mon tiroir.

J'ai bien envie de lui dire que je connais déjà l'existence de son stock de chocolat en poudre, que je pille régulièrement depuis un an – et qu'elle devrait arrêter d'acheter celui au caramel parce qu'il est dégueulasse – mais je me contente d'acquiescer et de couper le croissant en deux alors que nous nous dirigeons vers la sortie de la station.

Je marche. Elle bondit. C'est l'une des premières choses que j'ai remarquées à son sujet quand elle a été embauchée, l'année dernière. Tout en elle semble élastique, de sa personnalité à ses boucles noires. Ce n'est même pas qu'elle voit le verre à moitié plein. C'est carrément qu'elle est folle de joie d'avoir un verre.

Nous nous arrêtons au feu sur Union Street, écrasées par la foule morose du lundi matin.

— Tu as passé un bon week-end, alors ? demande-t-elle en dévorant le croissant avant de brosser les miettes sur sa veste bleu marine. Charlie et moi, on est allés à Ikea. Il a acheté un nouveau meuble d'ordinateur. Un truc rouge immonde, mais c'est pour son bureau. Moi, j'ai pris...

— Des boulettes de viande ?

— Ah, évidemment ! On ne peut pas sortir d'Ikea sans avoir mangé des boulettes. Mais j'ai aussi choisi un nouveau tapis pour la chambre. Il est doux, tu ne peux pas imaginer !

— Et Charlie aime les tapis bien doux ?

Je me demande pourquoi j'ai toujours besoin de faire des métaphores douteuses quand la conversation m'ennuie. Elle secoue la tête en gloussant.

— Au contraire, il a horreur de ça. Il aime travailler sur une surface propre. Les sols nus, si tu vois ce que je veux dire.

— Je vois très bien, et finalement, je regrette d'avoir posé la question.

Elle glousse de nouveau avant de changer de sujet.

— Je me demande si le distributeur a été réapprovisionné, au bureau ?

Le petit bonhomme vert apparaît, et nous descendons Gordon Street vers notre immeuble, non loin de George Square. Je sais que les mots « Charlie sur le sol nu de Leanne » vont me traverser l'esprit à l'improviste de temps à autre, comme l'enseigne au néon d'un club de strip-tease minable. La journée va être longue.

Les nouveaux locaux du *Scottish Tribune*, très élégants, se trouvent tout près du pont de guingois sur les rives pittoresques de la Clyde. Ils ont coûté une fortune. Ils sont propres, modernes, et malheureusement toujours en cours de construction, ce qui signifie que les rédacteurs du *Lowdown* continuent à squatter le troisième étage de l'immeuble de bureaux « the Trade House », qui n'a pas d'ascenseur. Pendant ce temps, les autres travaillent toujours dans leurs bureaux confortables mais surpeuplés, à Finneston. Les huiles ont décidé de construire le nouveau siège dans l'espoir que réunir l'ensemble de l'équipe à un seul endroit réduise les coûts, mais les travaux ont pris du retard. Pour être franche, je ne viens pas assez souvent pour m'en soucier.

Monter les trois étages est toujours aussi fatigant, mais nous avons appris à vivre avec. Je grimpe lentement tandis que Leanne escalade les marches deux par deux, comme une prétentieuse qu'elle est. Il faut admettre qu'elle a les jambes musclées. Si je consacrais autant d'énergie à me maintenir en forme qu'à jouer les pédantes, je volerais sans doute vers mon poste de travail, moi aussi.

J'ouvre les portes à la volée et découvre comme chaque fois un océan de bureaux en bazar, de journaux étalés, de frisbees publicitaires et de couvertures du magazine épinglées aux murs, qui auraient bien besoin d'être dépoussiérées. Nous sommes cinq dans l'équipe, mais seuls trois sont déjà arrivés. J'adresse un sourire à Gordon, notre rédacteur musique. Il est déjà sur Twitter et carbure au Red Bull.

— Salut, Gordon. Tu as passé un bon week-end ?

— Non, répond-il sans cesser de taper.

Ses cheveux roux ont l'air d'avoir été ébouriffés avec amour par un requin.

— Tu nous racontes ?

La pièce sent le renfermé. Je me lève pour ouvrir une fenêtre.

Il ôte un instant les doigts de son clavier.

— Mes connards de beaux-parents sont venus dormir chez nous. Je me demande vraiment comment ma femme a fait pour devenir aussi équilibrée. Ses parents sont infernaux. Je suis vraiment heureux qu'ils vivent à des heures d'ici. Eh, tu as vu ce ministre qui a été surpris dans un bordel, samedi ? Quel guignol !

Mon bureau semble ne pas avoir été touché depuis la semaine dernière, jusqu'à la tasse de café que j'ai oublié de mettre dans l'évier. Même le personnel d'entretien craint, ici. J'allume mon PC. Il ne se passe rien. Mais c'est pas vrai !

— Oui, j'ai entendu ça aux infos, hier, dis-je en tapotant l'ordinateur. Gordon, tu peux me rendre un service ? Il faudrait mettre une annonce sur Twitter. Je cherche des femmes qui ont fait un lifting avant cinquante ans, et une fois de plus, je n'arrive pas à allumer cette saleté de bécane.

— C'est pour le magazine, ou pour toi ? demande-t-il en riant.

— C'est pour ta mère !

— Leanne a ouvert son compte. Tu n'as qu'à le prendre. Sinon tes idioties vont saturer mes notifications. Parce que bien sûr, tout le monde va se foutre de ta gueule…

Avec un sourire, Leanne m'ouvre un onglet. Je poste ma demande avec le compte de ma chronique avant de me déconnecter. La dernière fois que j'ai laissé le compte Glasgow Girl ouvert, Gordon a annoncé à mes dix-sept mille followers que j'allais me faire opérer des hémorroïdes. Je ne me laisserai plus avoir.

Dix minutes plus tard, Natasha, la rédactrice en chef, fait son entrée avec quatre expressos et un thé vert, qu'elle pose avec soin sur le bureau de Leanne.

— Bonjour tout le monde. Vous ne pourrez pas dire que je ne suis pas gentille.

Elle ouvre son café pour souffler dessus avant de regarder le bureau devant celui de Gordon.

— Patrick n'est pas arrivé ?

Gordon secoue la tête.

— Il est sur le terrain. Je crois qu'il interviewe Val McDermid.

— Super, commente Natasha avec un sourire. Catriona, j'attends de nouvelles idées pour ta chronique cette semaine. J'aimerais quelque chose d'un peu plus excitant que de savoir que ton chat n'aime pas les hommes. Je ne suis pas certaine que la misandrie existe dans l'univers félin. Bref, réfléchis-y, et on en parle après le déjeuner.

J'acquiesce tout en continuant d'essayer d'allumer mon PC, mais la panique commence déjà à monter. Je n'ignore pas que certains internautes ont écrit dans les commentaires que mes textes étaient moins drôles et percutants qu'autrefois, et je me doute que Natasha est au courant. Pourtant, j'étais contente de cet article sur le chat ! C'était drôle : un chat blanc était apparu, avait toqué à la porte et décidé de s'installer, donc je l'avais baptisé Heisenberg et comme... Oh, merde, elle a raison, c'était nullissime. En plus, ce n'est pas seulement les hommes, qu'il déteste. C'est tout le monde.

Mon PC décide enfin de se mettre en marche, et j'ouvre ma boîte mail. C'est surtout des conneries émanant de lecteurs. Une bonne femme me demande comment est David Tennant dans la vraie vie et si elle peut avoir son autographe. Les autres sont adressés à Glasgow Girl et l'encouragent tantôt à fermer sa gueule, tantôt à continuer d'écrire ses chouettes articles. J'efface le tout et avale mon expresso, espérant qu'il m'aidera par magie à trouver de nouvelles idées. Ça ne marche pas. Je soupire, et demande à mes collègues de m'aider dans mon brainstorming. Leanne est la première à m'offrir une suggestion.

— Dans ta chronique de samedi, tu as écrit que tu ne voulais pas t'inscrire sur des sites de rencontres, mais tu devrais peut-être. Il y aurait plein d'idées à pêcher là-dedans ! Beaucoup de couples se forment en ligne.

— Oui, oui, tout le monde connaît quelqu'un qui a rencontré l'amour sur Internet, mais ce quelqu'un est souvent un musicos ultratimide qui ne trouve personne pour écouter sa chanson à propos de Karl Marx sur SoundCloud. Non, c'est beaucoup trop bizarre, ces trucs... Il faut se décrire comme si le feeling, c'était une science exacte. Sans compter que c'est dangereux. Je n'aime pas l'idée de farfouiller parmi des milliers de photos à la recherche de celui qui aura le moins l'air d'un psychopathe prêt à m'enlever au volant de sa voiture pour m'égorger. Je regarde les infos, tu sais.

— Tu exagères ! proteste Gordon en riant. Je pense que tu es assez futée pour repérer les tarés.

— Je n'en suis pas si sûre... Peut-être que je pourrais écrire sur le speed-dating ?

— Tu l'as déjà fait l'an dernier, me rappelle-t-il en secouant la tête.

— Merde, c'est vrai. Ou alors, je pourrais sortir avec un petit jeune, puis avec un papy, et…

— Tu as vraiment envie de te taper un vioque ? objecte Leanne, les sourcils froncés. Il mourra avant toi, et tu seras Gros-Jean comme devant.

— Argh, je n'ai pas d'inspiration ! Ma vie sentimentale n'est qu'un immense tas de merde ! Je ne peux pas écrire là-dessus, même une fois. Alors, encore moins chaque semaine. La dernière fois que j'ai proposé à un mec sur Twitter de prendre un verre avec moi, il n'a même pas pris la peine de répondre.

— Tu invites les mecs ? Comment tu veux que ça marche ? me demande Leanne avec la tête d'une femme au foyer des années 1950.

— Hein ? Mais on est en 2014 ! Toutes les femmes le font. J'invite des mecs tout le temps.

— Et tu dirais que ça a fonctionné, jusqu'à maintenant ?

— Parfois, ils acceptent…

— Mais ça ne dure jamais, pas vrai ? Oh, ce n'est pas la peine de me regarder comme ça ! J'ai fait les mêmes erreurs. Il faut que tu lises *le livre*.

— Quel livre ? De quoi tu parles ?

— *Les Règles d'Or de la Séduction*. Je te jure que ça m'a changé la vie ! Putain, je suis quand même fiancée à Charlie grâce à ce bouquin.

— Ah, c'est l'un de ces livres débiles du rayon « développement personnel » ? Je déteste ces torchons, Leanne.

Son téléphone se met à sonner.

— C'est un ouvrage remarquable. Écoute, tu devrais faire un saut chez *Waterstones* pour l'acheter, à la pause déjeuner. Tu ne regretteras pas. Allô ? Oui, c'est moi.

Je me tourne vers mon poste de travail en riant. Un manuel de séduction ? Je ne crois pas, non…

La pause de midi arrive et chacun part de son côté. Je pourrais me préparer la soupe en sachet qui traîne dans mon tiroir depuis Noël, mais je décide plutôt de manger du frais en achetant un sandwich chez *Greggs* pour le déguster dans George Square en regardant passer les hommes d'affaires et les étudiants. Comme je suis cloîtrée chez moi l'essentiel de la semaine, ce rituel m'aide à me souvenir que je ne suis pas le seul être humain sur terre. J'espère qu'une bonne grosse dose d'observation de l'humanité va me fournir de l'inspiration, parce que j'ai vraiment du mal à trouver de nouvelles idées. Je ne sais pas quand ni pourquoi j'ai perdu ma verve, mais j'ai intérêt à la retrouver vite fait si je ne veux pas que Natasha me foute à la porte.

Après quatre bouchées de mon sandwich mexicain, j'attire l'attention de plusieurs pigeons grassouillets, qui s'approchent sans crainte pour voir ce que je mange. J'ai l'impression d'être dans un remake à petit budget du film d'Hitchcock, et je souris, jusqu'à ce que l'un d'eux se mette à battre des ailes tout près de moi. Je quitte le banc d'un bond et leur jette le reste de mon sandwich. J'entre dans la station de Queen Street pour acheter un thé avant de rentrer au bureau. Leanne est déjà de retour.

— Tu n'as pas cherché le bouquin, je parie ? demande-t-elle en me voyant rentrer les mains vides. J'en étais sûre, du coup…

Je l'interromps avant qu'elle aille s'imaginer que je m'intéresse à ce qu'elle raconte.

— Écoute, Leanne, je ne pense vraiment pas que ce soit pour moi…

Mais avant que j'aie pu en dire plus, elle fouille dans son sac à main et me tend un petit livre noir.

— Surprise ! Je te l'offre.

Cette fille, rien ne l'arrête.

Toute résistance est vaine. Avec un soupir, je prends le volume qu'elle me tend et le laisse tomber sur mon bureau. Je jette un coup d'œil à la couverture : *Les Règles d'Or de la Séduction : du célibat aux fiançailles en dix étapes simples, « Les dix étapes pour charmer »*, par Guy Wright. Le tout écrit en lettres dorées. Beurk. Je voudrais le lancer par la fenêtre comme un frisbee, mais je me force à sourire avec bonne volonté et ouvre une page au hasard.

Cessez de vous jeter à la tête des hommes. Certes, vous êtes fougueuse. Mais si vous plaisez à un homme, il vous invitera.

Je feuillette un peu plus loin.

Bien sûr, nous avons envie de coucher avec vous. Mais si vous nous le proposez d'emblée, quelque part, nous allons vous juger.

Je me tourne vers Leanne, qui arbore un grand sourire.

— Ce n'est pas sérieux, pas vrai ? C'est un genre de parodie ?

Elle secoue la tête.

— Non, Cat, c'est tout ce qu'il y a de plus sérieux ! Je t'assure, si tu veux trouver quelqu'un, suis les conseils de ce bouquin.

— Mais… mais c'est ridicule ! Ça a été écrit quand, ce truc ? En 1892 ? Les hommes « jugent » les femmes qui ont envie de faire l'amour ?

— Écoute, les hommes et les femmes ne fonctionnent pas de la même façon. Avec ce livre, tu découvres comment pensent les mecs, et tu agis en conséquence. Ça s'adresse aussi aux mères. Comme toi.

— Ah, je suis honorée.

— Je te trouve bien négative, me rabroue Leanne avec un sourire, d'une voix un peu chantante.

Elle croque une pomme et se met à fredonner. J'ai l'impression de travailler à côté de Blanche-Neige.

Natasha revient de sa pause, Gordon sur les talons, alors que je suis en pleine diatribe sur le fait que les femmes n'ont pas besoin d'appliquer des règles toutes faites pour séduire un homme. Je suis même en train d'agiter le livre pour souligner mon propos.

— Oh, c'est quoi, ça ? demande-t-elle en me le prenant des mains pour lire le résumé.

— Un torchon sexiste qui prétend conseiller les femmes sur la meilleure façon de séduire. Leanne est persuadée d'avoir trouvé le must des livres de coaching.

— J'en ai entendu parler, acquiesce-t-elle en lisant le résumé. C'est un auteur de Glasgow, pas vrai ? J'ai des copines qui ne jurent que par lui.

Pourquoi je suis la seule à ne pas connaître ce truc ?

— Je te l'avais dit ! s'écrie Leanne. Ça marche !

— C'est très intéressant, conclut Natasha. Cat, je peux te voir dans mon bureau ?

Sans attendre la réponse, elle me rend mon livre. J'attrape mon bloc-notes et lui emboîte le pas, sans quitter des yeux son derrière moulé dans sa jupe, qui semble se tortiller à chaque pas. Certaine d'être sur le point de me faire botter les fesses pour mes dernières chroniques un peu bâclées, je panique. Elle s'assied et passe une minute devant sa boîte mail pendant que je patiente.

— Alors, ta chronique. Tu sais que je l'adore et qu'elle apporte vraiment un plus au magazine, mais ces derniers temps, tu sembles avoir perdu ta verve. Or, c'est justement ce qui rendait ton travail différent et intéressant. Est-ce que tu as réfléchi aux thèmes pour cette semaine ? Tu as de bonnes idées ?

Eh bien, Natasha, je n'en ai à peu près aucune. Zéro idée.

— Euh, attends voir…

J'ouvre mon calepin et commence à le feuilleter, dans l'espoir que quelque chose me saute aux yeux.

— Il y a un nouveau site de rencontres qui vient de démarrer, dédié aux parents célibataires. J'ai pensé que…

— Laisse tomber, il existe depuis trop longtemps.

— D'accord, alors je pourrais parler des ex et les comparer entre…

— Ce serait chiant comme la mort.

Voilà qui n'est pas très poli.

— Sinon, je pourrais évoquer la pornographie et…

— Tu as déjà lancé ce débat lorsque James Cameron a décidé de créer de nouveaux filtres. Rien d'autre ? Tu sais que le *Standard* a embauché une nouvelle chroniqueuse ? Ses textes ne sont pas aussi drôles que ce que tu faisais autrefois, mais ça marche.

Autrefois ?!

Je garde les yeux rivés sur mon carnet. Elle pousse un profond soupir. Oh, putain, je déteste quand elle soupire. Réfléchis, Cat, réfléchis ! Je pourrais infiltrer un groupuscule néonazi ? Ou tâter du sexe tantrique ? Mais il me faudrait un mec, pour ça. C'est mal engagé. Pff, j'ai besoin d'une idée qui marche tout de suite. Sinon je vais avoir droit à un nouveau soupir. Dans un moment de panique, je brandis *Les Règles d'Or de la Séduction*.

— Ou bien, je pourrais parler de ce livre. Je pourrais faire une chronique hebdomadaire en appliquant ces fameuses règles.

Oh, non ! Tais-toi ! Qu'est-ce que tu racontes ? Avec un peu de chance, elle ne t'a pas entendue. Peut-être qu'elle va trouver l'idée nullissime. Peut-être que…

— J'adore cette idée ! « J'ai suivi les règles d'or ». Ça sonne bien.

Merde. Oh, merde.

Elle se lève, sourire aux lèvres.

— Excellente idée, Cat. Sois drôle, sois incisive, et s'il te plaît, sois prête à me rendre une intro de sept cents mots d'ici jeudi, pour remplacer tes crétineries sur ton chat.

Sept cents ? C'est le double de ce que je produis d'habitude. J'aimerais protester, mais je n'ai rien à mettre dans la balance, alors je tourne sept fois ma langue dans ma bouche et accepte juste pour cette fois. En retournant à mon bureau, j'essaie de ne pas croiser le regard de Leanne, qui tremble d'impatience de savoir ce qui s'est passé.

— Tout va bien, Cat ?

— Pas vraiment. Non seulement je vais devoir appliquer ces règles d'or pour ma chronique, mais en plus l'idée vient de moi ! Comment est-ce possible ?

— Mais c'est génial !

— Tout est ta faute.

— J'assume ! répond-elle en riant. Qui sait, si ça se trouve, tu vas rencontrer quelqu'un…

— Bref, j'ai sept cents mots à écrire cette semaine, alors je ne te cause plus, Leanne.

Je respire un grand coup, ouvre le livre, et commence ma lecture.

Règle n° 1 : Distinguez-vous de la foule
Il y a des millions de femmes dans le monde, et il a l'embarras du choix. Qu'est-ce qui vous distingue du lot ?

Ce type réussit à attiser ma haine en une seule ligne. Je poursuis.

Mettons-nous d'accord sur un point. Les hommes remarquent les femmes. Nous ne sommes pas aveugles... mais nous sommes difficiles. Nous remarquons tout, de vos cheveux à vos lunettes en passant par votre poitrine, et jusqu'à vos chaussures. Nous n'avons pas tous les mêmes goûts et bien sûr, ce qui semblera atroce à un homme sera sublime aux yeux d'un autre. Dans ce livre, je ne vais pas vous inciter à vous conformer à tel ou tel look ou cliché. Au contraire, je vais vous donner la force de vous sortir de ces clichés. Je vais aussi vous apprendre à oublier tout ce que vous croyiez savoir sur la séduction, les hommes, et les relations amoureuses. C'est vous qui aurez le pouvoir... mais il ne s'en apercevra pas !

Quand il s'agit de s'engager avec une femme, nous recherchons quelque chose d'unique. Nous voulons une compagne qui respire la confiance en soi, qui se distingue des autres. Par exemple, on croise des millions de femmes blondes et minces, avec un bronzage artificiel et des tenues de chez H&M. *Ou bien vous, les filles rétro avec vos grosses lunettes : on peut difficilement vous qualifier d'originales, de nos jours. Alors, qu'est-ce qui vous rend particulières ? Et ne venez pas me parler de votre personnalité : la première impression, visuelle, est la plus importante. Si nous ne sommes pas attirés, nous ne vous inviterons pas, et nous ne saurons jamais à quel point vous pensez être drôle et intelligente.*

De toute évidence, ses conseils pour sortir du lot commencent avec : « évitez d'être superficielle et de souligner votre féminité en secouant vos cheveux ou en portant des jupes. Surtout, restez distante, mais sans être bêcheuse. » À aucun moment il ne suggère de « rester soi-même », puisque apparemment, être soi-même est ce qui nous a valu de rester célibataires – voilà qui est réconfortant.

Je passe à la règle n° 2, subtilement intitulée « Cessez d'inviter les hommes ». C'est sans doute ce dont parlait Leanne.

> *Si vous invitez un homme et qu'il n'a rien de mieux à faire, il y a de fortes chances qu'il accepte. Ça ne signifie absolument pas qu'il avait réellement envie de sortir avec vous. Simplement, il n'avait rien de prévu. En le laissant vous courir après, vous aurez la certitude qu'il est réellement intéressé, et qu'il n'est pas là pour passer le temps en attendant qu'une autre femme plus à son goût croise sa route.*
> *Comme évoqué précédemment, les hommes vous remarqueront - et pour cela, la balle est dans votre camp. Je ne vous incite pas à montrer que vous voulez qu'on vous remarque ; rien n'est plus pitoyable qu'une femme qui regarde les hommes d'un air affamé. Arrangez-vous pour qu'il s'aperçoive de votre présence. S'il ne s'approche pas, c'est qu'il n'est pas disponible, ou*

pas intéressé. Si vous comprenez cela, votre vie sera beaucoup plus facile.

Effarée, je referme le livre.

J'ai du mal à croire que ces conseils puissent marcher, mais après quelques recherches, il semble que je sois la seule sceptique : il y a déjà 2 312 critiques sur Amazon, dont 2 300 avec un minimum de quatre étoiles, intitulées « Parfait pour les filles qui cherchent un mec ! », « Paquet livré dans les temps », ou « Enfin la solution ! ».

Bien sûr, je me sens plus attirée par les cyniques qui n'ont mis qu'une étoile : « De la connerie à l'état pur », « Tuez-le ! », et « OUBLIEZ LE FÉMINISME ET LE BON SENS, ET PRÉPAREZ-VOUS À PERDRE VOTRE DIGNITÉ ».

Mais, à mon grand désarroi, la plupart des lectrices sont désormais casées et heureuses grâce à ce bouquin.

Je décide donc de rester ouverte d'esprit. Ceci étant posé, je sais qu'à l'heure d'écrire ma chronique, je vais avoir beaucoup de mal à me retenir de persifler.

The Lowdown Magazine
Samedi 11 octobre 2014

Peut-on changer sa vie sentimentale grâce à un livre ? C'est ce que Glasgow Girl va découvrir…
« J'ai suivi les règles d'or »

Chapitre 6

Kerry enfouit la tête dans le magazine en riant aux éclats. Pour une fois, nous déjeunons ensemble ce samedi, et elle tient à lire ma chronique à voix haute, comme si je ne savais pas déjà ce qu'elle contient.

> L'auteur écossais qui s'est affublé du pitoyable pseudonyme de Guy Wright (comme si ce type pouvait être notre Mister Right !) explique que je devrais respecter certaines règles lorsque je me mets en quête d'un homme qui serait lui aussi disponible pour aller à des concerts, faire des promenades romantiques, et finalement établir un contact génital, puis se disputer, se marier, sombrer dans l'apathie, devenir chauve et mourir.

— Mon Dieu, c'est horrible ! Comment tu vas faire ? Tu vas suivre une règle chaque semaine, c'est bien ça ?

— En fait, il y a dix règles, mais chacune s'applique à certains aspects de la relation, donc je vais croiser les doigts pour que les premières marchent, et ensuite, on verra bien…

Elle s'arrête au milieu de la page.

— « Soyez unique » ? Qu'est-ce que ça veut dire, ça ? J'espère que tu ne vas pas rejoindre le clan des bêcheuses qui font du pain maison et le vendent sur Etsy.

— Non, ça signifie que je dois « sortir du lot » afin d'attirer l'attention de l'un des dix-sept célibataires encore disponibles à Glasgow.

— Seize, me corrige Kerry. Mon collègue Masood vient de rencontrer quelqu'un.

— Je ne sais pas qui est ce Masood, mais je me sens quand même cocue.

Avec un ricanement amusé, Kerry reprend sa lecture.

> Fixer un homme dans les yeux est interdit. Je dois me souvenir que je ne suis pas à un entretien d'embauche. Je peux regarder absolument partout, du moment que je ne croise pas son regard, sinon il en conclura que je meurs d'envie d'avoir des enfants avec lui et de le traîner jusqu'à l'autel sans cesser de le reluquer d'un air lubrique.

— Dans ce cas, comment tu sauras s'il est intéressé ? me demande Kerry, perplexe.

— Il fera les travaux d'approche, et me demandera aussitôt ma main. En plus, j'ai l'intention de sauter en agitant les jambes et les bras. Comme ça, il sera bien obligé de me remarquer.

Elle finit par refermer le magazine.

— Je ne sais pas comment tu vas réussir à faire ça sans te marrer, mais le résultat sera hilarant ! J'ai trop hâte de lire ta prochaine chronique.

Si Kerry réagit comme ça, j'imagine que plein d'autres lecteurs aussi. Natasha sera folle de joie.

Je m'éloigne de sa nouvelle table design pour allumer la bouilloire. L'appartement que Kerry partage avec Kieran n'est pas grand, mais on voit bien qu'il est occupé par deux personnes très organisées. Non seulement chaque élément de déco est assorti au reste, mais l'ensemble est parfaitement propre et en ordre. On voit aussi qu'il appartient à deux personnes qui n'ont pas d'enfants. Autrement, cette magnifique table de cuisine serait couverte de morve et de bonshommes-bâton dessinés à la craie grasse.

— Remarque, suivre les règles d'or ne peut pas être pire que de continuer comme je fais en ce moment, dis-je en prenant une tasse sur l'égouttoir. Tu veux du café ?

— Non, c'est gentil. Mais je veux bien un Coca Light, dans le frigo. Peut-être que ça va marcher, si ça se trouve ? Si ça se trouve, dans un an, à cette époque, tu seras casée, heureuse, et enceinte en dehors des liens sacrés du mariage.

— On peut toujours rêver...

Avec un sourire, elle regarde sa montre.

— Merde, il est 15 h 15. Je vais bientôt devoir te mettre dehors, j'ai rendez-vous chez le coiffeur pour ma coloration à 16 heures.

— Pas de problème. Peter ne va pas tarder à ramener Grace chez moi, de toute façon. Tu vas garder le châtain, ou tu veux quelque chose de plus bizarre ?

Kerry a déjà eu les cheveux de toutes les couleurs imaginables, y compris certaines qui n'existent même pas.

— Je vais rester châtain pour le moment. J'aurais bien envie d'ajouter des mèches blanches, mais je crois que je commence à être un peu vieille pour ce genre de choses.

— Je suppose que la plupart des comptables ont des couleurs plutôt sages, de toute façon.

Elle me fusille du regard.

— Je ne suis pas comptable. Je travaille dans la finance, c'est différent. Et tu étais censée répondre « Kerry, tu n'es pas vieille. Kerry, tu peux porter toutes les couleurs que tu veux. Kerry, je t'aime ! »

Je me verse un thé puis un Coca glacé pour elle.

— Tu n'es pas vieille ! Trente-cinq ans aujourd'hui, c'est comme vingt-cinq autrefois. Nous sommes toutes deux dans notre prime jeunesse.

— Vraiment ? Dans ce cas, pourquoi es-tu tellement plan-plan ? C'est quand, la dernière fois que tu t'es un peu lâchée ?

Je réfléchis un moment.

— L'autre nuit, j'ai dormi toute nue. Entièrement à poil. Ça compte ?

— Non, pas si tu étais seule.

— Écoute, je suis mère célibataire. Si je me lâche, les services sociaux vont débarquer. En plus, la routine me permet de rester saine d'esprit, de m'épanouir. Je songerai à avoir une vie à moi quand Grace quittera le nid.

Au fond de moi, je nourris l'espoir secret que Grace ne quitte jamais la maison, mais je n'avouerai jamais ça devant une fille qui m'a dit et répété qu'elle ne comprenait pas qu'on puisse vouloir des enfants.

Je repars avec Kerry à 15 h 45 et la dépose chez *Logan & Cross*, le seul coiffeur de Glasgow qu'elle considère comme digne de toucher ses cheveux. Je poursuis ma route vers chez moi, sans cesser un seul instant de me demander comment je vais faire pour réussir à appliquer ces règles d'or.

Encore un petit arrêt chez *Tesco* pour acheter de quoi grignoter et je suis à la maison. Je sors un paquet de pistaches et m'assieds en silence sur le canapé. Les yeux rivés sur le petit volume noir aux lettres dorées, je décortique les graines l'une après l'autre. Je finis par ouvrir le livre pour relire les deux premières règles. L'idée principale semble être « Ne soyez pas trop directe, pressée, bavarde ou prompte à rire. En gros, refrénez-vous. » Si l'auteur n'est pas en réalité le présentateur d'un film d'information publique, j'en serai très étonnée.

Ma fille chérie débarque à 17 heures en me racontant des histoires de piscine et de coccinelles, mais Peter reste silencieux. C'est tout juste s'il me regarde. Peut-être que lui aussi applique ces putains de règles d'or.

Grace mange une salade de pâtes au thon pour le dîner, et nous passons la soirée devant un film avec des chiens qui parlent jusqu'à ce qu'elle s'endorme sur mes genoux. Vraiment, on devrait être prévenu qu'en devenant parent, on va se retrouver à regarder les pires navets jamais produits.

Je l'emmène vers mon lit et l'aide tout doucement à enfiler sa chemise de nuit, priant pour qu'elle ne se réveille pas d'un coup en insistant pour rester debout. Tout se passe bien. Elle se blottit sous les couvertures et je m'allonge près d'elle dans l'espoir de réussir à me détendre cinq minutes en oubliant ces satanées règles d'or.

Ça ne marche pas. La pénombre est apaisante, mais la phrase « arrête de faire le premier pas » tourne en boucle dans ma tête, jusqu'à ce que je prenne conscience de quelque chose. Dans toutes les relations longues que j'ai eues, c'est moi qui ai fait le premier pas. Et aucune n'a duré au-delà d'un certain temps. Lewis – mon amoureux de fac qui m'embrassait dans le cou et me donnait l'impression de décoller – m'a larguée pour une fille à gros seins. Michael – le phobique de l'engagement – et pour finir, Peter, celui qui m'a le plus brisé le cœur, mais qui m'a aussi aidée à créer cette merveilleuse petite fille. Je les ai rencontrés, les ai approchés, aimés, et perdus. Serais-je toujours en couple si j'avais attendu qu'ils m'invitent ? Est-ce que l'auteur a raison, au fond ?

Un sentiment d'échec m'envahit, et je me lève pour retourner dans la cuisine. Debout devant le frigo, je bois du jus d'orange directement à la bouteille en essayant de me reprendre, de me dire qu'il ne suffit pas qu'un écrivaillon un peu tordu ait décidé d'une règle pour qu'elle soit vraie.

Je ne me souviens pas de mon père, mais ma mère m'a toujours dit qu'il l'avait courtisée pendant une éternité. Elle le trouvait magnifique, mais estimait qu'il ne faut pas se fier aux hommes trop beaux. Elle mit donc des semaines à accepter de sortir avec lui. Quand elle s'aperçut qu'elle était enceinte d'Helen, ils se marièrent à la mairie par une froide journée d'octobre. Je suis arrivée quatre ans plus tard. Le jour de mon premier anniversaire, il partit au travail et ne revint pas. Nous n'avons plus jamais eu de ses nouvelles, mais Helen a fait des recherches et découvert qu'il réside à présent en Espagne, avec sa troisième épouse, Doris. Il n'a jamais eu d'autres enfants, sans doute parce qu'il ne voulait pas de ceux qu'il avait déjà.

Tout ce que ça prouve, c'est que la plupart des relations sont vouées à l'échec, et que savoir qui a invité qui en premier ne change rien à l'affaire. Je pense rarement à mon père – ça me rappelle combien ma mère a eu une existence difficile, et bien qu'il se soit écoulé dix ans depuis l'accident qui lui a coûté la vie, elle me manque toujours autant. Je sais qu'elle aurait adoré Grace.

Je range le jus d'orange dans le frigo et essuie mes larmes. Je déteste la nuit ; je ne suis jamais aussi cafardeuse dans la journée. Il sera temps de réfléchir à ces règles d'or demain. Il n'est que 22 h 30, mais je suis épuisée, et je décide d'enfiler un vieux tee-shirt et de me recoucher avec Grace. Étalée dans le lit en étoile de mer, elle ronfle comme une locomotive. Je l'embrasse sur le front et me blottis contre elle, sans prendre la peine de consulter le texto que je viens d'entendre arriver sur mon téléphone. En cet instant, je n'ai besoin de rien autant que de ce câlin.

Le lendemain, nous nous réveillons à 8 heures. Elle allume la Wii et se met à danser cul nu sur *YMCA* pendant que je nous prépare des œufs à la coque et fais griller du pain. D'un coup de stylo sur la coquille, je transforme les œufs en bonshommes, puis coupe le pain en mouillettes. J'ai l'impression d'être une mère parfaite. Je mets le couvert et l'appelle à table.

— Tu as l'intention de mettre une culotte ?

— Un jour. Mais je veux mon petit déjeuner d'abord. On n'a pas besoin de culotte pour manger. Ni le reste de la journée, quand c'est dimanche.

— Quel œuf tu veux ?

Elle les regarde attentivement avant de désigner celui de droite.

— Celui-là. Celui qui ressemble à papa.

— Vraiment ?

Je le retourne, et en effet, me voilà nez à nez avec un petit Peter à la coque, tout souriant. J'examine l'autre. Il ressemble à Clint Eastwood. Certains jours, je ne sais pas ce qui me passe par la tête…

— Tu as fait un bon choix, dis-je en la regardant avec un plaisir étrange pendant qu'elle le scalpe.

Après le petit déjeuner, j'abandonne la vaisselle dans l'évier et emporte mon thé vers le canapé afin de consulter mon téléphone pendant que Grace joue. J'ai reçu deux textos hier soir :

22 h 45 :
Tu veux aller au parc avec les gosses demain ?

23 h 20 :
Pourkoi tu réponds pas ?

Avec un petit rire, j'appuie sur « appel ». Une voix ensommeillée me répond.

— Allô ?

— Salut, Rose. Je n'ai pas fait exprès de ne pas te répondre. Je me suis couchée tôt.

— C'est ce que j'ai pensé. Le parc, ça te tente ? Je n'ai rien contre un peu de compagnie.

— Oui, on pourrait emporter un pique-nique et aller à Rouken Glen ? Je conduis.

Je lui donne rendez-vous à midi en bas de chez elle, et annonce à Grace que nous allons passer l'après-midi au parc.

— On est obligées d'aller avec Jason ? demande-t-elle avec une grimace. Il me traite tout le temps de bébé Cadum. Alors que c'est lui, le bébé Cadum ! C'est même pas vrai que je pleure tout le temps, l'autre fois il m'avait fait mal au genou et j'ai rien dit. Alors que lui, il a pleuré quand la dame de la cantine lui a donné des petits pois !

— Oui, j'ai entendu parler de son problème avec les petits pois. Tu sais, Grace, à cet âge, les garçons sont bêtes, mais ça s'arrange ensuite. Et la plupart du temps, tu l'aimes bien. Alors essaie d'être sympa, d'accord ?

Avec un sourire, elle continue à danser pendant que je vais lui chercher des habits dans sa chambre. J'ai honte de lui avoir menti. Les garçons ne deviennent pas moins bêtes. Juste plus poilus.

Arrivées à Rouken Glen, nous tournons dix minutes pour trouver une place. Enfin, nous nous garons près de la sortie. Nous nous dirigeons vers les balançoires, et pendant que les enfants jouent, nous cherchons une table de pique-nique, mais il semblerait que chacun des habitants du sud de Glasgow ait décidé de passer son dimanche ici, comme nous. Ayant finalement repéré un endroit agréable près d'un arbre, nous étalons la couverture que Rose a bienheureusement pensé à apporter. Elle a également préparé des sandwichs au pain de mie sans croûte, des bâtonnets de concombre, des sauces, des olives, un goûter, de l'eau et des gobelets. Quant à moi, j'ai emporté trois œufs Kinder alors que nous sommes quatre, une bouteille d'un liquide pisseux, un énorme sac de Monster Munch, des bananes trop mûres et une seule serviette en papier.

— On devrait les appeler, non ? dis-je à Rose tout en avalant un Monster Munch.

— Ils nous voient. Ils viendront quand ils auront faim.

Nous nous étendons sur la couverture pour absorber les U.V. comme deux éponges. Rose se redresse soudain, les lunettes de soleil baissées, et me donne un coup de coude.

— Oh, tu as vu le mec qui joue au foot avec son fils ?

Je regarde autour de nous. Il y a des tas d'hommes qui jouent au foot avec leurs enfants.

— Sois plus précise, Rose.

— Il porte un tee-shirt noir.

Je le repère aussitôt. Il y a également trois autres mamans qui le surveillent depuis un banc tout proche. Rose baisse la voix.

— C'est Billy Morrison. Il vient de se séparer de sa femme, Lindsay. D'ailleurs, ça ne m'étonne pas : c'est une espèce de harpie, complètement coincée. George joue au football à cinq avec lui, de temps en temps. Les gars de l'équipe le surnomment « Monsieur Tablette de Chocolat ».

— C'est vrai qu'il a l'air musclé.

— Carrément. Tu devrais lui parler. Je suis certaine qu'il voudrait bien sortir avec toi.

— Ah non, je n'ai pas envie d'être un lot de consolation ! En plus, c'est lui qui doit me parler en premier. Et je sens le bacon.

— Quoi ? Mais pourquoi ?

— À cause des Monster Munch goût bacon.

— Non, pourquoi c'est lui qui doit te parler en premier ?

— Ce serait trop long. Tu liras samedi dans le *Lowdown*. C'est pour le boulot.

Elle semble un peu effrayée.

— Je ne comprends pas. Comment tu vas faire pour te dégotter un mec, si tu ne vas pas leur parler ?

— Mais exactement ! dis-je en levant les bras, triomphante. Tu vois ? Toi, tu comprends !

— En fait, je ne comprends rien du tout, mais… on va dire que j'ai hâte de lire ta chronique.

Ah non, pas Rose aussi… Si les gens s'arrêtaient tous de lire, je n'aurais plus besoin de faire ça.

Jason est le premier à revenir, suivi de près par Grace, qui me supplie de lui servir un jus de fruit, sinon elle va mourir.

— Tu t'amuses bien ? Viens manger, et ensuite on ira donner à manger aux cygnes et regarder la cascade.

Je renifle la bouteille de pisse. Je suis presque sûre que c'est du jus de pomme.

Pendant que les enfants déjeunent, je continue à observer Tablette de Chocolat. Je suis intriguée. Je ne suis pas trop attirée par les sportifs, mais je veux bien faire une exception pour celui-ci. En plus, il a déjà un enfant, donc le fait que je sois maman ne devrait pas poser trop de problèmes. Peut-être que Rose a raison ; ça ne semble pas une mauvaise idée.

Nous remballons le pique-nique et ramassons les ordures. Je repère une poubelle non loin de lui, et décide de tester la règle n° 2. Le livre indique :

« Les hommes vous remarqueront. C'est à vous de décider comment. »

— Je vais balancer ça ! dis-je d'un ton joyeux en attrapant le sac de détritus pour me rendre à la poubelle, ce qui m'amènera à passer à côté de Tablette de Chocolat.

Je vais avancer d'un pas nonchalant près de lui, là où il peut me voir. Peut-être même rouler un peu du cul. C'est parti.

Je m'approche, et ralentis l'air de rien en passant entre lui et son fils.

— Ne le regarde pas, garde les yeux rivés devant toi, me dis-je entre mes dents. Sois cool.

Et, roulant toujours du cul, je rentre dans un ballon de foot. Il me frappe de plein fouet au visage, et je me tords la cheville. Le gamin de Tablette de Chocolat éclate de rire.

— Ah ! Ah ! Papa, il a rebondi sur sa tête !

Je l'entends me crier « Ça va ? », mais je suis trop occupée à me féliciter à voix haute : « Super, Cat. Au moins, il t'a remarquée. » Je me sens humiliée. Je ne sais pas ce qui m'a pris de dire ça. Du coup, je lève le pouce vers Billy et son fils. Oui, je lève le pouce. Encore plus ridicule !

Quand nous arrivons à la mare aux canards, tout le monde a enfin cessé de se moquer de moi. S'il était plus profond, je me jetterais dans l'étang pour que tout cela s'arrête enfin. J'ai mal à l'oreille et je veux rentrer.

— Où sont les signals, maman ? demande Grace.

— Ce sont des cygneaux, ma chérie. Et ils sont au milieu de la petite île, là-bas. Regarde bien. Ils ont drôlement grandi.

Rose fronce les sourcils alors que nous faisons le tour de l'étang, croisant des couples âgés et des familles qui ont apporté du pain rassis ou les restes de leur pique-nique.

— Il n'y a que moi pour enlever la croûte du pain avant de faire les sandwichs ! Quelle idiote…

— Écoute, je viens de me prendre un ballon dans la gueule alors que je tentais d'attirer l'attention d'un homme. Donc je pense que tu n'es pas la plus cloche de nous deux…

— Est-ce que tu comptes raconter cet incident dans ta chronique ? me taquine-t-elle.

— Putain, Rose, en voilà une bonne idée… Jason, ne t'approche pas du bord, l'eau n'a pas l'air très propre.

Rose se dépêche de le rattraper avant qu'il ne plonge tête la première dans la mare, et nous reprenons le chemin de la voiture, passant à côté de la cascade modeste mais bruyante cachée au fond d'un bosquet. Ce lieu me rappelle mon enfance, quand Helen et moi jetions des pièces dans l'eau en faisant des vœux. On demandait des Mon Petit Poney et un magnétoscope neuf pour remplacer le vieux truc qui représentait le sommet de ce que ma mère pouvait se permettre. On essayait d'apercevoir des chauves-souris dans les arbres et on lançait des bâtons dans le ruisseau. Aujourd'hui, je fais exactement la même chose avec ma fille. Si on était dans le *Roi Lion*, je porterais Grace à bout de bras en chantant *C'est l'histoire de la vie*.

Le temps d'arriver à la voiture, il est déjà presque 17 heures. J'allume la radio pour faire plaisir aux enfants. Ils chantent *Happy* de Pharrell et Rose et moi sommes d'accord sur le fait que, malgré ses chapeaux ridicules, nous ne dirions pas non. Je dépose Rose et Jason avant de me diriger vers chez nous. Helen est sur le trottoir, en train de décharger deux grandes plantes vertes. Grace sort de voiture la première et court vers elle.

— Coucou, Tata Helen ! C'est beau. Pourquoi tu en as deux ?

— Bonjour, Gracie. J'en ai pris une pour ta maman.

— Cool. On n'a pas de plantes.

— Je sais, déclare Helen en me regardant. C'est pour ça que je l'ai achetée.

Je ferme la voiture et me joins à cette conversation sur l'absence de plantes dans ma vie.

— On a eu une plante, une fois. Elle n'a pas tenu longtemps. De toute façon, je préfère les fleurs. Elles sentent bon dans tout l'appartement.

— Les plantes, c'est bon pour assainir l'air, et ça n'est pas toxique pour les chats…

— Arrête de faire de la pub, ça ne sert à rien. Je vais la mettre dans le salon, et j'essaierai de ne pas la tuer trop vite, cette fois. Merci pour le cadeau.

Elle referme son coffre et me regarde d'un air sévère.

— Je lis ta chronique, le week-end. Je suis contente que tu te sois mise activement à la recherche d'un mec. Mais je ne suis pas trop fan de ces bouquins de coaching à l'américaine. Ils sont trop pour le contact physique, à mon avis.

— C'est un auteur écossais. Il est de Glasgow, je crois. Et même si ton approbation me fait plaisir, je dois te dire que je ne le fais que pour le boulot. Et ce n'est pas le genre de livres auquel tu penses. Il s'agit plutôt de se transformer en femme telle que les hommes en rêvent. Tu sais, réservée, féminine… totalement dénuée de personnalité, et…

— Ah, arrête, Cat, c'est trop affreux. Sois toi-même, c'est bien suffisant.

Elle verrouille sa voiture avec la télécommande et s'éloigne vers l'entrée de la maison, s'arrêtant juste un instant pour me regarder d'un air dubitatif.

— Peut-être que tu devrais te faire une frange ? On a un grand front, dans la famille…

— Tu ne viens pas de me dire que j'étais très bien comme j'étais ? rappelé-je en riant.

Ça fait longtemps que les critiques exagérées d'Helen ne me blessent plus.

Grace a déjà disparu dans l'appartement. Je prends ma nouvelle plante des bras d'Helen avec autant de douceur que possible, et entre à mon tour. Je pose le pot sans ménagement sur la table basse, en me demandant où elle fera le plus joli. Pour finir, je laisse Grace décider. Elle choisit de la placer en haut de l'étagère blanche, pour éviter qu'Heisenberg aille y faire caca. Sage décision.

Encore un week-end de passé. Je repasse l'uniforme d'école de Grace avant de consacrer vingt minutes à chercher sa cravate, qui finit par réapparaître autour du cou d'une poupée Monster High. Heisenberg sort, Grace se couche, et je me plonge dans un bon bain pendant quarante minutes, afin de préparer mentalement ma semaine et d'enlever les dernières traces du ballon de foot sur ma figure et mes cheveux. Je suis vraiment partagée au sujet de ces règles d'or. D'un côté, je suis ravie d'avoir un nouveau projet pour m'occuper, mais de l'autre, ma première tentative – certes bâclée – pour les suivre s'est soldée par un échec spectaculaire. Dorénavant, je dois prendre ces conseils avec circonspection, et de toute évidence, un équipement de sécurité.

Chapitre 7

Le lundi matin fait son grand retour, et j'arrive au bureau, avec vingt minutes de retard, mais prête à conquérir le monde, chronique après chronique. Le doux soleil du matin m'a donné une petite moustache de transpiration, que j'essuie d'un discret coup de mouchoir, tout en sachant que j'ai déjà utilisé l'objet en question pour débarbouiller Grace d'un truc dégoûtant qu'elle avait sur le visage.

Patrick et Gordon sont tous deux assis devant leurs bureaux couverts de bazar, et feuillettent les journaux. J'entends Leanne qui parle au téléphone dans le bureau de Natasha.

— Il est quelle heure, à ta montre ? demande Patrick en mordant dans un bagel. Ça fait une éternité qu'on est là, nous.

Ah, charmant. Patrick est là et bien là. Une substance jaune a coulé de son bagel sur sa chemise rose fripée, et ça me donne la nausée. Je pose mon sac sous mon bureau avant de m'asseoir.

— Menteur. J'ai dû déposer Grace à l'école ce matin. Natasha n'est pas arrivée ?

— Elle n'est pas là, aujourd'hui. Je crois que Leanne est en train de lui parler. Maintenant que tu es arrivée, tu peux me dire sur quoi tu bosses cette semaine ? demande Patrick en me regardant à travers ses petites lunettes hors de prix.

Patrick est un connard de première classe. Divorcé, il aime la gastronomie russe, James Joyce, et repérer les coquilles dans les articles des autres. Pendant les heures de travail, cet homme est comme une épine dans mon pied. Il aime croire qu'il est notre supérieur dans la hiérarchie imaginaire qu'il a réussi à inventer entre ses séances de dégustation de gin et ses marathons de branlette. Il se considère comme le bras droit de Natasha. Son job consiste à sauver le monde par ses critiques littéraires pédantes, ou ses présentations verbeuses d'expos, de pièces de théâtre, ou de toute autre sortie culturelle que Kerry qualifierait de péteuse.

J'ouvre mon agenda et tente de déchiffrer mes pattes de mouche.

— Eh bien, Patrick, si tu tiens à le savoir, j'ai deux entretiens par téléphone pour mon article sur la chirurgie esthétique, ma chronique, et un publireportage sur un centre d'amincissement à Édimbourg. J'essaie aussi d'arranger une rencontre avec Gerard Butler. Il sera dans le coin la semaine prochaine pour sa promo, mais son secrétariat ne me rappelle pas, et…

— C'est normal, ils ne vont pas te rappeler, intervient Gordon. J'ai descendu un de ses films, l'année dernière, tu te souviens ? Un bon coup de pied au cul…

— Ah, c'est vrai. Merde. C'est tout toi, ça… anéantir toutes mes chances de le rencontrer un jour ! Mais pourquoi tu veux savoir ce que j'ai prévu, Patrick ?

Celui-ci semble agacé par l'interruption de Gordon.

— Eh bien, parce que j'ai besoin de quelqu'un pour rédiger un papier sur *The Voice*, dans les pages télé. Je suis débordé, et, euh… je n'ai pas le temps. Leanne et Gordon sont tous les deux plus surchargés que toi.

Je lui adresse un sourire méprisant.

— Ah, tu ne regardes pas *The Voice*, pas vrai ? Ce serait dégradant pour toi…

— Évidemment ! hurle-t-il. Mais Natasha insiste pour que nous ajoutions des critiques télé « intéressantes » en plus de celles de la BBC4, et je ne pense pas être capable d'écrire sur cette émission sans préjugés. Ce n'est pas digne de mon talent.

— Mais du mien, si ?

— J'ai simplement pensé que puisque tu restes chez toi tous les samedis soirs, tu dois bien connaître l'émission. Arrête de faire la gamine.

J'entends la porte de Natasha se refermer, et Leanne retourne à son bureau.

— Salut, Cat. Tu as passé un bon week-end ?

Oh, tu vois le genre… j'ai dessiné des têtes sur des œufs à la coque, je suis allée au parc, j'ai essayé d'être attirante et je me suis pris un ballon dans la tronche. La routine.

J'acquiesce en souriant.

— Oui, très bon, merci, dis-je avant de me retourner pour fusiller Patrick des yeux. Apparemment, j'ai regardé *The Voice*.

— Moi aussi. J'adore cette émission ! Tu vas faire une critique pour P. ? Je le ferais bien, mais je suis débordée.

« P. » rougit un peu et baisse les yeux vers son bureau. Je crois qu'il en pince pour Leanne ! C'est pour ça qu'il ne l'emmerde jamais…

Pour finir, j'accepte de le faire, parce que je suis la moins immature de la bande, et aussi pour éviter qu'il aille me dénoncer à Natasha. Cat Buchanan : un extraordinaire esprit d'équipe, mais à contrecœur.

— OK, Leanne. Je m'apprête à écrire quatre-cent-cinquante mots pour « P. » pendant qu'il descend au

Starbucks m'acheter un grand americano. La grande taille, hein ! Avec un sucre. Merci, Patrick !

Je vois bien qu'il n'a pas envie, mais il se dirige quand même vers la porte, le pas traînant, son porte-monnaie en cuir éraflé à la main. Je commence à écrire.

> The Voice (également appelé « On peut aussi chanter quand on est moche »)
>
> Bien des choses se bousculent dans mon esprit lorsque je regarde The Voice, et par malheur, aucune d'elles n'est une douille du revolver imaginaire que je n'ai pas encore acheté.

Malgré le fait que je n'ai jusqu'ici regardé en tout et pour tout qu'un seul épisode, j'ai réussi à pondre trois cents mots à propos des jurés, des choix de chansons, et des candidats, avant d'attaquer ma triomphale conclusion :

> Qui va remporter la victoire ? Tout le monde s'en fout. Pour ma part, si je regarde cette émission, c'est seulement pour voir la tête des gens quand, après avoir raconté en long et en large à l'équipe de caméramans comment ils ont perdu leurs narines dans un accident de luge, ils ont le désespoir de ne voir aucun fauteuil se retourner, et que le fantôme de leur père, à qui ils ont dédié leur chevrotante interprétation de Hero, les contemple avec déception.

Je relis ma prose avant de l'envoyer par mail à Patrick, qui se contente de marmonner un « merci » peu sincère avant de faire passer ce travail pour le sien. Quel connard ingrat !

Je m'aperçois alors que la tache jaune de son bagel de ce matin a réussi à s'étaler de sa chemise rose à sa cravate rouge. Je me réjouis qu'il passe la journée comme un gamin mal débarbouillé.

Natasha ne se montre pas, mais vers 16 heures, elle m'envoie un mail pour m'annoncer que ma chronique a reçu cent-soixante-dix-neuf commentaires en ligne, et que nous allons donc poursuivre sur ce thème pendant trois semaines minimum. Je prends mon courage à deux mains pour consulter le site et découvrir ce que les gens ont écrit (chose que j'évite de faire en règle générale – les critiques un peu acerbes ont tendance à me rendre dingue). Sans surprise, les lecteurs débattent tous des mérites du bouquin, et me souhaitent bonne chance. Sauf JohnT567, qui se contente d'affirmer : « Cette femme me dégoûte. » J'écrase mentalement son avatar entre mon pouce et mon index, afin de le détruire sans pitié.

Je pourrais rester plus longtemps au boulot, mais en toute franchise, il n'y a rien que je ne puisse finir à la maison, et je n'arrive pas à me concentrer sur *Les Règles d'Or de la Séduction* alors que Leanne n'arrête pas de bavarder dans mes oreilles. Il faut que je me bouge le cul pour ce travail. Une tentative ratée impliquant un ballon ne va pas suffire. Je souhaite une bonne semaine à tout le monde avant de descendre les escaliers pour rejoindre la station. Rose a pris Grace à l'école en même temps que Jason, et je n'ai pas besoin de me dépêcher. Mais dans mon désir de retrouver quelqu'un qui a toujours l'air heureux de me voir, je me hâte quand même.

Rose, assise à sa table de terrasse verte avec un café noir et un livre de poche fermé, regarde Jason et Grace jouer au turnball dans le fond du jardin. Ils arrivent rarement à taper la balle, mais quand c'est le cas, ils le font avec un enthousiasme digne de Wimbledon.

— Qui gagne ? dis-je en m'asseyant à côté de Rose.

Je salue Grace d'un signe de la main. Elle s'arrête de jouer et crie :

— Regarde, maman !

Puis elle se prépare pour donner un coup magistral, mais échoue.

— Aucune idée, répond Rose en riant. Je crois qu'ils sont aussi nuls l'un que l'autre. Tu as passé une bonne journée ?

Avec un grognement, je hausse les épaules.

— Comme-ci, comme-ça. Tu as pris un jardinier ? C'est magnifique.

Parfois, j'envie Rose. Elle n'habite qu'à dix minutes de marche de chez nous, mais sa maison de brique rouge, avec ses cinq chambres et son immense jardin, semble être à des millions de kilomètres…

— C'est Martin, un ami de George, qui nous a proposé un peu de paysagisme pour pas trop cher. Et j'ai investi dans des pots et des plantes chez le nouveau jardiniste à Giffnock. Je dois être possédée par la mère de George. Cette vieille bique ne passe jamais plus de cinq minutes sans son déplantoir et son sac de compost qui pue.

Grace se rue vers moi pour me prendre dans ses bras avant de disparaître aux toilettes. Jason continue à s'exercer tout seul, mais ne tarde pas à s'autoadministrer un grand coup de raquette sur le front. C'est la goutte d'eau qui fait déborder le vase, et la malheureuse raquette rend son dernier soupir lorsqu'il la cogne sur un prunier en hurlant.

— C'est la pire journée de toute ma vie !

— Fait chier, soupire Rose en s'approchant de son fils pour le réconforter.

Du haut de ses huit ans, Jason est en train de nous livrer une colère épique. Grace revient alors que le spectaculaire caprice est encore en cours.

— Il fait toujours ça quand on joue au turnball. Chaque fois. Vraiment, chuchote-t-elle.

Je suis perplexe. Il suffirait à Rose de démonter l'équipement. Il est temps de rentrer, et nous partons discrètement. Quelle chance j'ai que Grace soit si facile ! Je serais incapable de m'en sortir avec un enfant comme Jason. Je me retourne pour regarder Rose, assise dans l'herbe, son garçon boudeur dans les bras. Elle lui murmure à l'oreille. Il lui enlace la taille. Ça me fait sourire.

Grace et moi marchons en silence vers chez nous, jusqu'à ce que Grace me demande :

— Qu'est-ce que Rose a dit à Jason pour le calmer ? Qu'elle allait lui acheter une nouvelle raquette ?

Nous nous arrêtons au bord du trottoir avant de traverser la rue tranquille.

— Hum... c'est possible, mais je pense que c'était autre chose. Je crois plutôt qu'elle lui a rappelé qu'elle l'aime très, très fort, dis-je en prenant la petite main de Grace dans la mienne.

Elle me regarde avec un sourire suffisant.

— Nan. Je crois plutôt que c'était une nouvelle raquette.

Plus tard, dans la soirée, je suis assise sur le canapé à me demander ce que je vais faire à présent pour mettre les règles d'or en pratique lorsque j'entends frapper des coups familiers sur la porte d'entrée. Je souris.

L'année de mes dix ans, notre voisine, une vieille fille du nom de Miss Pollock, est morte en laissant derrière elle une maison qui est restée à l'abandon pendant deux ans, ainsi qu'un abri de jardin branlant couleur caca d'oie qu'Helen et moi avons fait nôtre. Notre mère a vérifié qu'il n'était pas dangereux, puis l'a nettoyé et repeint en blanc, et nous avons décidé d'y établir notre Q.G. officiel. Il nous a fallu plusieurs jours pour mettre au point notre signal secret : la petite mélodie de *Qui veut la peau de Roger Rabbit ?* Nous y avons passé notre temps libre pendant cinq ans, et cela restera toujours mes meilleurs souvenirs d'enfance. Je crois qu'Helen ressent la même chose : vingt-six ans plus tard, elle utilise toujours notre code.

— Cat, je sais qu'il est tard, je ne reste pas longtemps. Je voulais juste te dire que j'étais désolée de ne pas avoir pu emmener Grace à l'école, ce matin. J'avais une réunion que je ne pouvais pas zapper.

Elle n'a pas encore fini sa phrase qu'elle est déjà assise sur le canapé.

Je referme doucement la porte d'entrée.

— Oui, je sais, tu me l'as déjà dit. Ce n'est pas grave, ma chef n'était pas là, de toute façon. Tout va bien, à la fac ?

Elle jette un coup d'œil au document ouvert sur mon ordinateur portable.

— Oui, oui. Juste les coupes budgétaires habituelles, et les problèmes de personnel. Ça avance, ton projet de rencontres ? Tu as fait des touches ?

Elle évite mon regard. Elle mijote quelque chose.

— Non, mais je viens juste de me lancer…, dis-je, méfiante. Pourquoi ?

— Oh, je m'intéresse à toi, c'est tout. Tu sais… je suis ta sœur, après tout.

Pas de doute. Elle a quelque chose derrière la tête.

— La plante rend très bien, ici, ajoute-t-elle.

Elle fait traîner les choses, mais je n'ai pas le temps d'attendre.

— Helen, j'étais en train de bosser…

— Oui, bien sûr. Je vais te laisser. Ah, avant que je parte…

Ça y est.

— Je me demandais si tu serais libre mercredi de la semaine prochaine, pour le dîner ?

Paf. Elle sait que Grace est chez Peter les mercredis, et donc que je suis libre.

— Je suis libre déjà mercredi qui vient. Pourquoi on ne dînerait pas ensemble à ce moment-là ?

— On a quelque chose de prévu. On va au cinéma, répond-elle sèchement. Pas le choix, il faut que ce soit le suivant. Alors ?

— Alors, ça dépend, Helen. Il s'agit de dîner avec vous, ou avec un mec que tu voudrais me coller ?

— Juste Adam et moi. Je pensais que ce serait sympa. Ce n'est pas un piège !

L'expression de son visage contredit ses propos lénifiants. Elle ment, c'est sûr. Mais il est déjà presque 23 heures, et si je n'avance pas dans mon planning, je vais prendre du retard. J'accepte son invitation sans enthousiasme, et la raccompagne à la porte, consciente de devoir passer la soirée dans dix jours assise en face du nouveau serial killer avec lequel ma sœur pense que je formerais un couple idéal.

J'arrache une feuille de mon calepin, ouvre *Les Règles d'Or de la Séduction*, et griffonne quelques notes sur l'approche que je prévois. C'est difficile : la plupart des idées ne seront utiles que si j'ai un homme en face de moi. Je suis toujours coincée à la case départ.

Je termine vers minuit et vais me blottir dans mon lit. J'ai beau être totalement épuisée, mon cerveau fait des heures sup'. Il me reste trois jours pour trouver une idée pour ma chronique de samedi, ce qui signifie que je vais devoir accepter mon sort, sortir de chez moi, et me couvrir de ridicule. Je pourrais peut-être inventer quelque chose… mais Natasha a un flair imparable pour les bobards. C'est déjà difficile de rencontrer un homme quand on a tout le temps devant soi, mais comment vais-je réussir cet exploit avec une date butoir ?

Le soir suivant, je me retrouve à contempler l'intérieur de mon frigo d'un œil vide, en me demandant ce que je vais préparer pour le dîner. Plus jeune, je croyais qu'une fois trentenaire, je n'aurais aucun mal à cuisiner, faire le ménage ou m'organiser. Je me trompais cruellement.

Grace a déjà décidé qu'elle n'avalerait rien d'autre que de la pizza ce soir, et après avoir passé en revue nos maigres provisions (du coulis de tomates, deux œufs, trois tranches de jambon, de la margarine et une tête d'ail qui doit traîner là depuis au moins un an), je suis bien obligée d'être d'accord. J'appelle *Domino's* pour commander une pepperoni et des potatoes, en insistant pour avoir du fromage allégé, comme si ça changeait quelque chose. Puis je mets la table et commence une liste de courses que j'intitule « Plus sain, tu meurs ! », histoire d'éponger toutes les saloperies que ma fille est sur le point d'ingurgiter.

Je laisse un pourboire à la livreuse de pizza – sa voiture a l'air de ne tenir en un seul morceau que grâce à la rouille, et peut-être aux prières – pendant que Grace emporte la pizza en courant et commence à manger sans m'attendre.

Elle est déjà en train d'ouvrir la petite barquette de sauce lorsque je m'assieds à côté d'elle.

— Tu as des devoirs, ce soir ? dis-je alors qu'elle déplace les tranches de pepperoni pour former un visage.

— Oui, mais c'est juste de la lecture.

Je m'essuie la bouche avec de l'essuie-tout.

— Tu voudras que je t'aide ?

— Est-ce que papa peut le faire ? Comme l'autre fois… il a lu avec une voix trop rigolote. Peut-être que je peux attendre demain, quand je serai chez lui.

Ce genre de trucs, ça me tue. Quand nous avons eu Grace, je n'imaginais pas un seul instant que l'aide que lui apporterait Peter serait conditionnée aux jours de la semaine. Pourquoi est-ce qu'on n'a pas été foutus de tenir suffisamment longtemps pour qu'elle ait une vie de famille normale ?

— D'accord, ma chérie, dis-je en emportant mon assiette vers l'évier. Écoute, si tu n'as pas de travail, on pourrait aller faire des courses, non ?

— Jamais de la vie. Plutôt mourir.

— Ne dis pas ça ! De toute façon, je dois vraiment y aller, et je ne peux pas te laisser là.

— Je n'ai qu'à aller chez Tata Helen. Tout, mais pas les magasins.

J'appelle Helen pour vérifier qu'elle est à la maison, puis je lui envoie Grace avec le reste de pizza, et je promets de rapporter des crevettes pour Adam et un magazine pour Grace.

Alors que je roule vers le supermarché, une pensée me traverse l'esprit : les hommes célibataires doivent eux aussi se nourrir. Je pourrais me servir de mes courses d'épicerie comme opportunité d'être vue par des mecs. Ils seront sans aucun doute submergés de désir en me voyant pousser mon Caddie et comparer le prix des rouleaux de P.Q. de mon air le plus séduisant. C'est une bonne piste.

Je me gare près de l'entrée et me regarde dans le rétroviseur. Erreur fatale : j'ai la peau pâle et sèche, le mascara en paquets, les pores dilatés. Tout ce dont j'ai besoin, c'est d'un lit et d'un prêtre qui crie : « Le pouvoir du Christ t'oblige ! ».

J'attrape mon rouge à lèvres de secours dans la boîte à gants pour me remaquiller, me pince les joues, et me dirige vers les rangées de chariots. Bien entendu, celui que je choisis est le plus branlant. J'entre dans *Sainsbury's* en repassant les règles principales dans ma tête (*être confiante, faire en sorte qu'ils me remarquent*) et m'engage avec nonchalance dans le rayon primeurs.

J'ai l'impression d'être un prédateur alors que j'arpente lentement l'allée, à la recherche d'hommes esseulés. J'entrevois brièvement mon avenir, consacré à espionner des mecs, cachée derrière des piles de bananes, et je tente de me reprendre avant que la sécurité me saute dessus. Bien qu'il soit 19 h 30, un mardi soir, les seuls messieurs que j'aperçois sont deux retraités, et un papa fatigué avec trois enfants de mauvaise humeur. L'un des enfants est tellement mignon que je sens mes ovaires frétiller. Je me souviens de Grace au même âge. Ça me manque…

J'abandonne mon mal d'enfant derrière les piles de laitues iceberg et avance vers le rayon frais, où je repère un homme séduisant qui soulève un pack de lait d'un seul bras musclé. Je pousse mon chariot dans sa direction afin de mieux le voir, mais je me souviens que je ne dois avoir l'air de rien. Je me détourne, mais à présent, je ne vois plus que le fromage. Ma petite voix intérieure commence à s'époumoner.

Comment pourrais-je voir quelque chose si je ne dois pas le regarder ?

Je ne suis pas une mouche !

Je décide donc de passer près de lui. Deux fois. Du coin de l'œil, j'arrive à discerner qu'il doit avoir dans les trente-cinq ans, qu'il grisonne légèrement et tient une superbe forme physique. Bien sûr, j'ignore s'il m'a vue, et je feins de n'être qu'une cliente qui fait des allées et venues devant les fromages. Il se dirige vers la caisse, et je retourne vers mon chariot, le cœur lourd. J'ai l'impression d'être une folle dangereuse, mais j'éprouve une étrange fierté à l'idée de m'être tenue à mon plan.

Je continue à arpenter le rayon comme si je voulais acheter des produits, et m'arrête de temps à autre à côté de messieurs qui, étrangement, ne me demandent pas sur-le-champ de sortir avec eux. Je secoue les cheveux. Toujours rien. Je résiste au désir de les acculer tous ensemble dans un coin avec mon chariot et de hurler : « J'ai secoué les cheveux, qu'est-ce qu'il vous faut de plus ? » Il semble désormais évident que ces hommes soit me trouvent hideuse, soit sortent déjà avec quelqu'un, ou ne jugent pas approprié d'aborder des femmes au supermarché.

J'en ai assez. Je balance une barquette de crevettes dans mon chariot, attrape le premier magazine que j'aperçois avec un jouet en cadeau, et me dirige vers les caisses, cognant mon Caddie dans celui d'un homme magnifique en costume bleu marine. Je lui souris et m'excuse. Mais avant qu'il ait pu répondre, je claque la langue, abandonne mon chariot et m'enfuis comme une folle. Je viens d'enfreindre une règle (ne pas adresser la parole en premier et ne pas regarder dans les yeux !) et ainsi de flanquer par terre mes chances de l'épouser.

Je rentre à la maison les mains vides, et raconte à Grace et Helen que le supermarché était fermé. D'un regard sévère, j'interdis à Helen de remettre ce bobard en question.

De retour à l'appartement, j'allume de la musique, me jette à plat ventre sur mon lit, le visage enfoui dans un oreiller, et hurle. Je suis tellement frustrée ! Non seulement je n'ai toujours rien de drôle à raconter dans ma chronique, mais le frigo est vide. Je déborde de pitié pour ces femmes qui suivent ces règles idiotes pendant des mois alors que l'auteur, Guy Wright, empile des pièces d'or comme l'oncle

Picsou. D'ailleurs, il ne s'est pas foulé pour trouver son nom de plume… « Right Guy », le bon mec… Rien que pour ça, il ne mérite pas d'être pris au sérieux.

Mercredi, je passe l'après-midi à terminer quelques articles pour le *Lowdown* ainsi qu'un texte pour un site d'immobilier qui m'emploie en freelance (*Déménager comme sur des roulettes, ça se prévoit*). Je consacre également du temps à *ne pas* recevoir de réponse de l'équipe de Gerard Butler et à crier sur Heisenberg quand il décide de réduire mon canapé à néant en s'y faisant les griffes. Tout ce qui me reste à écrire, c'est ma chronique sur les rencontres, et je n'ai pas la moindre idée de ce que je vais raconter. Je me demande si je n'aurais pas dû mettre un peu plus d'ardeur à la tâche, et prendre ces saletés de règles d'or davantage au sérieux. Parce que là, je passe mon temps à effacer mes phrases au fur et à mesure que je les écris.

~~Les choses ne se sont pas très bien passées, cette semaine…~~
~~Cette semaine, j'étais décidée à rencontrer l'Amour…~~
~~Glasgow Girl pense que Guy Wright n'est qu'un petit merdeux…~~

Ça ne sert à rien. J'éteins l'ordi, appuie la tête sur le dossier du canapé, et reste les yeux rivés sur mon abat-jour papillon rose et argent de chez *Debenhams*, qui m'a coûté une fortune. Celui que Peter refusait que j'achète, parce qu'il le trouvait bizarre, et estimait qu'il aurait davantage sa place dans une chambre d'enfant. Évidemment, après la rupture, c'est le premier article de déco dont j'ai fait l'acquisition, parce qu'il pouvait bien aller se faire foutre. Pour être honnête, je ne l'ai pas vraiment regardé depuis des années, et à présent je comprends ce qu'il a voulu dire, mais je n'irai jamais le lui avouer. Parfois, j'aimerais être moins têtue. Mais ce que j'aimerais plus encore, c'est que cette connasse de voisine du dessus arrête de marcher avec ses talons.

La routine du mercredi soir se déroule sans heurts. Grace va chez Peter, je m'arrête pour laver la voiture, je parviens à faire les courses de la semaine – pas un homme en vue – et regarde un peu la télé avant de mettre ma nouvelle crème de nuit Clinique et de me coucher. C'est vrai qu'elle est douce et sans parfum, mais je m'ennuie à crever. Helen a eu beau me mentir en prétendant être prise ce soir, je sais que j'aurais quand même pu aller partager une bouteille de vin avec elle. Mais non, j'ai préféré rester passer la soirée à la maison comme la vieille bique que je m'étais promis de ne jamais devenir. Mon quotidien ennuyeux et commun est en train de déteindre sur moi. Je suis sûre qu'Emma n'est pas commune… elle appartient peut-être à ce clan des femmes qui sortent du lot, auquel Guy Wright fait référence ? Je suis sûre qu'elle sait jouer de la flûte comme un charmeur de serpent, et qu'elle envoûte les queues comme une grande prêtresse avec son vagin magique. Pff, au diable le mercredi soir et sa tentative pour me faire passer du côté obscur. Je refuse d'entrer dans ce jeu. J'éteins la lumière et tente de ne pas paniquer devant le fait que je n'ai toujours pas avancé dans ma chronique du week-end. Il faut vraiment que je provoque un événement.

Chapitre 8

— Aujourd'hui, je vais me faire remarquer par les hommes. Je serai belle, je sentirai bon, et je vais passer la journée à me balader dans Glasgow, en laissant mes ondes inonder tous ceux qui me regarderont. Je serai à la fois mystérieuse et abordable. Kerry, tu es là ?

Il est 8 heures, et j'ai réveillé Kerry un jour de repos pour cet appel vraiment important. Je l'imagine, les yeux mi-clos et les cheveux dans la figure, son téléphone contre l'oreille.

— Oui, je suis là, répond-elle avant de bâiller très fort exprès. Kieran aussi, et il te fait un gros doigt d'honneur.

— Oui, je sais qu'il est tôt, mais il fallait absolument que je confie mon plan à quelqu'un. Comme ça, je suis sûre de ne pas abandonner pour rester à la maison devant *Esprits Criminels*.

— OK. Alors, où comptes-tu aller pour attirer les regards ?

— Ça a de l'importance ?

— Évidemment, répond-elle avec un petit rire de mépris. Cat, il y a des quartiers dans lesquels tu n'as pas intérêt à te faire remarquer. À ta place, je m'en tiendrais au Southside et au West End.

— Ce que tu peux être snob !

— Peut-être, mais ça m'étonnerait que tu rencontres l'homme de ta vie devant un destockeur discount dans

Sauchiehall Street. Et puis, les mecs intéressants ne sont-ils pas au boulot, un vendredi ?

Elle a raison.

— Ah oui. Du coup, je vais prendre le métro vers Byres Road et traîner dans un café à l'heure du déjeuner. Les hommes sont bien obligés de sortir pour manger, après tout. Je vais les surprendre l'estomac vide.

Elle ne répond pas. Je suis presque certaine qu'elle s'est rendormie, mais j'attends quand même une seconde, au cas où.

— Kerry ?

Rien. Je raccroche avec un haussement d'épaules.

Je prépare une jolie robe d'été, discrète malgré tout, et un cardigan jaune avant de prendre une longue douche bien chaude. La radio posée sur le rebord de fenêtre diffuse la version censurée de *Starships* de Nicki Minaj, mais j'ajoute les gros mots avec délices comme si j'avais quatorze ans. Après un bon brushing pour boucler mes pointes, je m'inspire d'un tuto maquillage de Jennifer Aniston sur YouTube. Je n'en suis pas fière, mais le résultat est franchement pas mal, et je suis donc prête à partir. J'ai l'impression d'avoir passé la matinée à me préparer, toute contente, pour un rendez-vous auquel on ne m'a pas encore invitée. Après mes tentatives un peu molles au parc et au supermarché, je décide d'y mettre du mien une dernière fois. Si j'échoue, je pourrai déclarer que cette expérience n'était qu'une perte de temps, et inviter les femmes du monde entier à brûler ce livre sur la place publique.

Suivre *Les Règles d'Or de la Séduction* dans le métro est très facile, car je ne regarde jamais personne. C'est contraire à l'étiquette des transports en commun. Une fois assise, j'aperçois un homme en face de moi. J'ai envie de me baffer pour avoir justement choisi le siège devant le mec qui a la plus chouette coiffure afro que j'aie jamais vue. J'aime ce genre de coupes. J'ai toujours envie de les contempler. Et de les toucher. Et de féliciter leur propriétaire pour sa belle chevelure. J'ai vraiment envie de lui sourire, mais je ne le fais pas, puisque c'est un homme et que Guy Wright proscrit tout particulièrement la répugnante franchise des femmes qui sourient aux messieurs. Je continue donc à examiner les pubs au-dessus de sa tête, et deux arrêts plus loin, il descend – avec ses beaux cheveux – et sort de ma vie pour toujours.

Une fois hors du métro à Hillhead, je résiste à la tentation de sourire à un homme qui arrive en face de moi avec son enfant dans un porte-bébé. Je baisse un peu les yeux pour sourire au petit comme une dingue affolée par ses hormones. Le bébé me remarque. Ah, j'ai du talent ! Il se met à pleurer. Je me hâte de changer de direction pour m'éloigner du mioche qui hurle à pleins poumons.

Mon plan, c'est de commencer par Ashton Lane, un des coins les plus branchés de Glasgow, avant de descendre Byres Road jusqu'à la prochaine station à Dumbarton Road, avec un troupeau d'hommes à ma suite, comme si j'étais le Joueur de flûte de Hamelin. À moins qu'à force de boire du café, ça ne soit plutôt un sillage de pisse et de honte que je laisse derrière moi.

Je remonte la ruelle pavée d'Ashton Lane d'un pas mal assuré, en maudissant mon choix de sandales compensées, et entre dans *Jinty McGinty's Bar.* Mon intention est de commander un cappuccino, de m'asseoir à une table et de croiser les doigts pour attirer un mec, de préférence pas un étudiant de dix-neuf ans échappé de la fac toute proche. Mais le risque est mince : à l'intérieur, toute la clientèle est âgée. On se croirait à la maison de retraite. Du coup, j'emporte mon cappuccino sur la terrasse à l'arrière. C'est l'heure du déjeuner, et l'endroit est bondé, mais pour le coup, la clientèle des lieux est plus jeune que moi. J'aperçois un couple qui s'en va, et me précipite à leur table, soulagée de ne pas devoir rester debout comme une nouille ou pire, essayer de m'asseoir dans l'herbe avec grâce sans renverser ma tasse.

Je sors mon téléphone. J'ai un appel manqué de Kerry et un texto de Peter. Je décide de le lire au cas où il y aurait un problème.

> Où est la robe violette que nous avons achetée à Grace l'an dernier ?

Heureusement que j'ai consulté ce message ! Il y a en effet un problème : le père de Grace a fini par devenir taré. L'an dernier ? Il semble oublier que contrairement à lui, les enfants sont incapables de remettre les mêmes habits d'une année sur l'autre. Ils ne peuvent pas s'empêcher de grandir, ces petits égoïstes. Peut-être qu'il croit que je l'ai vendue pour me payer des injections de Botox. Peut-être qu'Emma voudrait la porter pour le mariage. Ou peut-être que Peter lui-même voudrait la porter le jour J ? Qui sait.

Je réponds avec calme.

> Je suppose que, ne lui allant plus, elle est partie vivre sa vie avec d'autres vêtements à donner. Et si tu te poses la question, je n'ai pas non plus les chaussures que tu lui as achetées en 2008. Je te laisse, je suis occupée. Ramène-moi Grace à 17 heures.

J'éteins mon téléphone et tente de me détendre. Je suis ici dans l'espoir de rencontrer un homme, pas pour qu'on me rappelle que j'ai autrefois pensé être compatible avec un pharmacien obsédé par les vêtements et qui fait pipi assis.

Je sirote mon café lentement. Si je me lève pour en commander un autre, je suis sûre de perdre ma place. Mais à force, il refroidit et je suis bien obligée de repousser ma tasse. Quelques instants plus tard, un homme s'approche de moi. Je détourne les yeux avec nonchalance pour qu'il ne pense pas que je m'intéresse à lui (même si c'est le cas). Il arrive droit sur moi. Je sens qu'il me regarde. Oh merde. Est-ce que ces conneries de règles d'or marchent pour de vrai ?!

Cat, reste calme, et fais comme si ça t'arrivait tout le temps. Aaah, il est debout à côté de moi !

— Bonjour, est-ce que cette place est prise ? demande-t-il avec un fort accent de Tyneside bourré de charme.

Je lui jette un regard (il porte un chouette jean, une grosse ceinture, *beurk*, un tee-shirt rentré dans le pantalon, mais quand il sera tombé amoureux de moi je pourrai rectifier tout ça) avant de tourner les yeux vers le tabouret de bois et de répondre.

— Non, elle est libre.

Je me passe la main dans les cheveux en feignant d'être la perfection incarnée, et attends qu'il s'asseye.

— Merci, répond-il rapidement avant de prendre le siège et de l'embarquer vers la table où l'attend sa copine.

Oh, bordel de merde ! Maintenant je suis seule avec mon café froid et pas de chaise libre. J'ai bien envie de les rejoindre pour leur donner mon sac en hurlant : « *Prenez-le ! Maintenant il ne me reste plus rien ! Vous êtes contents ?* »

Je décide de quitter *Jinty's* et de tenter ma chance ailleurs, dans une autre rue. Il n'y a que des branleurs au tee-shirt rentré, dans ce bar, de toute façon.

Je retourne vers Byres Road et repère mon café suivant sur le trottoir d'en face. Je traverse prudemment la route encombrée – certes, on me remarquerait si je me faisais écraser, mais ce n'est pas le but.

À peine ai-je franchi la porte de l'établissement que je sens mon cœur se serrer. Il est peuplé de femmes. Plus précisément, de quatre femmes massées dans un box à ma gauche, et qui tiennent chacune dans leurs mains un exemplaire de *Mange, Prie, Aime*. C'est un club de lecture. Je ne savais même pas que les clubs de lecture se réunissaient en semaine !

À ma droite, il y a quatre tables. L'une est occupée par une femme seule avec sa théière, néanmoins habillée pour séduire en bleu marine et blanc. Je crains qu'elle et moi soyons embarquées dans la même quête vaine de la rencontre. Je fouille l'endroit du regard, dans l'espoir d'y découvrir une arrière-salle, mais non, il n'y a que trois tables vides, une grande plante en plastique et la porte des toilettes homme. Je pourrais aller y jeter un coup d'œil, mais avant que j'aie pu en arriver là, un serveur me demande ce que je désire.

— Un café au lait, s'il vous plaît.

— Ça roule. Grand ?

— Non, moyen s'il vous plaît.

— Je peux vous apporter un cookie ou une part de gâteau ?

En voilà, une bonne idée ! Apportez-moi donc une tonne de pâtisseries, comme ça je me goinfrerai toute seule dans mon coin pendant que la dame à la théière restera élégamment mince et sans miettes.

— Non merci, juste le café.

— Je vous l'apporte tout de suite.

Le sens commun me dicte de prendre le café à emporter, mais j'hésite. Et si mon prochain petit ami entrait et que je ne sois pas là pour l'éblouir ? Je prends soin de choisir une place bien située afin que chacun (surtout les hommes) puisse me voir, mais c'est quand même assez près du club de lecture pour entendre leur conversation sur *Mange, Prie, Aime*. J'ai donc, en plus de mon café, droit à un divertissement gratuit. Je me penche pour écouter.

— J'ai vu le film avant de lire le livre, et pour être honnête, je ne me souviens pas que Julia Roberts se regarde autant le nombril que l'héroïne du bouquin, déclare celle qui porte un haut rouge.

Elle a de la mousse de cappuccino sur la lèvre, et personne ne le lui a signalé.

— Je suis d'accord, renchérit sa voisine en noir.

Tout le monde attend qu'elle développe, mais elle n'en fait rien. Elle préfère se racler la gorge et plier sa serviette en forme de… serviette plus petite.

— Eh ben moi, j'ai adoré, intervient la troisième. C'était comme une évasion super bien écrite, et je ne me suis jamais sentie aussi proche de Bali ou de l'Italie. À certains endroits, j'avais l'impression que le livre avait été écrit pour moi, vu que je viens de divorcer… Ça m'a amenée à me poser des questions profondes. Et toi, Claudia, qu'est-ce que tu en as pensé ?

La divorcée se tourne vers le dernier membre du groupe, qui remue lentement son café mousseux depuis le début de la conversation.

— Je dois dire que j'ai détesté ce bouquin, Louise.

Louise soupire.

— Ah, vraiment… Franchement, c'est la première fois que je choisis le livre, et vous trouvez toutes qu'il est nul. Il s'est quand même vendu à plus de huit millions d'exemplaires ! Tu ne veux pas développer, Claudia ?

Claudia pose sa cuillère dans sa soucoupe et sourit.

— Mais si, Lou, je veux bien. Laisse-moi réfléchir… Arrivée à la moitié, j'ai commencé à me poser des questions sur ma vie. J'avais envie de me tuer parce que jamais je ne pourrai effacer ce torchon de ma mémoire. Mais ensuite, je me suis souvenue que j'avais rendez-vous avec vous trois pour revivre toutes ces histoires de dégustation de pâtes et ces conneries de paix intérieure ! J'en suis venue à taper « Je veux mourir sur-le-champ » en majuscules dans Bing. Même pas dans Google, non, dans Bing !

Pour ma part, j'ai bien aimé le bouquin, mais j'apprécie encore plus Claudia. Ses trois compagnes la dévisagent, les yeux ronds. Louise semble vexée. La fille en rouge avec la moustache de cappuccino arbore un grand sourire.

Claudia reporte sa colère sur la femme en noir.

— Tu ne l'as même pas lu, n'est-ce pas, Sarah ? Qu'est-ce que tu as lu, à la place ?

— Mais si, je l'ai lu ! proteste l'intéressée.

— Dis-nous la vérité, insiste Claudia, les yeux plissés. Qu'est-ce que tu as lu ?

— *Docteur Sleep*, finit-elle par avouer.

— J'en ai marre de ce putain de club de lecture !

Je suis hypnotisée. Même la serveuse fait semblant de nettoyer la table à côté de moi afin d'écouter. Malheureusement, d'après la façon dont Claudia rassemble ses cabas, il semble qu'elle soit décidée à partir. Ce qu'elle fait, sans ajouter un mot. C'est le meilleur club de lecture du monde ! Les autres membres continuent à discuter comme si de rien n'était. Je reporte mon attention sur mon café qui refroidit à vive allure, en me demandant si un individu de sexe masculin va finir par entrer dans le café. Mais en réalité, c'est déjà le cas. J'étais tellement occupée à écouter sans en avoir l'air l'hilarant récit de la dépression de Claudia que je n'ai pas vu qu'un homme était entré, avait acheté un café, et s'était installé à côté de la dame à la théière. Une moitié de mon cerveau suppose qu'ils se connaissent, mais l'autre insinue qu'elle lui a plu davantage que moi. Quoi qu'il en soit, je ne resterai pas une minute de plus. Il est temps de passer à autre chose.

Je continue dans Byres Road, un pied devant l'autre dans mes sandales, les épaules bien droites, déterminée à faire une dernière tentative avant de reprendre le métro pour aller chercher ma voiture. Je suis démoralisée, mais pas hors-jeu. Je suis enfin en train de faire un réel effort pour rencontrer des hommes, et je ne vais pas me décourager. Mais malheureusement, la météo en a décidé autrement. La douce brise qui m'a accueillie à ma sortie du métro s'est transformée en tornade et soulève ma robe et mes cheveux à la verticale. Je me rue dans le premier pub que je vois, et me rends aux toilettes.

Après m'être lavé les mains avec le savon vert pomme, je me regarde dans le miroir et éclate de rire. Mes cheveux ne ressemblent plus à rien. Je n'ai plus le look « drague au café » mais « bagarre au saloon ». Mes boucles, parfaitement lisses quand je suis sortie, ressemblent désormais à un nœud de serpents. Si on était dans la Grèce antique, je m'attendrais à me faire décapiter par Persée d'une minute à l'autre. Je sors mon peigne de mon sac pour tenter de réparer les dégâts, allant jusqu'à essayer de me sécher les cheveux sous le sèche-mains poussif, en m'appuyant d'une main au mur branlant. Mais rien n'y fait, c'est trop tard. Ni mon cœur ni mes cheveux ne sont à la hauteur de la tâche, désormais : il n'est plus question de trouver l'âme sœur. Avec un soupir, je retourne dans le bar.

Morose, je commande un petit jus d'orange et m'assieds près de la fenêtre pour attendre que le vent se calme. Je contemple avec intérêt un homme qui court après son chapeau dans la rue lorsque quelqu'un me tapote l'épaule.

—À quoi qu'elle pense, cette jolie demoiselle ?

Un quadragénaire rougeaud se dresse devant moi, une pinte de bière à la main. Bon sang, il est gigantesque ! Il doit bien faire deux mètres, avec une carrure de rugbyman, et il est sans doute bourré.

— Moi, c'est Harry, annonce-t-il sans que je lui aie rien demandé.

Il se laisse tomber sur le siège à côté de moi en soufflant comme un bœuf, me privant de la vue sur la rue et le bonhomme au chapeau. Je le dévisage, interloquée.

Deux possibilités s'offrent à moi. Soit j'explique à Harry que je ne l'ai pas invité à s'asseoir, et qu'il ferait mieux de foutre le camp, soit je profite du fait d'avoir été abordée (même si c'est par un géant) pour mettre en pratique quelques-unes des règles de Guy Wright en me montrant distante, mystérieuse et réservée. Bien décidée à ce que cette journée ne soit pas une totale perte de temps, j'opte pour la deuxième solution.

— Et toi, tu as un nom ? demande-t-il en jouant avec un sous-verre.

— Catriona.

— Enchanté. Je t'offrirais bien un verre, mais tu en as déjà un.

J'étire les doigts et contemple mes ongles.

— Pas de problème. Je ne compte pas rester quand j'aurai fini celui-ci, de toute façon.

Être distante : c'est fait.

— Tu ne travailles pas, aujourd'hui ? Moi j'ai ma demi-journée. Je bosse dans les assurances. Et toi ? demande-t-il avec un énorme rot de buveur de bière.

— Non, je ne suis pas dans les assurances.

— Non, je voulais dire, tu fais quoi dans la vie ?

— Un tas de trucs…

Et la palme de la méfiance revient à…

Il prend une grande gorgée avant de se remettre le bazar en place.

— Tu n'es pas très bavarde, hein, ma poulette ?

Appelle-moi encore une fois poulette et je te décapite.

— Il semblerait que non.

Bon sang, c'est de la torture. Est-ce que je m'en sors bien, au moins ? Je suis vraiment contente de ne pas être en compagnie de l'homme de ma vie, parce que je dois donner l'impression d'être une vraie connasse. Par chance, Harry le géant est certainement un connard aussi, donc peu importe ce qu'il pense. Il contemple mes seins sans aucune pudeur pendant une bonne seconde avant de se pencher vers moi.

— Alors, qu'est-ce qu'une fille pas trop mal comme toi fait par ici ?

Non mais, je n'ai pas signé pour de telles conneries. Il faut que je mette un terme à cette scène, même si ça implique de saboter ma première vraie rencontre depuis que j'obéis aux règles. Ce type est vraiment horrible. Je finis mon jus d'orange et annonce poliment à Harry que je m'en vais, attirant aussitôt un charmant commentaire de sa part :

— Espèce de coincée du cul !

C'est alors que je renonce à ma médaille de la jeune femme réservée en élevant la voix à un niveau qu'on pourrait qualifier de hurlement.

— Écoute-moi bien, espèce de connard sexiste, ça pourra te servir à l'avenir. On ne s'assied pas à une table sans y avoir été invité, on n'appelle pas une femme « ma poulette » et on ne lui demande pas « à quoi qu'elle pense », sauf si on est dans un roman de Dickens. Et si on décide de draguer, on s'assure au moins d'être propre sur soi.

Et sur ces mots, je quitte le pub et hèle un taxi pour retourner à ma voiture. J'ai vraiment perdu ma journée. Si je n'avais pas suivi les préceptes de ce maudit bouquin, je suis certaine que j'aurais pu me servir de mes yeux pour repérer d'éventuels célibataires. J'aurais peut-être même réussi à me montrer suffisamment charmante pour les inciter à prendre un café avec moi, et à dîner ensemble le week-end prochain. Au lieu de ça, je viens de perdre un après-midi entier à ne pas regarder les hommes en face, avant d'être abordée par l'énorme Harry, aux éblouissants talents sociaux. Est-ce que toutes mes tentatives de rencontrer un mec vont se dérouler de cette façon ? Chaque jour, des femmes rencontrent des hommes alors qu'elles vivent leur vie et se comportent normalement, sans avoir besoin de faire la belle dans des cafés en espérant être remarquées par un représentant du sexe opposé. Je suis folle de rage. Pour qui se prend ce foutu auteur ?

Chapitre 9

S'il y a bien une chose au monde que j'adore, c'est les grasses matinées. Mais pas quand je suis censée être au bureau à 9 heures. Mes cris de « merde, merde, merde ! » parviennent presque à noyer la sonnerie du réveil – qui s'est mystérieusement décalée – alors que je tombe presque du lit. Grace, qui est réveillée et plongée dans une bande dessinée, semble surprise de me voir débouler comme une tornade dans sa chambre.

— Pourquoi tu ne m'as pas réveillée ? dis-je dans un gémissement.

J'ai envie d'accuser tout le monde, sauf moi.

— Tu ne m'as pas demandé, répond-elle avec un haussement d'épaules. Regarde le petit chien, maman. Il mange une banane.

— On n'a pas le temps, Gracie-chérie. Il faudra que tu t'habilles chez Tata Helen, je suis très, très en retard.

Je lui tends un uniforme repassé à la perfection, attrape son cartable, et la tire vers chez ma sœur.

— Tu peux aider Grace à se préparer ? Je dois partir dans dix minutes !

Helen me regarde d'un air réprobateur, mais je n'ai pas le temps de la convaincre qu'il y a des mères pires que moi sur terre.

— Parfait. Mais mercredi soir, arrange-toi pour être à l'heure pour le dîner.

— Évidemment ! Je serai ponctuelle, dis-je en courant vers chez moi.

Helen a eu bien de la chance de penser à me le rappeler, autrement j'aurais oublié de venir.

J'enfile mon tailleur à la va-vite, m'attache les cheveux en queue-de-cheval bien tirée, et me brosse les dents tout en glissant les pieds dans mes chaussures. Je me maquillerai dans le train.

Par un coup de chance incroyable, j'arrive à la gare avec trente-sept secondes d'avance et parviens même à trouver une place assise. Je suis sur le point de sortir ma trousse de maquillage lorsque je remarque une femme enceinte debout près des portes. Je compte sept messieurs qui l'ont vue et ne se sont pas levés. Plus le temps passe, moins j'aime les hommes. Je referme mon sac et attire son attention.

— Je vous en prie, asseyez-vous, dis-je en me levant.

Avec un sourire reconnaissant, elle se faufile pour s'asseoir.

— Pff, je me sens comme un hippopotame, confie-t-elle avec un fort accent de Belfast. Merci beaucoup. Je n'ai qu'un arrêt, vous pourrez vous rasseoir ensuite.

— Ne vous en faites pas. Je sais ce que c'est. C'est pour quand ?

— La semaine dernière… Je n'en peux plus d'attendre. Je commence à être de mauvais poil. Franchement, quand on regarde mon ventre, on se demande comment font certains pour ne pas me voir !

Je ris, mais elle n'a pas fini sa tirade.

— C'est vrai, il n'y en a pas un parmi ces grands baraqués pour me proposer sa place. Dans quel monde on vit ?

Le monsieur à ma droite semble mal à l'aise. Il tourne une page de son journal et poursuit sa lecture, mais elle l'a repéré.

— Porter un autre être dans son ventre, ce n'est pas facile, vous savez ! s'écrie-t-elle dans sa direction. Votre mère, elle devrait avoir honte de vous. Regardez la petite jeune fille qui est debout alors que vous êtes toujours bien tranquille sur votre siège. C'est-y des manières, ça ?

Il me regarde. Et il a les larmes aux yeux. Je vois bien qu'il est partagé entre le désir de lui dire d'aller se faire foutre, au risque de subir la honte d'être un connard qui s'est mal comporté envers une femme enceinte, et celui de se lever pour me laisser m'asseoir. Par chance pour lui, elle est arrivée à son arrêt. Elle se lève pour descendre.

— Voilà. Merci encore, dit-elle avec un dernier regard rageur à l'homme qui s'agrippe en tremblant à son exemplaire de *Metro*. Bonne journée.

Sur ces mots, elle quitte la voiture et je reprends possession de mon siège tout chaud.

J'ai fini de me maquiller, sans trop de bavures. Je descends à Central Station, où les files d'attente aux échoppes de café semblent faire des kilomètres. Je joue le tout pour le tout : je tenterai d'en prendre un chez *Greggs the Bakers*, dans la rue. Le temps est soudain devenu pourri, comme souvent à Glasgow, et je dois presque courir jusqu'au bureau.

— J'ai reçu une invitation pour la réouverture du Filmhouse, vendredi soir, se vante Patrick avant même que j'aie enlevé ma veste.

Pour le moment, il n'y a que lui dans le bureau, et il est tellement débraillé, les habits froissés, qu'on croirait qu'il a dormi là.

— Apparemment, ils veulent prendre un tournant « art et essai », poursuit-il. Tu sais, avec des films indépendants, des trucs sous-titrés, en noir et blanc… La soirée d'ouverture va être géniale : bouffe à volonté, open bar, et de belles rencontres… Je vais être comme un poisson dans l'eau.

Il est prétentieux à gerber, mais je dois bien admettre que son plan pour me rendre jalouse fonctionne. J'adore le Filmhouse et tout le monde ne parle que de la réouverture. C'est vraiment écœurant que des billets pour une soirée comme celle-là tombent entre les mains d'un tel connard… quel gâchis.

— C'est super, Patrick. Mais qu'est-ce que tu vas bien pouvoir te mettre ? dis-je d'un ton persifleur avant d'allumer mon ordinateur, qui pour une fois semble fonctionner.

— Très drôle, Catriona, soupire-t-il. En tout cas, certainement rien qui soit du même vert que ce que tu portes ce matin.

J'ouvre ma boîte mail. Douze nouveaux messages. Le deuxième me comble de bonheur.

— Aïe, touché, Patrick ! dis-je en riant. OK, j'avoue, je suis jalouse… ou plutôt je l'étais, car j'ai reçu une invitation, moi aussi. Je suis trop contente ! On n'a qu'à y aller ensemble.

— Quoi ? C'est pas vrai ?

— Eh si. Je pense que toute l'équipe a reçu le même mail. Trop drôle !

Il marmonne des propos inintelligibles et sort en tapant des pieds, manquant de renverser Leanne dans l'embrasure de la porte.

— Qu'est-ce qu'il a, Patrick ? demande-t-elle en se frottant le bras là où il l'a cognée.

— Il vient de découvrir qu'il n'était pas le centre du monde. Le mieux, c'est de le laisser mijoter un peu dans les toilettes. Tu as passé un bon week-end ?

— Oui, merci, répond-elle en ouvrant un yaourt avant de lécher l'opercule. J'ai couru cinq kilomètres et mangé chez mes parents. On part en Turquie pour deux semaines jeudi matin, donc j'ai préféré éviter de sortir pour ne pas trop claquer d'argent.

— Tu es allée chez tes parents en courant, ou les deux n'ont pas de lien ? Par ailleurs, tu ne peux pas aller en Turquie : nous sommes tous invités à la réouverture du Filmhouse, et Patrick a vraiment envie d'être vu en notre compagnie.

— Ah, c'est pour ça qu'il boude ? s'écrie-t-elle, amusée. Tu te souviens de la fois où Gordon a reçu à sa place une invitation pour l'inauguration d'une galerie ? Il avait carrément appelé les organisateurs pour se plaindre !

— Mon Dieu, j'avais oublié… Est-ce qu'il a toujours été aussi con ?

— Oh, arrête, il n'est pas méchant…, proteste Leanne d'un air attristé. Vous ne vous entendez pas, c'est tout. Tu devrais lui donner le Prix de Presse que tu as reçu, l'autre fois. Ça lui remonterait le moral.

— C'est ça. Écoute, puisque tu n'es pas là vendredi, je prendrais bien ton invitation pour ma copine. Ça ne t'embête pas ?

Elle acquiesce avant d'enfourner une grande cuillerée de yaourt grec, et je transfère le mail à Kerry pour lui proposer de m'accompagner. Quand il s'agit de boire et de manger à l'œil, elle est souvent partante.

Une heure plus tard, je termine une interview téléphonique avec une créatrice de mode d'Édimbourg qui a atteint le sommet de la vague après avoir dessiné la robe que Kelly Macdonald portait aux Golden Globes.

— Merci, Megan, et félicitations pour votre succès. L'article devrait sortir cette semaine. Je vous préviendrai en cas de changement.

— C'était un plaisir. J'adore ce magazine. Surtout la chronique de Glasgow Girl, elle est hilarante !

Je souris jusqu'aux oreilles. J'aimerais pouvoir lui dire que c'est moi, mais Natasha me l'a déconseillé dès le début…

— *Tu écris des choses vraiment perso. À ta place, je prendrais un nom de plume… Garde une aura de mystère. Tu sais comment sont les trolls sur Internet, ce ne sont pas des enfants de chœur. Si tu mets un nom et un visage sur ta chronique, ils seront encore plus enclins à te juger. Laisse-les médire de cette journaliste anonyme, à la place.*

Très peu de gens savent que je suis l'auteure de cette chronique : le personnel des bureaux – à qui on a fait jurer le secret – Kerry, Helen, Adam et Rose. Lorsque j'ai gagné ma récompense, c'est Natasha qui est allée la recevoir. J'étais dans le public, à m'applaudir moi-même.

— Mais mon copain la trouve insupportable, reprend Megan. Il l'appelle « la harpie ». Vous la voyez souvent ? Elle est comment ?

Mon sourire s'efface.

— Je ne l'ai jamais rencontrée, mens-je. Elle envoie sa chronique par mail. Mais qu'est-ce qui la rend si insupportable, d'après votre ami ?

— Je ne sais pas ! répond Megan en riant.

Eh ben arrête de rigoler et va lui poser la question !

— Je suis sûre qu'elle est adorable, dis-je dans un soupir, soudain pressée de mettre un terme à l'appel. Je lui transmettrai vos remarques. Merci encore, Megan.

Nous nous saluons et je raccroche, démoralisée.

— Je ne suis pas insupportable, dis, Leanne ? Le copain de Megan Black me déteste. Il m'a surnommée « la harpie ».

— Bien sûr que non ! se hâte-t-elle de répondre. Même si… non, rien. Non, tu es adorable.

— Même si quoi ?! Dis-moi !

— Eh bien, tu n'as vraiment pas été gentille avec Guy Wright cette semaine, dans ta chronique.

— Oh, je n'ai pas été si méchante…

Elle attrape un exemplaire du magazine sur son bureau, l'ouvre à ma page et lit à haute voix :

Si vous avez acheté ce livre, l'auteur se moque de vous. Malgré le fait que les femmes aient réussi à rencontrer des hommes bien avant qu'il ne soit venu claironner des vérités bien à lui dans ce fatras de développement personnel qu'il appelle un livre, on voit bien qu'il s'enrichit sur le dos des célibataires découragées. Quand on est prête à tout pour rencontrer quelqu'un, tous les conseils paraissent bons à prendre. Mais Guy Wright considère que les 5,99 £ que vous lui avez versées sont le signe qu'il a raison. Il est temps qu'on le détrompe sur ce point, et je serai très heureuse de m'en charger.

— Peut-être que c'est un peu dur…, conviens-je à contrecœur. Mais j'étais énervée. J'ai gâché une journée entière à ne pas regarder les hommes et ne pas être regardée par les hommes. J'ai fini par abandonner.

— Oh, Cat ! N'abandonne jamais ! Accroche-toi ! Mais bref, je voulais juste dire que parfois, tu es… un peu brute.

J'ai envie de l'attraper par les joues pour lui crier en pleine figure : « Mais tu viens d'affirmer que j'étais adorable ! », quand soudain je prends conscience que c'est peut-être le genre de comportements qui me rend insupportable.

— Il faut que tu comprennes que tu dois changer d'attitude, ajoute-t-elle. Arrête de te moquer de ce livre. Si tu y crois, ça marchera. J'en suis la preuve vivante.

— Parfait, tu as raison. J'ai encore des semaines de cette connerie… euh, de ce merveilleux défi devant moi.

Je vais tenter d'être un parangon d'optimisme à partir de maintenant. Au moins dans ma chronique.

— Exactement ! Tu vas rencontrer quelqu'un. J'en suis certaine !

Elle se tourne de nouveau vers son écran et se remet à taper, pendant que je lui fais un discret doigt d'honneur.

Au moment de partir, je reçois un texto de Rose qui me dit que Grace est en train de dévorer des croquettes de poisson et que je peux prendre mon temps. Juste quand je lui réponds, Kerry m'appelle.

— Alors, ce truc au Filmhouse, ça va être plein de bobos qui veulent discuter de cinéma expérimental jusqu'à ce que mort s'ensuive ?

— Aucune idée. Ce sera peut-être juste des journalistes venus pour la bouffe. Dans un cas comme dans l'autre, j'ai une invit' en trop et je veux absolument que tu viennes, sinon je vais être coincée avec les raseurs du boulot toute la soirée.

J'adresse un sourire à Gordon qui articule « Je t'emmerde » en silence.

— D'accord, mais seulement si tu me prêtes ton imper, tu sais, le vert. Je passerai le chercher mercredi, et on en profitera pour mater *American Horror Story*. Kieran s'absente jusqu'à samedi et je déteste regarder des épisodes toute seule.

— Je ne dis jamais non à une dose de Jessica... Ah non, attends. Je me suis engagée à dîner avec Helen et Adam mercredi. Jeudi, tu peux ?

— Oui, ça marche. Je dois retourner bosser, à plus tard !

Le jour du dîner chez Helen et Adam, je vais chercher Grace à l'école et la ramène à la maison pour le goûter. Après l'avoir fait changer de tenue, je pars la déposer chez son père. Je dois y être à 17 h 30 et rentrer à temps pour le dîner. Mais à propos... Helen ne m'a pas donné d'heure.

— Grace, je passe une seconde chez Tata Helen. Je serai dans le couloir. Ne mets le feu à rien.

Helen fait le ménage avec l'énergie du désespoir et je frappe trois fois à la porte sans qu'elle m'entende. J'attends donc que l'aspirateur se taise avant de faire une quatrième tentative.

— Ah, salut ! Je fais juste un peu d'ordre pour ce soir. Ça tient toujours ?

J'ai une folle envie de la faire marcher pour la voir paniquer, mais je n'ai pas le temps, ni la méchanceté nécessaires. Les cheveux tirés en arrière, elle ne porte pas de maquillage : elle prend les choses à cœur. Un fumet de poulet s'échappe de la cuisine pour s'infiltrer dans mes narines.

— Quelle délicieuse odeur ! Oui, je viens. Je me demandais à quelle heure… j'espère que ce n'est pas pour moi que tu te mets en quatre. Le bazar ne me dérange pas.

— À 19 heures. Et non, ce n'est pas pour toi, c'est pour Tom.

Avec un pincement au cœur, je lui adresse une expression facilement décryptable en « J'en étais sûre, bordel ».

— Tom qui ? La semaine dernière, c'était juste nous trois, et soudain, il y a un Tom qui sort de nulle part !

— Je ne l'ai invité que ce matin. C'est mon nouveau dentiste. Super mignon. Il est anglais et ne connaît personne dans le coin. Je me suis dit que ce serait sympa de…

— … de nous faire asseoir face à face dans le but de nous marier ? Helen, je t'avais demandé de ne plus me faire ça ! Tu avais promis !

Je bouillonne de rage.

Dans les repas, c'est toujours moi qui fais la conversation, sors des blagues… c'est épuisant. Je vais devoir passer toute la soirée à… Oh, attendez.

Je cesse de râler intérieurement et me mets à sourire.

— Tout ne tourne pas autour de ton nombril, Catriona. J'ai fait ça sur un coup de tête. En plus, je pense que vous allez très bien vous entendre… Qu'est-ce qui te fait sourire ?

— Moi, je souris ? Non, rien.

Mais je souris de plus belle. Helen a oublié que je suis les règles d'or.

— J'ai dit quelque chose de drôle ?

— Pas du tout. Je suis juste très heureuse de dîner avec vous.

Elle tente de déchiffrer mon expression, mais je ne lui montre rien.

— Parfait. On se voit ce soir, alors.

Je retourne chez moi et demande à Grace de se préparer pendant que je me change. Je fouille dans ma penderie pour en sortir la jupe longue à imprimés bariolés que j'ai achetée l'année dernière dans ma période gitane. Pour le haut, je choisis un débardeur et un cardigan court. Je refuse de me mettre sur mon trente et un pour ma sœur et un dentiste entre deux âges. Hors de question qu'il pense que je me suis pomponnée pour lui.

Une fois que nous sommes prêtes, j'emmène Grace chez Peter. Je me réjouis à l'idée que ma stricte observation des règles d'or fasse foirer les petites manigances d'Helen pour me caser avec un pauvre type quelconque. Si je dois rencontrer quelqu'un, ce sera selon mes termes.

Je connecte mon téléphone à l'autoradio afin de mettre de la musique pour Grace. Je chante sur Lorde lorsque je reçois un coup de pied dans le dos.

— Grace, ne tape pas dans le siège. Qu'est-ce qu'il y a ?

— Maman, tu peux arrêter de chanter ? Je veux écouter la chanson.

— Mais j'aime chanter, dis-je avec un sourire suffisant. Je chante à la perfection, Grace. J'ai une voix d'ange.

— Tu as plutôt une voix de spectre, répond-elle en pouffant.

Je me gare devant chez Peter et ouvre la portière à Grace avant d'attraper son cartable et son déjeuner pour demain. Elle s'arrête pour dire bonjour au chien du voisin, et sonne à la porte. Emma vient ouvrir.

— Coucou, Grace ! s'écrie-t-elle.

Elle porte un pantalon de fitness noir et un débardeur qui souligne son ventre plat – le mien ne s'est jamais remis d'avoir porté un bébé de quatre kilos particulièrement remuant.

— Bonjour, Cat, ajoute-t-elle. Ça va ? Peter vient de partir du boulot, il ne va pas tarder. J'étais juste en train de faire du yoga avec la Wii U.

Avec la oui-ja, plutôt, à mon avis.

Parfois, je suis une vraie gamine.

Je fais une bise à Grace, qui s'élance dans le couloir.

— Bonjour, Emma. Ça va, merci. Pas de problème, je n'avais pas besoin de lui parler.

— Parfait. Tu es toute belle. Tu sors, ce soir ?

Je pourrais lui expliquer que ma sœur a arrangé en douce un dîner avec un parfait inconnu parce qu'elle trouve étrange que je n'aie pas eu de mec stable depuis Peter, mais au lieu de ça, je me surprends à sortir :

— Oui, j'ai un rendez-vous ! C'est un dentiste. Il est vraiment accro, mais je le laisse un peu mariner.

— Oh, je suis contente pour toi !

Je vois bien qu'elle essaie de ne pas avoir l'air paternaliste, mais c'est vraiment raté. Je me demande si elle entend la petite voix dans ma tête qui hurle : « Cat, sale menteuse, tu ne l'as même pas encore rencontré ! »

— Ouais, du coup il faut que je file.

Je tente maladroitement un geste de joie alors qu'elle referme la porte, puis reprends la direction de chez moi pour rencontrer mon nouveau petit ami imaginaire. Pourvu que ce soit un mec normal…

Je reste quelques instants dans le couloir avant de toquer chez Helen. Je l'entends rire à travers le battant, de ce rire si particulier auquel elle n'a recours qu'en société pour faire comme si tout était fabuleux. Alors que j'aime tellement son rire habituel qui s'apparente à un cri de cochon. Bon, c'est parti : j'ai enfin la chance de tenter d'appliquer les règles d'or à la lettre. Ne pas parler la première, ne pas flirter, ne pas jacasser à tort et à travers, ne pas glousser. Je vais me contenter de sourire, de rester sereine, et d'attendre que cette soirée se passe. Avec un peu de chance, ça me fournira plein de matière pour ma chronique de cette semaine. Ça aurait été sympa de tester les règles avec un homme qui me plaise, cette fois-ci, mais les précédents coups que m'a arrangés Helen ont été si décevants que je ne serais pas étonnée de me retrouver assise en face d'un farfadet avec un sourire Ultrabright.

Lorsque Helen ouvre la porte pour me tirer dans son appartement, je suis en train de lisser ma jupe d'une main et de remonter ma bretelle de soutien-gorge de l'autre.

— Tom est au salon. Il est là depuis dix minutes. Entre et présente-toi.

C'est le grand moment. Je m'arrête un instant avant de déclarer :

— J'ai peur que ce soit trop direct. Comme si je me jetais à sa tête. S'il veut savoir qui je suis, il n'a qu'à me le demander.

Ça lui prend une seconde de comprendre ce que je viens de dire. Puis elle se souvient. Elle fronce les sourcils et se penche pour me gronder dans l'oreille.

— Cat, tu ne vas pas suivre ces règles d'or ce soir ! Je sais que tu vas faire la conne juste pour m'embêter, et si ça se trouve, tu vas mettre par terre une belle histoire !

Nous sommes toujours dans le couloir, à échanger des murmures furibonds.

— Helen, je t'ai demandé d'arrêter de m'arranger des coups. En plus, les règles d'or, c'est pour mon travail. Je n'ai pas le choix.

Elle a envie de m'étrangler, je le vois. Si on était il y a vingt-cinq ans, elle m'aurait déjà cassé le bras.

— Ne va pas me gâcher la soirée ! Ça m'a pris une éternité de tout préparer, me prévient-elle en m'entraînant dans le couloir dont le sol brille davantage que de coutume. Tom est…

— … le prénom du copain de Duchesse dans les Aristochats ?

— Arrête. Tom est charmant. Quand tu le verras, tu oublieras ta chronique et toutes ces idioties. Fais-moi confiance.

Elle ouvre la porte du salon et s'écrie :

— Elle est arrivée ! Catriona, je te présente Tom Ward. Adam, tu peux me donner un coup de main dans la cuisine ?

— Très subtil, Helen, dis-je à voix basse avant de reprendre à la cantonade. Bonjour !

C'est un bonjour générique, qui ne s'adresse à personne en particulier, et certainement pas à l'homme assis à côté d'Adam. Et qui me fait rougir sans raison. Putain de bordel de merde, il est canon ! Merde. Personne n'est aussi beau dans la vraie vie. Je ne m'attendais pas à ça.

Tom Ward se lève, sourit et me serre la main, ce qui me donne à peu près quatre secondes pour le contempler à loisir avant de commencer à paraître bizarre (et enfreindre les règles). Cheveux blond foncé tirant sur le roux, yeux marron, grand sourire et bien sûr, dentition parfaite. Pffiou… Hello, Tom.

— Alors, Catriona, tu habites sur le même palier ? demande-t-il tandis que je m'assieds sur le canapé en face de lui.

— Oui, c'est bien ça.

Je suis ravie qu'il ait pris l'initiative de la conversation. Ça nous évite de faire le concours de celui qui reste le plus longtemps sans ciller en attendant qu'il se passe quelque chose. Il a une jolie voix, mais je n'arrive pas à identifier son accent. Le sud de Londres, peut-être ?

— Helen me dit que tu vis seule avec ta fille ?

J'aimerais bien savoir quelles autres informations Helen a divulguées alors qu'elle était sur son fauteuil de dentiste. Revenus ? Taille de bonnets de soutien-gorge ? Lui a-t-elle expliqué que l'étymologie de mon prénom veut dire « pure » ou « chaste », ce qui est parfaitement exact en ce moment ?

— Oui, on vit toutes les deux… Enfin, avec notre chat Heisenberg.

Je souris, mais dans ma tête je me chante *Just the Two of Us* de Bill Withers. Peut-être qu'un jour, cette chanson nous décrira, Tom et moi. Le pauvre garçon ne sait pas encore à qui il a affaire…

— Heisenberg ? Ça alors… comme le physicien ?

Il croise les jambes et pendant un bref instant, je suis hypnotisée par son genou gauche.

— Ah, euh… ouais, c'est ce que je raconte à ma fille, en tout cas. Ça vaut mieux que de lui dire que son chat porte le nom d'un trafiquant de drogue dans une série télé.

Ma remarque ne semble pas l'amuser outre mesure. Il se contente de sourire.

Oups.

N'essaie pas de faire de l'humour. C'est à lui de s'en charger.

Oh merde, non seulement sortir des blagues est une erreur, mais en plus il ne voit pas du tout de quoi je parle. Helen m'a monté un coup avec la seule personne sur terre qui n'a pas regardé *Breaking Bad*. Je viens de battre un nouveau record de manque de bol. Pendant un instant, j'oublie toute bienséance et le dévisage avec horreur, puis je décide de lui accorder une seconde chance. Par bonheur, c'est le moment que choisit Helen pour venir annoncer que le repas est servi. Sauvés par le gong.

L'appartement d'Helen est disposé comme le mien, mais contrairement à moi, elle a utilisé l'espace intelligemment. Devant la fenêtre du salon, elle a installé une table à manger, alors que pour ma part j'ai mis une bibliothèque qui obscurcit la pièce et déborde de livres que je n'ai jamais eu le courage de lire, ou que j'ai la flemme de jeter.

Je m'assieds en face de Tom, séparée de lui par un énorme poulet rôti farci au haggis. Helen me verse un petit verre de chardonnay que je sirote avec grâce, laissant les autres parler de la pluie et du beau temps. Nous n'avons pas encore attaqué le repas qu'Adam est déjà en train de s'occuper de mon cas.

— Bon sang, Cat, tu te sens bien ? Je crois que tu n'es jamais restée si longtemps sans rien dire. Et en plus, tu as les yeux rivés sur le cou d'un poulet. Je trouve ça angoissant.

— Tout va bien, Adam, merci. Et le poulet a l'air délicieux. Bravo, Helen.

— Oui, il est magnifique, convient Tom. Je n'ai encore jamais mangé de haggis. Tu aimes ça, Catriona ?

S'il veut une information, il la demandera.

OK, Guy Wright, tu marques un point.

— Ah, ça oui ! C'est succulent avec une sauce au whisky.

Non mais c'est pas vrai, voilà que je parle comme une mamie écossaise ! Si ça continue, je vais dégainer une épée et me lancer dans une danse traditionnelle avec une licorne.

Helen sert Tom en premier, pendant qu'Adam le cuisine au sujet de son métier. Pour ma part, c'est plutôt Adam que je voudrais questionner au sujet de l'horrible tee-shirt rayé qu'il a choisi d'arborer, mais je suis certaine qu'Helen s'en est déjà chargée.

— Alors, qu'est-ce qui t'a poussé à t'installer ici, Tom ? J'imagine que c'est plus facile de gagner sa vie dans le sud ?

— C'est vrai, acquiesce Tom, mais il n'y a pas que l'argent, dans la vie. Après mon divorce, je ne voyais pas l'intérêt de rester. Et puis, les quatre heures de transport que je faisais tous les jours pour aller bosser me rendaient dingue. Une ancienne collègue à moi, Ameera, a un cabinet ici, et elle recherchait un associé…

Il hausse les épaules avec un sourire espiègle. Tous les yeux sont tournés vers lui. On peut dire qu'il sait garder son public en haleine. J'ai l'impression que même Adam envisage de coucher avec lui.

— … et me voici ! conclut Tom avec un rire.

Il se remet à manger, sans se rendre compte que nous sommes tous trois sous son charme. Il examine sa fourchette de haggis avec prudence avant de se lancer.

— Et toi, Catriona, qu'est-ce que tu fais dans la vie ?

Encore une question. C'est bon signe.

— Je suis journaliste. Alors, c'est bon ?

Est-ce que j'ai le droit de poser des questions ? Tant pis, c'est trop tard de toute façon.

— Oui, très bon. Tu écris pour des journaux, ou des magazines ?

Oh non, arrête de me parler de mon travail! Je vais peut-être devoir écrire un article sur toi.

— Des magazines, répond Helen. Elle est très douée. Elle rédige…

— … tout ce qu'on me demande de rédiger! dis-je pour lui couper la parole. C'est juste le supplément d'un journal, rien de très excitant.

— Je suis sûr que c'est passionnant, au contraire. Mais je dois avouer que je lis très peu la presse. Juste *The Independent* de temps à autre. Je regarde Fox News, et de temps en temps les infos de la BBC.

Et merde, il me prend pour une journaliste sérieuse. Alors que je ne suis pas trop certaine de me rappeler qui est Premier ministre en ce moment. Le bon côté, c'est qu'il ne risque pas de tomber sur mon récit de notre rencontre dans ma chronique de cette semaine. Je vais quand même l'appeler X, au cas où.

— Oh, tu sais, je fais surtout l'actu culturelle, les critiques… ce genre de choses. Pas d'événements mondiaux de grande envergure, j'en ai peur.

Je suis en train de minimiser mon travail pour *The Tribune*. Ça ne me ressemble pas.

J'en suis déconcertée, mais merde, ce mec commence à me plaire pour de bon, et je me suis promis de ne pas enfreindre les règles ce soir.

Le reste du repas se déroule à merveille, autour d'un énorme plateau de fromages suivi de profiteroles. J'ai conscience de parler le moins possible. Je me montre réservée – « Non merci, Helen, je ne vais pas reprendre de vin ». Charmante – « Vous avez regardé le documentaire sur le créateur d'Elmo, dans *Rue Sésame*? C'était adorable! » Et pas très honnête – « Mais bien sûr, j'adore l'opéra! » (Il faudra que j'en écoute d'urgence). Peut-être que je ne suis pas la fille drôle et rieuse que je suis d'habitude, mais contre toute attente, ça a l'air de marcher. En tout cas, je l'espère… J'ai la vague impression que Tom me trouve attendrissante. Mais bon, le mouton qui a fini dans notre haggis était certainement très attendrissant lui aussi, et Tom n'a sans doute pas envie de sortir avec lui.

J'aide Adam à débarrasser pendant que Tom et Helen s'installent au salon pour le café. La cuisine est un champ de bataille.

— Adam, qu'est-ce qui s'est passé, ici ? Helen a fait cuire une grenade par erreur ? On se croirait dans *Cauchemar en Cuisine*.

Adam pose trois assiettes en porcelaine fine sur un coin de table avec d'infinies précautions et jette quelques serviettes en papier dans la poubelle qui déborde.

— C'est maintenant que tu te décides enfin à ouvrir la bouche ? Franchement, Cat, qu'est-ce qui t'est arrivé, ce soir ? Ce pauvre garçon faisait tout ce qu'il pouvait pour attirer ton attention, et tu avais l'air de t'en soucier comme de l'an quarante !

— Quoi ?! Mais pas du tout. Il était poli, c'est tout. En plus, tu sais bien que je suis ces règles d'or à la con. C'est comme de jouer les filles inaccessibles, mais en pire.

J'ai l'impression qu'Adam et moi, on n'a pas assisté au même dîner.

Adam remplit la cafetière en cristal et la pose sur un plateau doré à côté de shortbreads carrés. Il a utilisé leur café du dimanche, qui sent délicieusement bon.

— Cat, tu lui plais. Je suis un mec, je sais de quoi je parle.

Avec un clin d'œil, il emporte le plateau au salon.

Pff, est-ce que tous les hommes se prennent pour des experts en séduction, maintenant ? Je reste un peu dans la cuisine pour mettre de l'ordre dans mes idées. J'espère qu'il est intéressé… Mais attendez, si je lui plais, c'est qu'il aime les muettes amatrices de haggis qui vivent sur le même palier que leur sœur et ont pour passe-temps favoris de hocher la tête, sourire et écouter de l'opéra… ? Mais, d'un autre côté… il est tellement séduisant. Il ne croira jamais qu'on est compatibles. Peut-être qu'on ne l'est pas ? Par exemple, moi, en rentrant à la maison, je vais danser en culotte sur The White Stripes, alors qu'il est plutôt du genre à rester habillé et regarder CNN…

Avant qu'ils commencent à se demander où je suis passée, je retourne au salon pour constater qu'Adam et Helen se sont assis dans un canapé, me laissant une place à côté de Tom dans l'autre. Je prends la conversation au vol. Tom est en train de parler de « son épouse, Kathryn »…

— On s'est séparés en bons termes. On a vécu quinze ans ensemble, il était temps de passer à autre chose. On est restés très proches.

— Pas comme toi avec Peter, hein, Cat ? demande Adam avec un sourire benêt en piochant un shortbread.

Au début d'une relation, évitez de mentionner vos ex. Ça risque de vous faire passer pour aigrie, ou pire, pour encore amoureuse.

— Sans doute pas les premiers temps, dis-je, tentant de mon mieux d'être diplomate.

Dans une autre situation, j'aurais hurlé « Ce connard ? Ça ne risque pas ! » mais ce soir, je dois me comporter en adulte.

— Il faut laisser le temps au temps, reprends-je. Ça finira par se tasser.

Forcément. L'un de nous deux finira bien par mourir avant l'autre.

Helen affiche un grand sourire depuis le début de la soirée, et je vois bien que derrière ses yeux bleus brillants se trament de nouvelles manigances. Elle se demande déjà quel genre de chapeau elle portera au mariage. La conversation commence à s'étioler et, bien que j'aie du mal à m'éloigner du beau dentiste, je me dis qu'il est temps de partir.

— Bon, j'ai passé une merveilleuse soirée, mais j'ai des tonnes de boulot qui m'attendent…, dis-je en posant ma tasse sur la table, avec un sourire pour Tom. C'était un plaisir de te rencontrer, Tom.

Et c'est vrai. Même si le plaisir aurait été encore plus grand s'il avait arraché sa chemise et son pantalon… Mais bon, tant pis, je vais devoir me contenter de ce que j'ai eu.

— Plaisir partagé, Cat, déclare-t-il en me serrant la main. Je dois y aller moi aussi. J'ai un rendez-vous à 8 heures avec un patient. Je dois m'occuper de sa bouche…

Helen me fait les gros yeux. Elle sait que je suis sur le point de faire une remarque de mauvais goût. Je préfère m'abstenir.

Helen nous raccompagne, pendant qu'Adam nous souhaite une bonne soirée depuis le salon. À peine la porte s'est-elle refermée derrière moi que je pousse un soupir de soulagement et fouille mon sac à la recherche de mes clefs. La soirée s'est déroulée sans accroc, et j'ai enfin des choses à raconter dans ma…

— Cat, ça te plairait d'aller dîner vendredi ? demande Tom, à l'autre bout du couloir.

Sa voix me donne des frissons. Une main toujours dans mon sac, je tourne vers lui un visage un peu perplexe.

— Dîner ? Toi et moi ?

— Oui. Vendredi. Tu es libre ?

Il est maintenant tout proche. J'entends un cri de joie étouffé de l'autre côté de la porte d'Helen.

— Justement, non, j'ai un truc prévu pour le boulot. Mais je peux me libérer samedi, si ça te convient ?

Je parviens à m'exprimer d'une voix calme, alors que je suis en ébullition. Je voudrais sauter partout en hurlant : « Y a un mec qui m'a invitée ! Je vais peut-être baiser cette année ! »

Je sens mes joues s'empourprer. Bon sang, il est tellement sexy. J'ai envie de le prendre par la cravate pour l'attirer dans mon appartement et le supplier de me… mais je ne le fais pas, bien entendu. Je me contente de sourire, la main toujours à l'intérieur du sac.

— Samedi, c'est parfait. Je peux avoir ton numéro ?

— Bien sûr, c'est 07 83…

— Oh, merde. Désolé, Cat, j'ai laissé mon téléphone dans la voiture. Je te donne le mien, du coup ?

Les propos de Guy Wright défilent devant mes yeux comme le générique de *Star Wars*.

Laissez-le prendre votre numéro, mais ne lui demandez pas le sien. Les femmes n'ont aucune limite avec les textos. Avant qu'il ait pu dire « ouf », vous en serez à lui envoyer cent soixante-dix messages par jour avec des smileys, et vous pleurerez quand il ne répondra pas assez vite.

— Pas grave, je vais te le noter sur un papier.

Abandonnant la recherche de mes clefs, j'ouvre la poche de mon sac pour attraper mon calepin. Je le parcours à la recherche d'une page blanche, gribouille mon numéro, arrache la feuille et la lui tends, comme une pro. J'ai vraiment pris le coup.

Il regarde le numéro avant de le ranger dans sa poche droite.

— Cool. Bon, je t'envoie un texto bientôt pour fixer les détails ?

— On fait comme ça.

J'ai envie de l'embrasser. Merde, j'ai envie de le faire entrer. De tendre le bras vers la gauche et de lui indiquer que ma chambre est juste de l'autre côté du mur et qu'il ne s'y est rien passé depuis des mois. Puis je me souviens qu'elle est en bordel, que j'ai laissé de la vaisselle sale dans l'évier, et que Grace aura sans doute une fois de plus oublié de tirer la chasse d'eau, ce qui m'obligerait à m'écrier « C'est pas moi ! »

— Bon, parfait. Alors bonne nuit, Cat.

Il se penche pour me faire la bise avant de s'éloigner, mon numéro dans la poche, en réitérant sa promesse de m'appeler. J'ai le temps de compter jusqu'à quatre avant qu'Helen ouvre grand sa porte et me regarde avec la tête d'un méchant de Disney.

— Tout marche selon ton plan diabolique ? dis-je. Est-ce que tu vas me prendre ma voix en échange ?

Elle referme doucement la porte derrière elle.

— À vrai dire, je pensais que tu avais tout fait foirer avec tes réponses monosyllabiques et ton air désintéressé, mais il semblerait que tes règles d'or à la con aient marché. Grâce à moi, en partie.

— Ne t'emballe pas. Si ça se trouve, il ne va pas m'appeler, et je n'ai pas l'intention de rester scotchée à mon téléphone. Ça m'étonnerait que je sois son genre.

— Pour une fois, tu ne veux pas enlever tes œillères, Cat ? s'écrie Helen avec un éclat de rire. Tu sais bien ce qu'on dit : les opposés s'attirent.

— Mais tu ne comprends pas, ma chère sœur : Tom croit que je suis calme… et même réservée ! Entendons-nous bien : il me plaît à mort. Mais que va-t-il se passer lorsqu'il découvrira la vraie Cat, tourbillonnante et jurant comme un charretier ? Je ne peux pas la museler éternellement.

— Je sais, admet-elle avec un éclat de rire. Il va s'enfuir en courant. Arrange-toi pour le mettre dans ton lit avant que ça se produise.

— C'est exactement ce que je pensais. Tu as vu ses…

Adam passe sa tête hirsute par la porte.

— Vous croyez que la table va se débarrasser toute seule ?

Avec un soupir, Helen exécute un demi-tour droit comme un soldat.

— J'arrive, Grincheux. Cat, bonne nuit. Et préviens-moi dès qu'il t'appelle !

— Bonne nuit, vous deux. Et je ne vais pas rester à me ronger les ongles en attendant, tu sais !

Quelques secondes plus tard, je suis chez moi, en train de me servir un Baileys en luttant pour ne pas consulter mon téléphone. Tom n'est sans doute même pas encore arrivé chez lui.

À minuit et quart, j'éteins la télé et me prépare à me coucher. Une fois démaquillée et les dents brossées, je me glisse sous les draps et éteins la lumière. Je laisse mon esprit dériver dans l'agréable silence… et parviens à attendre vingt minutes avant d'aller chercher mon téléphone. Je pourrais passer les trois heures suivantes à le consulter frénétiquement, mais je décide de l'éteindre et ferme les yeux, bien décidée à ne pas ressembler au modèle de femmes que dépeint Guy Wright dans son livre.

Chapitre 10

La journée du jeudi commence difficilement. J'expédie Grace à l'école avec un joyeux « À tout à l'heure ! », puis je pars acheter un petit pain grillé et un latte au drive-in *Costa*, juste pour sortir un peu de la maison avant de me mettre à écrire jusqu'au soir. Je suis trop impatiente d'être à mon rendez-vous avec Tom pour me concentrer, et je n'ai pas besoin de ça : je dois toujours écrire ma chronique de la semaine.

Je dévore ma viennoiserie en chemin pendant que ma boisson refroidit. À 9 h 35, je suis sur le canapé avec mon ordinateur portable et mon exemplaire des *Règles d'Or de la Séduction*. Je commence à taper.

> Cette semaine, j'ai rencontré quelqu'un. Imaginez un mélange d'Ewan McGregor et de Jude Law… Oui, vous pouvez me détester.

Je m'arrête un instant pour songer au beau visage de Tom. Un pur moment de bonheur. Je me remets au travail.

Cinquante mots seulement, et j'ai déjà besoin d'ouvrir le bouquin pour savoir comment je vais devoir me comporter lors de ce qui sera considéré comme notre deuxième rendez-vous. Le livre me conseille de ne pas me monter la tête au sujet du fait qu'il souhaite me revoir :

La plupart des femmes s'attendent à une grande intensité romantique, mais la majorité des hommes ont juste envie de bien manger et avec un peu de chance, de finir au lit.

Oubliant ma chronique, je poursuis ma lecture. Peu importe que les règles d'or aient fonctionné sur Tom hier, ce type est un monstre. On peut résumer le message à « l'amour, ça ne sert à rien ! ». Il explique que le prince charmant n'existe pas. Tout ce qu'on peut espérer, c'est rencontrer un homme qui estime que de toutes les femmes qui ont croisé sa route, vous êtes la moins pénible.

Lors du second rendez-vous, restez dans la légèreté. N'abordez pas de sujets sérieux ou personnels.

Par exemple ? Ébola ? La politique ? Les comédies musicales ? Mes sentiments ? Mon cerveau produit toute une série de scénarios catastrophes.

— Comment tu vas, Cat ?

— J'ai froid. Je suis un peu hystérique. Et je me sens vide. Et toi ?

Je retourne à ma chronique pour avertir mes lectrices que l'émotion, c'est le mal, et que selon les règles d'or, elles ne doivent pas aborder de questions susceptibles de faire réfléchir, car cela pourrait troubler le pauvre garçon qui les a invitées. Une demi-heure plus tard, je referme le livre et boucle mon article.

Bref, Monsieur X et moi devons dîner ensemble samedi (le jour de parution de cette chronique, donc vous devrez patienter une semaine pour savoir s'il m'a appelée ou si j'ai passé la soirée toute seule chez moi à chanter *Soulmate* à mon chat).

Plutôt contente de mon travail, je l'envoie par mail à Natasha. Elle ne devrait pas me répondre, sauf si elle a des corrections à faire. Maintenant que je suis débarrassée, j'allume la radio et m'attelle à la vaisselle du petit déjeuner de Grace. Mon émission préférée vient de commencer, mais je n'y prête aucune attention car je suis sûre et certaine d'avoir entendu une notification de texto. J'éteins les robinets à la hâte.

Trois secondes et demie plus tard, je traverse la pièce d'un bond pour me ruer sur mon téléphone, posé sur la table du salon. Pas de nouveau message… mais pas de réseau non plus ! J'agite l'appareil devant la fenêtre jusqu'à ce que les barres s'affichent.

Non, rien à faire, pas de message.

Je jette le téléphone sur le canapé avec rage et regagne la cuisine en traînant les pieds, écœurée de m'être transformée si vite en désespérée du texto. Ce livre est en train de me changer en l'une de ces femmes dont je me moquais autrefois.

Dans la soirée, Kerry passe me voir. Grace est déjà au lit. Kieran est à Aberdeen pour le travail, et Kerry s'ennuie à mourir. Je crois qu'elle ne se supporte pas elle-même. Ce n'est pas mon cas, mais quand on est parent célibataire, on n'a pas trop le choix, de toute façon.

À l'école, Kerry et moi étions très différentes. Nous sommes devenues meilleures amies en primaire, et sommes restées inséparables pendant le lycée. J'étais excellente en lettres et en histoire, et nullissime en maths et sciences, deux domaines dans lesquels Kerry brillait. Rien ne semblait nous rapprocher. On n'avait les mêmes goûts dans aucun domaine : ni la musique, ni les films, ni même les garçons. Pourtant, dès qu'on se retrouvait, tout était simple. C'est elle qui me permet de garder les pieds sur terre. On se complète.

Me souvenant de la promesse que je lui ai faite, je lui tends mon imper à contrecœur et la supplie de ne pas le tacher. J'adore sa couleur verte, et c'est le seul article de toute ma penderie qui vienne de chez *Selfridges*. Je m'installe à mon aise sur le canapé et cherche des yeux mon flacon de vernis à ongles.

— Donc il est beau, mais beau comment ? demande Kerry en parcourant mes étagères. Bordel, Cat, tu n'as que des romans ! De combien d'histoires d'horreur tu as besoin pour être heureuse ?

— Tout ce qui sort. Et Tom est beau à tomber. On croirait qu'il débarque d'Hollywood.

Elle attrape un livre pour regarder le résumé.

— Plutôt du genre Brad Pitt, ou Jared Leto ?

— Quoi ? Euh... Brad Pitt.

— Mais tu n'as jamais craqué pour Brad Pitt !

— J'ai dit Brad Pitt parce qu'il me semblait plus sain que Jared Leto. Celui-là, il a l'air du genre à vous étrangler après l'amour.

Elle repose *Jessie* dans la bibliothèque.

— Il faut que tu arrêtes de lire ces conneries. Tu le vois samedi, c'est ça ? C'est cool. Qui s'occupe de Grace ?

— Elle sera chez Peter pour le week-end. Oui, normalement on se voit samedi, mais Tom n'a pas encore appelé.

Je finis d'appliquer du vernis bleu sur mes orteils avant de m'attaquer aux mains.

— Ne t'en fais pas. Et ça ne prendra pas longtemps que tu dises : « Je vous présente mon petit ami, il est médecin. »

— Dentiste.

— On s'en fout. Sauver des dents, c'est comme sauver des vies. Et puis, tu vas manger à l'œil.

— Non, le livre dit que je ne dois en aucun cas lui laisser l'addition. Donc je vais me payer un restau en compagnie d'un dentiste.

— Je ne vois pas pourquoi tu devrais partager ! C'est lui qui t'a invitée.

— Pour lui montrer que je n'en ai pas après son argent, et que je ne suis pas radin. C'est toujours mieux que de garder jalousement ma carte bleue et de crier « Garçon, encore un homard ! C'est Monsieur qui paie ». Enfin, je n'ai pas l'intention de prendre du homard. Difficile d'être sexy tout en explosant la carapace d'un crustacé mort pour en extirper la chair.

— Ça te dérangerait beaucoup que je brûle ton livre ? Tu es en train de devenir complètement conne.

— Je sais, mais…

— Chut, Cat ! C'était ton téléphone ?

Nous restons quelques secondes à nous dévisager, puis je me jette sur l'appareil. J'ai reçu un texto d'un numéro inconnu. Jetant le téléphone à Kerry, j'enfouis le visage dans un coussin.

— Lis-le, toi. Je ne peux pas regarder !

— Arrête tes conneries ! C'est un texto, pas un test de grossesse. Alors, je lis.

Salut Cat, c'est Tom. J'ai réservé au *Grill on the Corner* samedi à 20 heures. On se retrouve sur place ? Dis-moi si jamais ça ne te convient pas.

Kerry me rend mon téléphone avec un sourire et se met à danser.

— Youhou ! C'est un super restau ! Mais promets-moi de ne pas commander une salade. Les femmes qui mangent des salades en tête à tête sont les pires. Ça montre que tu es creuse et superficielle.

J'adore la salade, surtout avec des morceaux de poulet chauds et des croûtons, mais c'est inutile de tenter d'expliquer ça à Kerry la carnivore. Cette femme pourrait manger du steak tartare au petit déjeuner.

Je lis à mon tour le message de Tom, puis je laisse passer dix minutes avant de répondre.

Parfait. À samedi, bise.

Je contemple l'écran.

— Bise ou pas bise, à ton avis ?

— Non, pas de bise. Il n'y en avait pas dans son message.

J'efface donc la fin du message et clique sur « envoyer ». Voilà, c'est fait.

— Je n'ai pas rêvé toute cette histoire, alors ? dis-je en riant. Comment je vais m'habiller ?

Je pense à ma robe blanche à petites fleurs, mais Kerry n'est pas d'accord.

— C'est un look de mère de famille !

— Mais je suis une mère de famille, Kerry.

— Je sais, mais tu n'as pas besoin de le montrer. Le but, ce n'est pas que tu lui rappelles sa mère. Sinon, il ne couchera jamais avec toi. Pourquoi pas la rouge ? Elle met vachement bien tes lolos en valeur.

— Tu crois qu'on peut porter du rouge pour un premier rendez-vous ? J'ai lu que…

— Cat, tu accordes beaucoup trop d'importance à cette histoire de règles d'or. Écoute, tu n'as qu'à mettre une tenue dans laquelle tu te sens bien.

— D'accord.

— Mais pas la robe blanche.

— Ça va, j'ai compris !

— Toujours heureuse de rendre service. Je vais y aller, mais on se retrouve demain devant le Filmhouse pour l'inauguration.

Elle part sans bruit pour ne pas réveiller Grace. C'est rigolo de la voir tenter de marcher sur la pointe des pieds dans ses chaussures compensées, surtout quand on sait que Grace ne se réveillerait pas si un troupeau de bisons traversait sa chambre en chantant.

Je m'installe sur le canapé pour regarder l'épisode d'*American Horror Story* que j'ai enregistré hier. Il me tarde d'être à demain. Ça sera certainement sympa. Je dois juste rester vigilante et ne pas oublier les règles d'or.

Grace m'aide à remonter la fermeture Éclair de ma robe rouge et joue avec mon maquillage pendant que je me prépare pour l'ouverture du Filmhouse.

— Le rouge à lèvres, on en met juste sur la bouche, Grace. Il ne faut pas déborder tout autour.

— Je dors chez Tata Helen, ce soir ? demande-t-elle en étalant de l'ombre à paupières brune sur ses joues.

— Oui, ma chérie. Je ne sais pas à quelle heure ça finit.

— Mais je vais chez papa, demain. Tu vas me manquer.

J'en ai le cœur serré.

— Tu sais quoi, on pourrait aller prendre le petit déjeuner au café demain matin, avant que je t'amène chez papa. Et quand tu rentreras dimanche soir, on regardera un film ensemble avant d'aller au lit. Qu'est-ce que tu en penses ?

— On pourra regarder *Raiponce* ? demande-t-elle avec un grand sourire.

— Tu me laisseras chanter ?

Elle réfléchit un moment.

— Et si je te laisse mimer, à la place ? propose-t-elle.

— Ça marche.

Le taxi est en route pour venir me chercher. Je donne un gros bisou à Grace, la remercie pour son aide, et l'envoie de l'autre côté du couloir avec une bouteille de vin pour Helen. En me voyant, Helen manque de me sauter dessus.

— Il a appelé ?!

— Quoi ? Qui ça ? Je dois filer, mon taxi va arriver.

— Tom, évidemment !

— Eh, calme-toi. Oui. On dîne ensemble demain. Je passe chercher Grace pour le petit déjeuner. Arrête de danser, Helen, c'est juste un dîner.

Helen disparaît chez elle et je dévale les marches du perron pour attraper mon taxi.

Lorsque j'arrive, Kerry m'attend déjà. Elle se penche vers la portière pour me regarder à travers la vitre comme si on ne s'était pas vues depuis des semaines. Je fais de mon mieux pour m'extirper du siège avec grâce tout en évitant que mes sous-vêtements sculptants se voient à travers ma robe.

— J'ai cru que tu ne viendrais jamais ! gémit-elle en m'embrassant. Ça fait presque cinq minutes que je suis là. Y a plein de monde qui est déjà entré.

— Tu es magnifique ! dis-je en la contemplant de la tête aux pieds.

Kerry ne porte pas mon imper, elle l'habite. Il lui va bien mieux qu'à moi. Je sais déjà qu'à la fin de la soirée, je vais lui dire de le garder. Devinant ce qui se passe dans ma tête, elle sourit.

— Tu as mis ta robe rouge ! Je pensais que tu la gardais pour ton rendez-vous de demain soir ?

— Je n'ai pas encore décidé ce que j'allais porter demain. Et si tu recommences à m'emmerder à propos de la robe blanche, je récupère l'imper illico.

Elle se tait, ravie, et me laisse chercher les invitations que j'ai imprimées.

— Bon, j'espère que cette soirée ne sera pas chiante à mourir..., dis-je en cherchant des visages familiers autour de moi.

Je ne reconnais personne. Les journalistes sont faciles à repérer : la plupart ne se sont pas changés et trimballent leur sacoche en cuir. Ils ont la tête de gens qui espèrent qu'il y a aura un open bar pour compenser le temps libre perdu.

J'aperçois aussi quelques photographes, et ce qui semble être l'équipe au complet du film *Hipsters*. Aucune trace de mes collègues pour le moment, mais Patrick est forcément déjà là, occupé à descendre des verres de scotch tout en défiant le responsable de la section Arts du *Evening Herald* à un concours de celui qui pisse le plus loin.

Kerry ouvre les lourdes portes et nous entrons dans le hall qui est exactement comme avant. Ils ont juste remplacé la moquette bleue par un sol imitation marbre, qui accentue le bruit de mes talons. Alors que je prends un dossier de presse que me tend une hôtesse, un petit homme très élégant nous invite à entrer dans la salle 1.

— Tu ne suis pas les règles d'or, ce soir, j'espère ? me chuchote Kerry.

C'est la première fois que je reviens depuis mon adolescence, et je suis submergée par la nostalgie. Le vieux cinéma, avec ses deux salles, a fermé en 1995 après l'ouverture d'un énorme multiplexe dans le même pâté de maisons. Enfant, j'y allais très souvent, car ils laissaient passer tout le monde pour voir n'importe quel film, sans tenir compte des limites d'âge. J'ai vu ma première scène de sexe à douze ans dans le film *The Doors*. Je n'ai parlé que de ça pendant au moins six semaines.

Par la vitre sur ma gauche, je constate qu'ils ont installé un petit bar tendance à la place du stand de bonbons que tenait une certaine Maggie, âgée de soixante-neuf ans et myope comme une taupe. Ça sentait le pop-corn, les hot-dogs, le vieux fromage et de temps en temps l'alcool, quand quelqu'un renversait une bouteille de bière chipée à son père. À présent, au contraire, je perçois une odeur de neuf. Les tableaux d'artistes locaux qui habillaient les murs de l'étroit couloir entre les deux salles ont disparu. À la place, on a installé d'immenses affiches de films de série B, de productions étrangères et de films d'horreur, pour bien montrer que l'endroit est réservé aux adultes et qu'il est peu probable d'y voir un Disney dans les prochaines années.

Kerry et moi faisons la queue un moment avant de franchir les larges portes de la salle 1, la plus grande des deux, et nous installons au troisième rang. Les vieux sièges gris dont je garde un souvenir attendri ont été remplacés par de vastes fauteuils recouverts de velours marine, munis d'appuie-tête et de repose-gobelet. La décoration est très réussie, mais je préférais quand même l'ambiance d'autrefois.

Le petit homme élégant de tout à l'heure se présente – il s'appelle Adrian – et nous souhaite la bienvenue avant de se lancer dans un discours plutôt soporifique sur les raisons qui l'ont poussé à rouvrir le Filmhouse avec Dylan, son associé. J'ai envie de crier « L'argent, c'est ça la motivation ! » mais je me retiens, et me contente de parcourir le dossier de presse en attendant qu'on nous serve du vin.

— Dylan va arriver d'un instant à l'autre, annonce Adrian, visiblement contrarié que son associé soit en retard pour l'inauguration. Toutes les informations sont dans le dossier de presse, mais n'hésitez pas à poser vos questions à l'un d'entre nous. En attendant, si vous voulez bien vous diriger vers le bar, des rafraîchissements vous seront servis.

À mon grand amusement, Kerry se lève d'un bond, et elle est bientôt imitée par l'ensemble de l'assistance. En me tournant pour marcher dans l'allée, j'aperçois Gordon et Patrick dans le fond de la salle, en grande conversation. Gordon me fait signe de lui apporter une bière, et j'acquiesce avant de me tourner en toute hâte de peur que Patrick me repère et décide à son tour de passer commande.

Kerry me demande un verre de rosé et prend possession d'une table pendant que je me dirige vers le bar. Tout est gratuit, et les gens sont contents. On nous propose des sandwichs et des canapés, et les deux hôtesses qui distribuaient les dossiers de presse passent dans la foule pour prendre les verres vides. Gordon me rattrape près du bar et me donne un coup de main pour rapporter les boissons vers Kerry.

— Je t'ai pris une Staropramen, j'espère que ça te va ?

— Super, merci Cat. Je n'en prendrai qu'une, je dois rentrer tôt.

Nous nous asseyons avec Kerry qui est plongée dans mon dossier de presse. Kerry et Gordon ne se sont rencontrés qu'en de rares occasions, mais ils s'entendent très bien.

— Ça va, Kerry ? Tu t'éclates ? demande Gordon en lui faisant la bise.

— Je suis contente de te voir. Oui, c'est plutôt sympa, mais je préfère les salles de concert. Plus de transpiration, moins de prétention… Les gens ont l'air intéressants, mais ça fait un peu trop « galerie d'art » pour moi, réplique-t-elle en sirotant son verre de vin. Je suis sûre qu'ils sont tous en train de discourir sur leur créativité. Les gens créatifs sont la plupart du temps fous amoureux d'eux-mêmes. Parfois j'ai besoin d'arracher Kieran à son reflet avant qu'il se noie.

— Dis donc, toi ! dis-je en fronçant les sourcils. Gordon et moi, on écrit. On est créatifs, pas vrai ? Est-ce qu'on va aussi être la cible de tes critiques acerbes ?

— Non, vous écrivez, mais vous n'êtes pas des écrivains. Vous ne fouillez pas les profondeurs de votre âme pour pondre des sonnets sur un lampadaire, une figue, ou je ne sais quelle connerie. En gros, tant que vous ne prononcez pas les mots « Je vais autoéditer ma romance fantastique », on peut rester amis.

Je glousse et me tourne vers le bar. Je me demande sur qui d'autre elle va tirer avant la fin de la soirée. Gordon finit son demi à une vitesse impressionnante.

— Bon, je vous quitte, mesdames, déclare-t-il en enfilant sa veste d'un air satisfait. J'ai rendez-vous avec ma femme...

— J'aurais dû m'en douter ! pouffe Kerry. La seule chose qui peut arracher un homme à la bière, c'est une partie de jambes en l'air.

— C'est bien vrai ! Bonne soirée, vous deux.

Je le suis des yeux alors qu'il se fraie un chemin dans la foule. L'idée que seul mon chat psychotique m'attende chez moi ce soir me démoralise.

Une heure plus tard, nous sommes toujours assises à la même table, devant notre troisième verre de vin. Le bar est toujours très animé, et je compte au bas mot vingt personnes qui ont commis un faux pas vestimentaire.

— À ton avis, il fait quoi dans la vie, celui-là ? dis-je en désignant discrètement un type mince en pantalon de cuir et haut à col boule. Artiste ? Danseur ?

Elle se tourne avec nonchalance.

— Il a des sandales. Je dirais que c'est un hipster professionnel. Ou alors, un branleur. C'est la même chose, en réalité. Il doit tenir un café et baiser sa colocataire, à qui il emprunte ses tee-shirts quand il a une soirée mondaine.

On fait ça tout le temps. C'est moche de juger, mais on est ainsi faites.

Je finis mon verre de vin cul sec.

— Lui, au moins, il baise. En ce moment, je serais prête à échanger mon sens de la mode contre une vie sexuelle normale.

— Jamais de la vie ! s'écrie Kerry, horrifiée. Tu dis ça parce que tu es bourrée.

Je regarde mes chaussures, splendides.

— Tu as raison. Bon, et lui ?

D'un regard en biais, je désigne un homme élégant dans un coin, en plein effort pour charmer une fille qui semble déjà s'ennuyer ferme.

— Je dirais qu'il est responsable d'un truc important, poursuis-je. Comme les chaussures. Responsable régional des chaussures.

— Hum, je l'ai déjà vu lors d'une soirée de la BBC, avec Kieran, répond Kerry en plissant les yeux. Sean Quelque Chose.

— Sean Gordon, intervient une voix masculine. C'est le chef du département graphique de la BBC. Un type super sympa, mais malheureusement, il ne va nulle part avec cette fille.

Je regarde par-dessus mon épaule droite et découvre un brun, la trentaine bien tassée, debout derrière moi. J'examine son visage en une fraction de seconde comme dans *Terminator* afin d'évaluer cette personne d'une incurable grossièreté. Jean, chemise bleue, grands yeux marron, quelques taches de rousseur sur les joues, bouche en forme de cœur. Il n'a pas la beauté classique de Tom, mais mon corps tout entier le trouve à son goût. Il va y avoir de la compétition.

Il appelle Sean et agite le bras avant de se pencher vers mon oreille.

— Et il faut que tu saches que les chaussures, c'est très important. Au moins autant que la pénicilline et les toboggans à eau. Au passage, les tiennes sont très sexy.

Non seulement il est en train de me draguer, mais en plus c'est lui qui m'a adressé la parole en premier ! Ne trouvant rien à répondre, je me contente de sourire et de siroter mon vin pétillant. Un coup d'œil à Kerry m'apprend qu'elle arbore un sourire benêt, car elle suppute que j'en veux déjà à la vertu de cet inconnu. Et elle ne se trompe pas. Elle me vient en aide.

— Tu te présentes ?

Kerry aime les hommes directs, surtout quand ils sont beaux. Pour ma part, je les trouve arrogants, mais merde, celui-ci est vraiment séduisant. Kerry ne quitte pas son grand sourire, et je sais ce qu'elle pense, car je suis du même avis. Nos esprits pervers fonctionnent à l'unisson.

Il prend une gorgée de sa Budweiser et sourit avec satisfaction.

— À toi de me dire. Après tout, c'est toi qui as des facultés extralucides.

Super, maintenant il drague Kerry aussi. Je suis un tantinet vexée. On dirait que Dieu a décidé que je ne ferai plus jamais l'amour, jusqu'à ma mort.

Elle le toise de la tête aux pieds et réfléchit un moment. Je me tais. Il est toujours debout à côté de moi, et j'ai les yeux à la hauteur de son entrejambe. Je donnerais cher pour voir à travers ses vêtements ! J'ai fini par oublier à quoi ressemblait un pénis en vrai.

— Acteur, hasarde-t-elle finalement. Tu as l'air de ne pas te prendre pour n'importe qui.

— Tu es vraiment nulle ! proteste-t-il en riant. Tu gèles. Et tu trouves que j'ai l'air prétentieux ? Merci pour le compliment...

Il s'assied à la place laissée libre par Gordon, et sa jambe effleure la mienne. Je ne serais pas étonnée si je venais à imploser. Il me regarde un bref instant.

— Tu étais plus bavarde avant de t'apercevoir de ma présence. Tu as avalé ta langue ?

— On me dit toujours qu'elle est bien pendue, mais…

Qu'est-ce que je raconte ? Ce type me rend nerveuse.

— Oh, Cat…, soupire Kerry.

Elle se tape le front avec le plat de la main, et j'ai bien envie de m'enfuir. Mais il se contente de rire.

— Hum, d'accord. Je comprends pourquoi tu restes silencieuse, alors.

— Donc, puisque tu n'es pas acteur, qu'est-ce que tu fais dans la vie ? dis-je d'un air sûr de moi, pour me racheter. J'imagine que tu es dans le marketing ou les relations publiques ? Tu as l'air à ton aise dans cette soirée. Ah, je sais, c'est toi l'organisateur. Si c'est le cas, je tiens à dire que le vin est dégueulasse et que les discours étaient chiants à mourir.

— Tu gèles aussi. En réalité, je déteste ce genre d'événements. On y rencontre beaucoup de crétins. C'est Adrian qui a fait les invitations, donc tout est sa faute. Bref, vous êtes toutes les deux sous-douées à ce jeu, et je vais mettre un terme à vos souffrances.

Et le voilà qui grimpe sur sa chaise d'un bond et tape dans ses mains.

— Mesdames et messieurs, je vous demande d'excuser mon retard. Je suis Dylan Morrison, copropriétaire du nouveau Filmhouse, et je voudrais vous remercier d'être venus ce soir dans cet endroit dont nous espérons qu'il sera stimulant et lucratif. Je ne vais pas vous assommer avec un discours de plus. Vous pouvez retourner à vos boissons et profiter du reste de la soirée.

Il se rassied sous les applaudissements et prend une grande gorgée de bière.

— À mon grand regret, je vais devoir aller serrer des mains, mais c'était un plaisir de vous rencontrer.

Bouche bée, Kerry et moi le regardons s'éloigner vers le milieu de la pièce d'une démarche assurée. Il est aussitôt entouré par des gens qui ont attendu des heures pour le rencontrer. Je n'arrive pas à détacher mes yeux de lui. Kerry éclate de rire.

— Je dois dire que je ne m'y attendais pas ! Il me plaît. Tu devrais l'épouser, comme ça, on viendrait ici à l'œil.

— Tu lui as dit qu'il était prétentieux, et moi que son associé était chiant et ses boissons dégueulasses, dis-je en riant. On ferait peut-être mieux de partir.

— Tu as sans doute raison, admet-elle après réflexion, mais on peut quand même reprendre un verre avant. Ce serait dommage de gâcher un vin aussi infâme.

Avant que j'aie pu répondre, elle s'élance vers le bar, et je me faufile aux toilettes.

En arrivant dans la salle, j'entre en collision avec Patrick. Un whisky à la main, il bavarde avec trois femmes, qui, à ma grande surprise, n'ont pas l'air de vouloir s'éloigner au plus vite. Son visage aviné est de la même couleur que sa cravate rose foncé.

— Est-ce que Gordon est toujours là ? Je pensais partager un taxi avec lui.

— Ça fait des lustres qu'il est parti. Il avait des projets avec sa femme.

Bien qu'il ait l'air froissé, Patrick continue de siroter son whisky comme si de rien n'était.

— Tu habites dans quel quartier ? demande l'une des femmes. Je peux te déposer.

Patrick semble aussi stupéfait que moi.

— Près du Saltmarket, bredouille-t-il. Avec plaisir.

Putain de merde, même Patrick va avoir droit à un peu d'action ce soir. Je décide de le laisser à ses affaires et regagne ma table, où Kerry est de nouveau en conversation avec Dylan.

Peut-être qu'on ne l'a pas vexé, malgré tout ? Je me rassieds et prends une gorgée du gin-tonic que Kerry a posé à ma place.

Dylan me sourit.

— Maintenant que vous savez toutes les deux ce que je fais dans la vie, et que Kerry m'a dit qu'elle était dans la finance, il ne reste que toi, Cat.

— J'écris pour le supplément du *Tribune*. L'actu culturelle, des interviews, ce genre de trucs.

— Ah, c'est intéressant.

— Et le type là-bas, c'est mon collègue, dis-je en désignant Patrick qui franchit les portes avec sa conquête.

Mais comment il a fait ça ?

— Lui ? C'est curieux. Je lui ai demandé qui tu étais et il m'a répondu qu'il ne t'avait jamais vue.

— Oui, Patrick est un sacré blagueur ! dis-je sèchement.

— Tu cherchais à savoir qui était Cat ? intervient Kerry avec un sourire. Et on peut savoir pourquoi ?

Je rougis. Il se tait un instant.

— Parce que je voulais savoir ! finit-il par répondre en riant. Ce n'est pas moi qui ai fait les invitations, tu te souviens ?

Je suis euphorique. Il a demandé qui je suis, je lui plais…

— Mais malheureusement, mesdames, je vais devoir vous quitter.

… ou pas.

Il prend une dernière gorgée de bière avant de reposer sa bouteille sur la table, devant moi.

— Ah, d'accord. Tu vas quelque part ?

Je suis triste de voir ce beau mec s'éloigner.

— Chez moi. Mon lit m'appelle.

J'essaie de trouver un truc à dire, n'importe quoi pour le garder encore quelques instants, mais dans l'état d'ébriété dans lequel je me trouve, je parviens juste à rétorquer :

— C'est dommage.

Il enfile sa veste, et serre la main de Kerry.

— C'était un plaisir de te rencontrer.

Sur ces derniers mots, il tourne les talons et engage la conversation avec Adrian. Je dévisage Kerry, qui semble totalement éberluée.

— Je rêve… il m'a complètement ignorée !

— Euh… il te regarde, Cat.

Je me retourne et le trouve face à moi, les mains dans les poches. Avec un grand sourire.

— Tu viens ?

— Quoi ?

— Tu as bien entendu.

Je ris. Mais il reste là. À m'attendre.

— Tu n'es pas sérieux ?

— Si, très. Viens avec moi. Toi et tes chaussures sexy.

Je secoue la tête.

— Tu es dingue. Jamais de la vie. Je ne te connais ni d'Ève ni d'Adam ! Je ne vais pas te suivre comme ça.

Mon cerveau sait que j'ai raison, mais le reste de mon corps serait prêt à l'entraîner hors de la pièce en courant, et en criant : « C'est moi qui conduis ! »

— Tu en penses quoi, Kerry ? demande Dylan à voix haute.

Les gens commencent à nous regarder.

Kerry me lance un regard.

— Eh bien, Dylan, je pense que tu as intérêt à prendre soin de ma charmante copine ce soir, ou bien toute l'assistance te poursuivra pour te couper la queue.

— Ça me semble raisonnable, répond-il en riant.

Kerry enfile mon imper et avale le reste de son verre de vin. Elle se penche pour me chuchoter à l'oreille.

— Si tu ne le vois pas à poil, je ne te parle plus.

Je m'accroche à sa manche.

— Mais j'ai un rendez-vous demain soir ! Je ne peux pas !

— Bien sûr que si ! C'est juste un rencard, ce n'est pas comme si c'était ton mec attitré. Tu retrouveras tes règles d'or et tes bonnes manières demain. Maintenant, va t'amuser pour une fois !

Je reste sans voix alors qu'elle s'éloigne à grands pas, me laissant prendre ma décision toute seule. Dylan sourit toujours. Bordel… il est beau ! Je me lève et toussote.

— J'espère que tu as un café acceptable.

En chemin vers le hall, je suis presque certaine d'entendre des applaudissements.

Nous restons silencieux pendant que le taxi nous amène chez Dylan. La radio joue *Pompeii* de Bastille, et je chante les paroles dans ma tête pour noyer les battements affolés de mon sang dans mes oreilles. C'est surréaliste. Ça va vraiment se passer ! Dans un avenir pas très lointain, je serai à poil, il sera à poil, et…

— Neuf livres quatre-vingts, monsieur.

On est arrivés. Cathedral Road. Un coup d'œil par la vitre pendant que Dylan paie me révèle une rangée d'immeubles et quelques voitures de luxe, ainsi qu'un restau italien bien éclairé et nommé *Gustoso*. J'ouvre la portière et sors du taxi avant que la panique s'installe. Oh merde, ça va vraiment se passer.

Dylan descend de voiture à son tour et nous restons quelques instants immobiles sur le trottoir. Il me regarde, mais je ne suis pas encore prête à croiser ses yeux.

— On y va ? demande-t-il avec un geste vers la porte d'entrée.

J'acquiesce avec un sourire.

Le couloir est ordinaire. Propre, mais basique. Des murs de pierre, deux vélos garés devant l'appartement 0/1 et une petite plante desséchée devant le 0/2, qui me fait penser que je ne dois pas oublier d'arroser celle qu'Helen m'a offerte. Nous prenons l'escalier vers le premier étage. Je suis le cul sublime de Dylan vers l'appartement 1. J'essaie d'imaginer sa déco. Je me représente une garçonnière remplie de gadgets, avec des statues de Ganesh et des tissus ethniques pour montrer qu'il a fait des voyages réels et spirituels. Pire, un baisodrome meublé exclusivement de coussins rembourrés avec les petites culottes de ses précédentes conquêtes.

Il cherche ses clefs dans sa poche, et je reprends mon souffle. Il se tourne vers moi, sourire aux lèvres. Il sait que j'étais en train de l'observer.

— Tu m'as bien dit que tu voulais un café ?

Je le suis dans l'entrée au parquet sombre et au plafond éclairé par des spots encastrés. Cinq portes s'ouvrent vers des pièces différentes. Un diffuseur de parfum électrique laisse échapper une discrète odeur de vanille.

— Prends la porte à droite, Cat. J'allume juste la bouilloire.

Je suis ses indications, m'installe dans le canapé, et me laisse aller. Bordel, ce que je suis bien… La pièce ne ressemble en rien à l'idée que je m'en étais faite. Elle est lumineuse, avec de beaux volumes et de nombreuses plantes vertes, ainsi qu'un vieux gramophone dans un coin. Il a certes un énorme écran plat sur un mur, mais ce qui attire vraiment le regard c'est la grande bibliothèque d'acajou sur le mur de gauche. Cet homme dévore les livres, ce qui bien entendu le rend un million de fois plus attirant, si c'est possible. Je m'approche à pas de loup pour explorer. Les lectures d'un homme en disent beaucoup sur lui, et j'ai envie de savoir à qui j'ai affaire. Je penche la tête de côté et laisse courir mes doigts sur les couvertures. Irvine Welsh, Anne Rice, Chuck Palahniuk, Dickens, King, Koontz, David Nicholls, Tolkien…

— Il y a une autre étagère dans la chambre, si tu veux y jeter un coup d'œil ensuite.

Je sursaute comme s'il m'avait surprise en train de lire ses mails.

— Quoi ? Oh, non... désolée, je ne voulais pas être indiscrète. J'aime les livres, c'est tout.

— Le café est prêt.

J'aperçois un petit plateau avec deux tasses noires, du lait et du sucre, posé sur la table basse. Jusqu'ici, tout me plaît dans cet endroit, mais la nuit ne fait que commencer... je vais peut-être découvrir avec horreur un matelas à eau et des accessoires SM dans la pièce d'à côté.

Il allume sa station d'accueil pour iPod.

— Le tourne-disque ne marche pas ? dis-je en mettant un sucre roux dans mon café.

— Si, mais je ne l'utilise pas très souvent. Je n'ai que de vieux vinyles, je ne pense pas que ça te plairait, explique-t-il en enlevant sa veste pour la poser sur un dossier de chaise.

— Pourquoi ? C'est quoi, ton style de musique ?

Je sirote mon café en songeant que tout se passe de façon plus civilisée que ce que j'aurais imaginé.

— Ne me dis pas que tu caches une collection de groupes grunge des années 1980, reprends-je.

— Eh, ne dis pas ça ! J'aime autant certaines chansons des années 1980 que Frank Sinatra ou Daft Punk. Ma limite, c'est la country. Même Johnny Cash n'arrive pas à me faire aimer cette merde. J'ai surtout des vinyles des années 1970.

Je m'aperçois que tout en parlant, il a déboutonné sa chemise. Avant que j'aie pu répondre, il l'a enlevée et posée sur sa veste. En voilà un qui ne manque pas de confiance en soi ! Un regard sur son torse me permet de comprendre pourquoi. Il a une peau de pêche... mais j'imagine que le mordre ne se fait pas pour un coup d'un soir.

— Euh… tu ne serais pas en train de te déshabiller ?

— Tu es très observatrice.

Il s'assied pour retirer ses chaussettes. Je pose ma tasse et décide de l'imiter.

— J'aime bien Johnny Cash, dis-je en enlevant une de mes chaussures. *Rusty Cage* est une chanson incroyable. Et John Denver a écrit des trucs de dingue.

Pourvu que mon gros orteil n'émerge pas d'un trou de mon collant. Pieds nus, il se lève.

— Ne me dis pas que tu es fan de Taylor Swift ? Des Dixie Chicks ? Si tu évoques Shania Twain, je te jette dehors !

Il me regarde enlever mon collant, et je me redresse pour lever les yeux vers lui.

— Eh bien si, j'aime Taylor Swift, mais j'adore aussi Johnny Cash. Est-ce que tu as l'intention de me critiquer sur mes goûts musicaux alors que je viens d'entendre du Jessie J sur ton iPod ?

Je me tortille pour ouvrir ma fermeture Éclair. Une main sur la boucle de sa ceinture, il sourit.

— Objection retenue. Mais *Price Tag* a vraiment une mélodie entêtante… tu as besoin d'aide ?

La fermeture Éclair est coincée. Je dois avoir l'air d'une contorsionniste débutante. J'acquiesce en riant. Dylan s'avance vers moi et j'aperçois la fine ligne de poils qui descend de son nombril vers la ceinture de son jean ouvert. Mon cœur s'emballe.

— Tourne-toi, ordonne-t-il.

Je me retiens de chanter la première phrase de *Total Eclipse of the Heart* et m'exécute, soulevant mes cheveux pour dégager la fermeture. Je sens son souffle sur ma nuque. Il descend lentement la tirette avant de faire glisser ma robe, qui tombe autour de mes chevilles. Je m'écarte des pans de tissu et l'entends se débarrasser de son jean d'un coup de pied. Il place les mains sur ma taille et me tire vers lui d'un geste ferme.

Oh, sa queue a l'air énorme. L'ado qui sommeille en moi voudrait se retourner pour contempler son attirail, mais il m'embrasse le cou, me caresse le ventre et la poitrine. Je suis partagée entre le désir que ce moment ne cesse jamais, et celui de me jeter par terre en criant : « Mets-la-moi tout de suite, ou je meurs ! »

Soudain, il me fait tourner face à lui et me prend la main. J'essaie de remettre discrètement mes seins dans les bonnets de mon soutien-gorge pendant qu'il m'entraîne vers sa chambre, mais j'abandonne lorsque je me retrouve hypnotisée par ses fesses nues. Elles sont plus belles que les miennes.

Sa chambre est plongée dans la pénombre, mais je devine, à la lumière du couloir, qu'elle est vaste. Plusieurs reproductions sont accrochées aux murs sombres, et la moquette épaisse est douce et agréable entre mes orteils. Je reste debout à côté du lit pendant qu'il ferme la porte. Le noir total nous environne.

— On ne devrait pas allumer la lumière ? Je n'y vois rien, dis-je à voix basse.

Il me prend de nouveau la main et me pousse doucement sur le lit.

— Je ne veux pas que tu voies. Je veux que tu ressentes.

Il m'embrasse doucement, en prenant son temps. Ses lèvres et sa langue sont douces. D'une main, il maintient ma tête contre la sienne, et de l'autre, il dégrafe mon soutien-gorge comme un pro de la lingerie. Il couvre mon corps de baisers, et lorsqu'il arrive entre mes jambes, je suis sûre que je vais m'évanouir de plaisir, tant les délices qu'il me procure sont puissants. Ça y est. Dylan me fait jouir tellement fort que je voudrais prendre le temps de pleurer, mais avant que j'aie pu lui décerner une *standing ovation* et l'adouber chevalier, il noue mes jambes autour de sa taille. Deux heures plus tard, nous avons utilisé trois préservatifs. C'était le meilleur coup de ma vie. Épuisée et frissonnante, je suis étendue près de Dylan qui vapote une cigarette électronique. Je suis échevelée, méconnaissable. Il me donne un petit coup de coude.

— Te voilà de nouveau toute silencieuse. Tu penses à Taylor Swift ?

J'écarte mes cheveux de mon visage en riant.

— Oui. J'espère qu'elle va écrire une chanson sur ce qu'on vient de vivre. Non, en fait je me disais que ça tombe bien que je ne travaille pas demain. Je vais avoir du mal à m'en remettre…

— Je dois le prendre comme un compliment ? Ah, ça faisait longtemps, non ? Tu as juste besoin de te remettre dans le bain.

— Comment tu as deviné ? Je suis si rouillée que ça ? C'était comme de coucher avec un tas de ferraille ?

— Pas vraiment ! répond-il avec un éclat de rire. C'était exceptionnel, et c'est peu de le dire. Mais disons que j'ai de l'intuition. Je m'y connais en femmes…

— La modestie t'étouffe, dis-je en me tournant un peu. Oh, zut, il est déjà si tard ? Il faut que je rentre. J'ai promis à ma fille de l'emmener prendre le petit déjeuner dehors, ce matin.

— Je ne savais pas que tu avais une fille. À quoi elle ressemble ?

Je m'assieds et tâtonne sur le sol à la recherche de mes sous-vêtements.

— J'évite de parler de ma fille aux hommes que je viens de rencontrer, mais… elle est géniale. Où est mon soutif, bordel ?

Dylan allume la lampe de chevet, se lève et se dirige vers la porte.

— Tu n'es plus avec son père ? demande-t-il en prenant la robe de chambre suspendue à une patère sur la porte. Ça m'attriste de voir ce cul si parfait caché par du tissu.

— Non, dis-je en regardant si mes sous-vêtements ne sont pas sous le lit, et je suis à la recherche d'un deuxième papa. Tu penses être à la hauteur ?

— Très drôle. Je voulais juste m'assurer que je n'allais pas me faire agresser par un mari en colère au milieu de la nuit…

— Ah, les voilà !

J'ai enfin trouvé ma culotte et mon soutien-gorge, à l'intérieur de la housse de couette.

— Non, ça fait des années qu'on est séparés. D'ailleurs, il se marie bientôt, alors que moi, je suis toujours célibataire et je suis les préceptes d'un guide de séduction débile pour ma chronique, ce qui ne va jamais…

— Quelle chronique ?

Et merde.

Je commence à enfiler ma culotte, tout en me raclant le cerveau pour changer de sujet. Je suis sûre que ma panique se lit sur mon visage.

— Tu es Glasgow Girl.

— Jamais entendu parler, mens-je en faisant claquer l'élastique de ma culotte.

— Tu n'as jamais entendu parler de la chroniqueuse du magazine pour lequel tu bosses ?

Va te faire foutre, Sherlock Holmes !

J'agrafe mon soutien-gorge et remonte les bretelles en toute hâte.

— Je voulais dire…

— Arrête de creuser, Cat, tu t'enfonces. Je ne vais pas te trahir. Je vais nous faire un thé.

Il ne sourit plus.

Quelques minutes plus tard, Dylan prépare du thé pendant que j'essaie de sauver mon maquillage dans la salle de bains, tout en m'abreuvant de reproches pour avoir révélé mon secret. Lorsque je retourne au salon, il a disposé ma robe sur le canapé, et tape sur son Smartphone.

— Tu es en train d'indiquer sur Facebook que tu n'es plus célibataire ? dis-je, dans l'espoir futile que ma petite blague efface de son esprit ce qu'il vient de découvrir.

— Non, je commande un taxi. J'ai dit que tu allais vers le sud, tu pourras donner l'adresse exacte au chauffeur.

Qu'est-ce qui lui prend ? Je ne suis même pas encore habillée.

— Quelle efficacité ! Tu as leur numéro dans tes favoris ?

J'enfile ma robe et parviens à la fermer toute seule du premier coup.

Il va vers la fenêtre et regarde entre les lattes du store.

— C'est toi qui as dit que tu devais rentrer.

Je m'approche de lui pour le prendre dans mes bras, mais il se dégage.

— Le taxi ne va pas tarder. Tu as toutes tes affaires ? demande-t-il d'un ton froid.

Saisissant l'allusion, je ramasse mes effets.

— Pas de problème. Je vais attendre en bas.

Sans protester, il me raccompagne à la porte et m'embrasse sur la joue comme si j'étais sa vieille tante barbue.

Je me sens blessée. Il aurait au moins pu continuer à faire semblant d'être normal jusqu'à ce que j'aie quitté son chouette appartement. De toute évidence, il n'a pas l'intention de me demander mon numéro.

— Au fait, Cat… Bonne chance pour ta chronique. Je suis sûr que tu finiras par trouver le cowboy qui appréciera ton goût pour la country.

Il ricane à sa propre blague, pourtant pas franchement hilarante.

— J'ai un rencard demain soir, en fait. Du coup, tu vois, j'ai des ouvertures… Et je refuse qu'on me définisse par mon intérêt pour un seul style de musique, espèce de snob. C'était… je ne sais pas quoi dire. J'y vais. Dis bonjour à Jessie J de ma part. Et arrête de rigoler.

En descendant le couloir, je suis accueillie par un courant d'air froid bien désagréable, ainsi qu'un éclairage au néon qui m'agresse les yeux. Tête baissée, j'essaie de faire le moins de bruit possible avec mes talons alors que je me dirige vers le trottoir pour attendre mon taxi, un peu honteuse.

— Ravi de t'avoir rencontrée, Cat ! me crie Dylan. On se reverra !

— J'en doute !

Il ne faudra pas que j'oublie d'éviter le Filmhouse jusqu'à la fin de mes jours. Trente minutes plus tard, je suis à la maison, dans mon lit, et je me pose une unique question :

Mais qu'est-ce qui s'est passé, putain ?

Il est presque 3 heures du matin, mais j'envoie un texto à Kerry parce que je déborde de perplexité, d'agacement, et de plein d'autres mots que je dois partager avec elle sans tarder.

> Les mecs sont bizarres. Super appart, génial au pieu, mais ensuite il est devenu con et arrogant parce que j'écris pour un magazine. Il déteste la country. Où avais-je la tête ? »

Je branche mon iPod sur les enceintes lapin de Grace et mets du Johnny Cash, non sans me reprocher d'avoir suivi chez lui le branleur de la semaine.

Chapitre 11

Bien que totalement épuisée par ma soirée avec Dylan, j'emmène Grace petit-déjeuner dehors comme prévu. Alors que je franchis la porte de l'immeuble, la lumière du matin m'éblouit, et je sors mes lunettes de soleil. Tant pis si j'ai l'air de me la péter. Nous traversons la rue vers *Fee's Café*, où je m'installe à une table dans un coin. Grace se laisse tomber sur le canapé marron moelleux, ravie.

— Maman, je veux des saucisses. Et des toasts. Mais pas ceux avec des graines. Je veux des vrais toasts, ceux qui sont blancs.

Sans protester, j'appelle le serveur et laisse ma fille commander elle-même, à son grand ravissement. Puis je demande une bonne dose de caféine. Triple, si possible.

Grace balance les jambes, dévore ses saucisses et me raconte des choses d'une importance capitale au sujet des Lego Ninjas, pendant que je serre ma tasse de café entre mes mains sans la boire.

Je sais que ce n'est pas seulement le contrecoup de l'alcool qui me fatigue. C'est plutôt qu'il y avait bien longtemps que je n'avais pas remis le couvert deux fois avec un homme, avant de me coucher à 3 heures du matin. C'est un truc de jeunette, j'ai passé l'âge… Je n'ai plus vingt-deux ans. La quarantaine approche à grands pas. Quant à Dylan, qu'est-ce qu'il pouvait bien avoir en tête ?

— Maman ? Ma-man… ?

— Désolée, Gracie. Je pensais à… euh, je pensais à tes figurines Lego. Tu disais ?

— Est-ce que je peux avoir un muffin pour manger chez papa ?

— D'accord, mais un petit. Tu as déjà avalé un petit déjeuner d'adulte.

— On peut aller au magasin de jouets, après ? À l'école, Marie m'a raconté qu'ils ont un million d'élastiques pour bracelets.

— OK, un petit moment. On doit être chez ton papa à 15 heures. Et ensuite, je sors.

— Tata Helen m'a dit que tu voyais un monsieur.

— Tata Helen a la langue trop bien pendue. On va juste dîner.

— Tu devrais mettre ta robe blanche. Tu es très jolie, dedans.

— Kerry m'a dit le contraire.

— Kerry est un peu bizarre.

— Tu es très futée, ma chérie.

Elle acquiesce et s'éloigne pour choisir un muffin pendant que j'envoie un texto à Peter pour lui annoncer l'heure de notre arrivée.

Nous trouvons Peter tranquille dans son jardin, en tee-shirt ultramoulant et pantalon de baroudeur. Grace se dirige aussitôt vers le sécateur, comme aimantée par un rayon tracteur.

— Grace, ne touche pas, ça coupe ! prévient Peter sans même se retourner.

Elle change de direction et se rue dans la maison, son muffin à la myrtille à la main. Catastrophe évitée.

— Pffiou, tu as l'air ravagée, déclare-t-il en contemplant mes cernes.

Quel con, ce mec.

— Non, ça va. Mais parlons plutôt de toi, tu as fait du sport, dis-je en feignant la surprise.

— Moi ?! Non, répond-il en regardant son ventre.

— C'est bien ce que je pensais… Bon, je file.

— Oui, le soleil doit être dangereux pour toi, Anne Rice, réplique-t-il, apparemment très content de sa blague.

— Tu sais, Anne Rice écrit seulement des histoires de vampires. Elle n'est pas vampire elle-même.

Il ne répond pas et continue à arracher des mauvaises herbes, mais je sais qu'il a envie de se donner des baffes.

— C'est toujours un plaisir de te voir, Peter. Bref, je dois me préparer, j'ai un rendez-vous. Préviens-moi par texto avant de ramener Grace, demain.

J'arrive au restaurant à 20 heures tapantes, vêtue de ma robe blanche. Après tout, ce n'est pas Kerry, le boss. C'est Grace.

Une hôtesse survoltée m'accueille et me débarrasse de mon manteau avant de m'annoncer que « l'autre personne » n'est pas encore arrivée et de me proposer de prendre un verre au bar en l'attendant.

— Oh oui, je veux bien, dis-je de bon cœur en attrapant la carte des boissons à deux mains.

Je suis toujours un peu perturbée par mon escapade d'hier. Je sais qu'il est peu probable que je revoie Dylan, mais je ne peux m'empêcher de songer à son corps dénudé… Merde, j'ai rendez-vous avec le sublime Tom, et j'ai amené le mec nu et sarcastique qui habite désormais dans ma tête, avec son énorme pénis. J'ai bien besoin d'un verre.

Je parcours la carte, impressionnée par la multitude de solutions pour se bourrer la gueule. Je suis certaine qu'être ivre morte avant même que le mec arrive est très mal vu par Guy Wright, mais dans les circonstances, je me fous complètement de ce que le livre conseille. Le « Martini Porn Star » a l'air bon, mais je ne me vois pas commander ça. Ce n'est pas un enterrement de vie de jeune fille.

— Un martini pomme poire, s'il vous plaît.

Le barman acquiesce et se lance dans la savante élaboration du breuvage qui va descendre cul sec jusqu'à mon estomac sans avoir le temps de me titiller les papilles.

J'emporte mon verre à cocktail et m'enfonce dans un canapé en cuir moelleux, les yeux rivés sur la porte comme un labrador anxieux de voir arriver son maître. Par bonheur, je ne suis pas la seule à attendre comme une âme en peine, et je n'éprouve donc pas le besoin de dégainer mon téléphone pour faire semblant d'envoyer des textos. Je prends une grande gorgée de ma boisson, et commence à me calmer et à me souvenir de la raison de ma présence. Retour aux règles d'or. Je les ai laissées de côté hier, et c'était une erreur, mais voici l'occasion de me racheter. Tout ce que je dois faire, c'est oublier la nuit que je viens de passer, me concentrer sur les règles, et rester zen.

Dix minutes plus tard, la porte s'ouvre et Tom entre. Il donne son nom à l'hôtesse et m'adresse un signe de la main, sourire aux lèvres. Un groupe de femmes debout au comptoir le reluque sans vergogne alors que je m'approche de lui d'un pas nonchalant qui proclame que c'est moi qui ai décroché le gros lot.

— Désolé, je suis en retard ? demande-t-il en me faisant la bise.

Il sent l'eau de toilette Armani.

— Pas du tout, mens-je. Je suis contente de te voir.

Très bonne entrée en matière. Pas trop en demande, mais agréable juste ce qu'il faut. Un bonus pour ne pas lui avoir mis d'emblée la main au panier.

L'hôtesse nous conduit à la salle de restaurant, où une jeune serveuse du nom de Lorna nous fait asseoir près d'une fenêtre. Dehors, j'aperçois un ivrogne en costard-cravate qui essaie d'allumer le filtre de sa cigarette.

— Le plat du jour, c'est du filet de bar frit, annonce Lorna en nous tendant deux grands menus blancs. Vous désirez boire quelque chose ?

Je m'apprête à demander une eau gazeuse avec une rondelle de citron lorsque Tom intervient.

— Je crois que nous allons commander les plats avant de choisir le vin. Apportez-nous juste de l'eau en attendant.

Lorna acquiesce et s'éloigne pendant que je me demande si attraper Tom par le col et lui hurler « Ne refais jamais ça, d'accord ? » est ou non un comportement adapté lors d'un premier rendez-vous. Je suis sûre que Guy Wright désapprouverait, mais franchement ! On est dans les années 1950, ou quoi ? Je décide de laisser passer pour cette fois.

Tom me sourit. Il semble prendre plaisir à décider à la place des femmes.

— Tu es très jolie, Cat.

— Merci, dis-je poliment. Toi aussi, tu es très beau.

C'est vrai.

— J'aime beaucoup ta robe, toute simple.

Simple ? Je l'ai payée 99 £ chez Monsoon. C'est une œuvre d'art, bordel !

Je me contente de sourire, mais il comprend sa boulette.

— Désolé. Je voulais dire élégante, pas simple. Je suis un peu nerveux. Je n'ai plus l'habitude. Tu me pardonnes ?

Ouvre ta chemise, et j'y réfléchirai.

— Bien sûr, ne t'en fais pas ! Et si on commandait, qu'en dis-tu ?

Nous prenons quelques minutes pour examiner la carte, puis Lorna revient.

— Je vais prendre la bavette d'aloyau, à point, annonce Tom. Tu as choisi, Cat ?

Ce dont j'ai envie, c'est un énorme burger avec des frites maison et des beignets d'oignons, mais l'auteur des *Règles d'Or de la Séduction* stipule que je dois « garder un air raffiné », ce qui est difficile avec de la sauce qui dégouline sur le menton. Je commande donc un pavé de rumsteck, bien cuit, avec de la salade. Je mangerai des frites dans la rue, en rentrant.

— On va vous demander aussi une bouteille de merlot. Oh, pardon, quelle grossièreté ! Tu aimes le merlot, Cat ?

— Oui, ça me va.

Je remercie Lorna qui reprend les cartes et me sens un peu bête d'avoir jugé Tom si vite. Après tout, peut-être que son ex-femme aimait qu'il prenne les choses en main au restaurant. Je me demande si elle aimait qu'il dirige au lit aussi… Dylan était plutôt sûr de lui…

— Cat ?

La voix de Tom me ramène à la réalité.

— Désolée. Tu disais ?

— Tu étais à des kilomètres d'ici ! s'exclame-t-il en riant. Je te demandais si tu avais passé une bonne journée…

Si je n'avais pas des principes stricts à observer, je lui raconterais que Grace et moi sommes allées dans un grand magasin de jouets, que nous avons combattu au sabre laser et que Grace a gagné, mais que nous avons accidentellement occis un panda en peluche et Peppa Pig dans le feu de l'action. Puis je lui parlerais du moment que nous avons passé dans une librairie, assises sur des fauteuils poire verts à feuilleter des livres sur les Vikings, avant que je la dépose chez son père qui était habillé comme un membre de boys band des années 1990. Mais je ne dois pas être trop bavarde.

— Oui, j'étais avec ma fille. Rien de spécial. Et toi ?

Bien sûr, Tom me relate sa journée en détail : il a fait du sport, rattrapé sa paperasse en retard, cherché un nouveau canapé sur Internet... parce que lui, il a le droit de parler de lui, et il le fait très bien.

Le repas est plutôt agréable, et la conversation également. Tom a grandi dans le Sussex. Il a rencontré sa femme Kathryn à la fac, et ils se sont mariés à vingt-deux ans. Il n'a pas d'enfants, ni d'animaux domestiques, et son frère aîné, Stephen, réside en Allemagne. Je lui retrace ma vie avec le moins de détails possible. Il sait déjà que j'ai une fille, un chat, et une sœur qui se mêle de tout et habite sur le même palier. Ça l'intrigue.

— Mais comment ça s'est produit ? Je veux dire, je m'entends bien avec mon frère, mais je n'aimerais pas qu'il vive si près de chez moi.

— La précédente locataire est partie en maison de retraite. Helen l'a appris avant que le propriétaire mette une annonce, et ça semblait une bonne idée, sur le moment... C'est vrai qu'elle est parfois un peu envahissante, mais elle me rend énormément de services avec Grace.

Malgré mon comportement barbant, Tom ne semble pas s'ennuyer le moins du monde, allant jusqu'à déclarer que « c'est vraiment agréable de rencontrer quelqu'un qui ne se sent pas obligé de parler pour ne rien dire ». Tiens, tiens, on dirait que Guy Wright ne se trompe pas sur toute la ligne...

Alors que Lorna emporte nos tasses de café vides, Tom lui demande l'addition. Je sors mon porte-monnaie, ainsi qu'un vieux mouchoir que je me hâte de remettre dans mon sac. Tom lève la main pour m'arrêter.

— Range ça.

— Le mouchoir ?

— Non, idiote, ton porte-monnaie. Je t'invite.

Et voilà, on y est. Je ne suis pas censée le laisser payer au premier rendez-vous.

— On n'a qu'à partager. S'il te plaît… Je préférerais vraiment.

C'est totalement faux. J'aimerais mieux garder mes 50 £ pour faire du shopping, mais je n'ai pas le droit.

— Bon, d'accord, mais à une condition, rétorque-t-il. Tu me laisses payer la prochaine fois.

Il veut me revoir.

Je n'y avais même pas songé, occupée que j'étais à observer les règles d'or tout en essayant de ne pas penser à Dylan. Mais Tom est chouette. Il est gentil, doux, et beau comme un dieu. Et puis, sortir avec Tom va m'aider à mettre l'aventure d'hier soir en perspective. Dylan n'était qu'un faux pas. Un faux pas séduisant et bien monté. Quelle frustration !

— Excellente idée, dis-je avec enthousiasme. Faisons comme ça.

Je sais que j'arbore un sourire benêt, mais je ne peux pas m'en empêcher. Je suis à deux doigts de me faire peloter par un dentiste.

Nous tendons nos cartes bleues à Lorna qui divise le total et nous tend nos reçus. Tom lui laisse un billet de 10 £ qui la ravit tant qu'elle le remercie deux fois. Je prends mon manteau près de la porte, et Tom m'aide à l'enfiler. Quelques secondes plus tard, nous sommes dehors dans Bothwell Street, un peu gênés à la perspective de devoir choisir que faire ensuite. Je décide de rentrer me coucher avant d'avoir pu suggérer qu'on aille se prendre une cuite, ce qui dévoilerait ma vraie nature.

— Appelle-moi dans la semaine, dis-je d'un air détaché. On pourra se fixer un rendez-vous.

— Tu ne veux pas prendre un dernier verre pour la route ?

Il semble étonné que je parte déjà. Mais sa surprise n'est rien comparée à la mienne. Je ne pensais pas qu'on employait encore l'expression « dernier verre pour la route », mais il semble tout de même que ma froideur porte ses fruits.

— Non, désolée, je dois récupérer Grace, mens-je. Mais peut-être la prochaine fois ?

Apercevant un taxi libre qui s'approche, je le hèle.

— Tu veux partager le taxi ? reprends-je.

Nous nous retrouvons serrés sur la banquette arrière du minuscule taxi, en route vers le sud.

— Je ne sais même pas où tu habites, dis-je alors que nous passons devant la grande salle de concert de Glasgow. Oh, regarde, Paloma Faith chantait ce soir !

— Mouais, elle est un peu trop déjantée pour moi. Je préfère Mumford and Sons, pour ma part. Je loue une maison à Newslands. Pour le moment, en tout cas.

J'adore Paloma Faith. Mumford and Sons ? Pff...

— Newslands, c'est un quartier charmant !

Je force un peu mon enthousiasme. En fait de « charmant », c'est surtout hors de prix. Je me demande à quoi ressemble sa maison. Je parie qu'elle a une véranda.

Le taxi chemine dans le quartier sud, très calme ce soir. Nous dépassons les épiceries ouvertes la nuit et les magasins d'alcool avant de nous arrêter devant mon immeuble. Je propose à Tom de payer une partie de la course, mais il refuse. Après réflexion, je décide que ça ne vaut pas la peine de me battre et de lui annoncer que je refuse qu'il contribue à mon dispendieux train de vie. Je range mon porte-monnaie dans mon sac.

— J'ai passé une excellente soirée, merci, murmuré-je en rangeant une mèche de cheveux derrière mon oreille.

Je fais la timide, ce qui est bizarre. Hier soir, ça ne me dérangeait pas qu'un inconnu m'arrache ma robe, mais aujourd'hui, je suis anxieuse à l'idée de décider si s'embrasser pour se dire au revoir est acceptable. Mais avant que j'aie eu le temps de peser le pour et le contre, Tom se penche pour me faire la bise.

— Je t'appelle dans la semaine. J'ai passé un super moment, Cat.

— Moi aussi. À très vite.

Je quitte le taxi et lui fais signe de la main alors qu'il s'éloigne vers Newslands. Je sens encore son baiser sur ma joue et ça m'arrache un soupir. Une fois dans l'appartement, j'ouvre la fenêtre pour Heisenberg, qui choisit de m'ignorer et de se diriger vers la cuisine. Je le suis pour ouvrir une boîte de pâtée.

C'est vrai, que c'était une excellente soirée. Il est intelligent, beau et gentil.

Je laisse la bête ronchonne se régaler de sa malodorante gelée de bœuf et me replie vers mon lit.

Peut-être que j'ai justement besoin d'un homme calme et réservé.

Pour une fois, c'est Kerry qui me réveille à l'heure indue de 10 heures, un dimanche.

— Lève-toi et viens déjeuner, je veux tout savoir !

— J'adorerais, mais je n'ai pas l'intention de m'habiller, aujourd'hui, dis-je en me frottant les yeux.

— C'est hors de question ! C'est buffet à volonté chez *Yo Sushi*. On peut se faire péter la panse pour 20 £. Tu ne t'attends quand même pas à ce que j'accepte que tu sortes avec deux mecs en même temps sans me raconter les détails !

— Je pensais t'appeler quand…

— Cat, ça fait deux ans qu'il ne t'est pas arrivé quelque chose d'aussi excitant. Alors habille-toi, je passe te chercher à 13 heures.

Le centre commercial est bondé. Apparemment, les gens estiment normal de sortir de leur lit le dimanche. Kerry a insisté pour que je ne lui raconte rien de mes aventures avant qu'on soit installées dans un box et qu'elle ait commandé son maki spicy tuna. Pendant que nous attendons qu'une table se libère, elle me confie que Jessica, sa supérieure hiérarchique, a été surprise en train de se taper Emma, la nouvelle intérimaire, dans sa Fiat Punto.

— Tout le monde prétend que c'est un abus de pouvoir... Moi, ce qui me choque, c'est qu'avec son salaire, Jessica conduise une malheureuse Punto !

— Ça me manque, de bosser avec des tas de collègues, dis-je, songeuse. Je n'ai jamais de potins à raconter. Quand je ne travaille pas à la maison, je suis en compagnie de quatre fous furieux. J'ai vraiment hâte qu'on emménage dans les nouveaux locaux.

— Oui, c'est marrant, mais je dois quand même t'avouer qu'en neuf ans de boîte, je n'ai pas encore réussi à retenir le nom de tout le monde. Il y a un gars à qui je parle tous les jours, je suis presque sûre qu'il s'appelle Jimmy, mais je le surnomme Prince dans ma tête parce qu'il est minuscule mais super sexy.

— Bon à savoir.

Nous sommes servies par un jeune homme d'une vingtaine d'années, qui s'enorgueillit d'une moustache discutable et d'une montre en plastique bleu.

— Souhaitez-vous boire un thé vert ou une soupe miso ?

Je commande de la soupe et regarde les petites assiettes avancer sur le tapis roulant. Kerry affirme que le thé vert a un goût de pisse, ce que le serveur ne nie pas. J'attrape des nigiris qui passent sur le tapis roulant et saisis mes baguettes.

— Tu manges toujours la même chose, me sermonne Kerry.

— C'est faux ! protesté-je en séparant mes baguettes jetables. Je mange aussi des makis concombre et des raviolis. Je ne raffole pas des sushis. J'ai toujours faim, après.

— Et moi, j'ai faim maintenant. Tu peux attraper les sashimis, s'il te plaît ? Oh, regarde ! C'est Karen Stevens. Elle n'a pas beaucoup changé.

Je me tourne pour suivre son regard et découvre notre ancienne camarade de lycée qui marche à pas rapides vers la sortie. Elle porte des cuissardes qui dérapent sur le sol lisse.

— Je me demande si elle est toujours aussi horrible ? dis-je en espérant de tout cœur qu'elle tombe sur les fesses. Tu te souviens quand elle a apporté des prospectus pro-life en classe parce qu'Allison Brown s'était fait avorter ? Quelle salope !

— Elle est chasseuse de têtes, maintenant, répond Kerry, la bouche pleine. Donc ça m'étonnerait qu'elle se soit améliorée…

Le serveur apporte ma soupe dans un petit bol marron. Je le remercie, mais il n'écoute pas. Kerry se sert de l'eau.

— Bref, je ne t'ai pas amenée ici pour qu'on discute de Karen Stevens. Je veux savoir ce qui s'est passé avec tes deux hommes.

— Pff, par où commencer ?

— Par le mec du Filmhouse… Mais je t'en supplie, ne viens pas me raconter qu'il n'assure pas au lit. Ça me tuerait.

J'attrape une deuxième assiette sur le tapis roulant.

— Ah non, de ce côté-là, il était carrément extraordinaire. Tu sais bien, d'habitude, avec un coup d'un soir, on est mal à l'aise, et…

— … on s'en débarrasse vite fait, mal fait.

— Exactement. Là, c'était tout le contraire. Posé, et excitant. Comme s'il était bien décidé à m'envoyer au septième ciel. On se comprenait sans parler. Enfin, jusqu'au moment où…

— Qu'est-ce qui s'est passé ? demande-t-elle sans me lâcher des yeux.

— Après, il est devenu tout bizarre. Distant, tu vois ce que je veux dire ? Il a passé des heures à me lécher absolument partout, mais après c'était genre « Bon, ben salut ». C'est tout juste s'il ne m'a pas jetée dehors. J'aurais compris si ça avait été moyen, mais jusqu'à ce moment-là, j'avais vraiment l'impression qu'on s'entendait bien. Sauf que j'ai fait une gaffe au sujet de ma chronique. C'est peut-être pour ça.

Kerry pose ses baguettes, sourcils froncés.

— Qu'est-ce que ça peut lui faire ? Je pense plutôt que c'est un coureur, c'est tout. Il aurait au moins pu jouer le jeu jusqu'au bout.

— Mais exactement !

Le serveur avec sa montre bleue me jette un regard, et je baisse la voix.

— Bref, je ne pense pas que Dylan me rappelle dans un avenir proche.

— Dommage, je m'attendais à quelque chose de mieux. J'ai même dit à Kieran que tu avais sans doute rencontré l'homme de ta vie.

— Arrête tes conneries. Si je finis avec un connard pareil, je vais me suicider. Tom est un bien meilleur cheval.

Elle donne un petit coup de baguettes sur les miennes.

— Ouais ! Dylan peut aller se faire foutre, avec ses airs de beau gosse ! Ce Tom a l'air bien plus sain.

— En effet. Et il est très poli… et gentil ! Ça compte, la gentillesse.

— « Gentil » ?

— Oui. C'est un gentleman.

Kerry pince les lèvres en silence.

— Oh, arrête, qu'est-ce qu'il y a de mal à être gentil ? Kieran est adorable !

— Adorable ? pouffe-t-elle. Lors de notre deuxième rendez-vous, il m'a murmuré à l'oreille qu'il allait me baiser jusqu'à ce que je ne puisse plus marcher. Je n'invente rien. Tu vois, ça te fait rougir ! Et moi aussi, sur le coup. Ce n'est pas comme ça que parle un homme « adorable ».

— Peut-être que si je ne me la jouais pas aussi réservée, il serait plus direct…

— Ce pauvre garçon va avoir un choc quand tu vas enfin te lâcher, assure Kerry avec un sourire. Tu es sûre que tu veux garder cette façade ?

Je prends le temps de verser de la sauce soja dans ma coupelle avant de répondre.

— Pas vraiment, mais je prends mon travail très au sérieux. Et puis, Tom est beau à tomber. J'ai vraiment envie de voir la suite des événements… ne serait-ce qu'au lit.

Kerry s'empare d'une assiette rose et en examine le contenu avec une moue.

— Je vais te la donner, moi, la suite des événements. Il va tomber fou amoureux de la version proprette et bien élevée de toi-même que tu lui montres. Jusqu'au matin où il va te trouver en train de danser en culotte avec des couettes sur Azealia Banks, et il te fera interner.

— C'est injuste. Je défie quiconque d'écouter *212* sans danser comme s'il avait reçu un coup de Taser.

— Je suis bien d'accord, mais Tom a sans doute envie de se réveiller auprès d'une femme qui fait des pointes sur *Tubular Bells* au saut du lit.

— Kerry, je ne suis pas Linda Blair.

— Mais tu vois ce que je veux dire. Une musique innocente et douce.

Non, je ne vois pas du tout.

Kerry me dépose chez moi à 15 heures et promet de me rappeler. J'ai l'intention de me remettre au lit une petite heure avant le retour de Grace, mais Helen me tend une embuscade dans le couloir.

— Tu ne m'as même pas dit comment ça s'était passé avec Tom ! Je n'y crois pas…

— Ça va, Helen, c'était hier soir. Laisse-moi respirer.

Elle fronce les sourcils, mains sur les hanches.

— Ça ne répond pas à ma question. J'espère que tu n'as pas tout fait foirer ?

— Non ! C'était super. Il est très agréable. On va se revoir bientôt.

Une expression de bonheur total vient remplacer son air préoccupé.

— C'est merveilleux ! Je savais bien que c'était l'homme de ta vie !

— Oh là là, calme-toi. Il ne m'a pas demandé ma main.

— Je sais, mais je suis tellement contente que vous ayez prévu de vous revoir ! C'est bon signe.

— Oui, j'imagine, dis-je en sortant mes clefs de ma poche pour ouvrir la serrure. On verra bien ce que ça donne. Et toi, tu fais quoi, aujourd'hui ?

Quand je me retourne pour avoir la réponse d'Helen, elle a disparu chez elle. Elle est sans doute déjà en train de raconter à Adam que sa sœur n'est finalement peut-être pas un cas si désespéré.

La déprime de milieu de semaine s'abat sur moi. J'abandonne les trois articles publicitaires que je dois finir pour boire une margarita glacée, trouvée au fond de mon congélateur, tout en regardant d'un œil distrait un épisode de *Esprits criminels* que j'ai déjà vu. Au fond de moi, je sais que ce qui me tracasse, c'est le fait que Tom ne m'ait pas encore rappelée pour arranger notre prochain rendez-vous, alors qu'on est déjà jeudi. Je vais bientôt rejoindre les rangs de ces femmes qui pourraient presque se promener avec une pancarte « Mais pourquoi il n'appelle pas, bordel ? ». Est-ce que je devrais lui envoyer un texto ? J'ai son numéro depuis qu'il m'a contactée, et je pourrais sans problème lui adresser un « Salut, ça tient toujours pour cette semaine ? » Rien de trop désespéré ou agressif. Mais non, je n'ai pas le droit ! Donc je me résous à faire ce qui est permis : je téléphone à Kerry.

— Il est sans doute occupé. Ça arrive… Appelle-le.

— Je n'ai pas le droit.

— Prends ton bouquin et lis-moi le passage, soupire-t-elle.

J'attrape mon exemplaire des *Règles d'Or de la Séduction* et le feuillette jusqu'à la Règle 4 : « Ne le harcelez pas ».

— « Si vous l'appelez ou lui envoyez un texto toutes les sept minutes, il ne tardera pas à comprendre qu'il ne se passe rien dans votre triste existence. »

— Ah, ah ! C'est vraiment marqué ça ? Et quoi d'autre ?

Je suis toujours un peu agacée qu'elle trouve ça drôle.

— « Arrêtez de lui rendre la tâche facile. Laissez-le faire le travail. » C'est tellement cliché ! Et alors ? Il faut que je lui mène la vie dure ? Que je me cache, peut-être ? « Vous devez le défier ». Le défier ? Le provoquer en duel, tant qu'on y est ? Que je transforme ma vie en un interminable épisode de Fort Boyard ? C'est un défi suffisant ?

Kerry renifle de rire au bout du fil.

— Et si je l'appelle ? Est-ce que ce sera si grave que ça ? Quelle grosse catastrophe ça va déclencher ? Que je l'interrompe pendant qu'il mate un porno ?

— Cat, calme-toi.

Je jette le livre sur la table basse.

— Ce bouquin est en train de me transformer en godiche de première, et je n'ai presque rien à raconter dans ma chronique de cette semaine, à part le dîner de samedi soir, pendant lequel il ne s'est rien passé. J'ai besoin de plus !

— Écoute, s'il ne t'appelle pas, il n'a qu'à aller se faire foutre. Je suis sûre que ta rédac-chef peut comprendre que ces choses-là ne se commandent pas.

— Mais non, elle pense au contraire que je dois les commander !

— Dans ce cas, ma foi... Ah, avant que j'oublie, avec Kieran, on va à l'anniversaire d'une actrice, dans le West End, samedi soir. Tu as Grace ?

— Non, elle sera chez Peter. C'est qui l'actrice ?

— Beth quelque chose. Kieran la connaît. Je crois qu'elle est passée une fois dans *EastEnders*. Je ferai une recherche Google pour avoir l'air de connaître son travail. Tu veux venir ?

— Je n'ai pas envie de tenir la chandelle. Je ne connaîtrai personne. Je vois ça d'ici. Kieran et toi qui vous bécotez sans arrêt et moi debout dans un coin à me demander ce qui m'a pris de venir.

— Allez, s'il te plaît, dis oui ! supplie-t-elle. Je serai dans le coin avec toi pendant que Kieran discutera design avec le reste de ces crétins d'artistes. Il faut que tu viennes. Dans ces soirées, il oublie carrément que je suis là, et du coup, je finis toujours par me murger plus que je devrais.

— Hum, j'hésite... J'ai un article à rendre et...

— Lâche un peu ton boulot. On passe te chercher en taxi à 19 heures. Et surtout, s'il t'appelle, tu me le dis !

Elle raccroche avant que j'aie pu protester. Elle me fait toujours ça, et ça marche à tous les coups. J'éteins *Criminal Minds* et me mets à ma chronique pour samedi.

The Lowdown Magazine
Samedi 1er novembre 2014

J'ai suivi les règles d'or
Cette semaine, j'ai eu un deuxième rendez-vous avec Monsieur X. Oui, je sais. Je suis géniale. Mais calmez-vous et écoutez…

Tout en décrivant mon dîner avec Tom, je me rends compte que je ne me suis certes pas montrée drôle, distrayante ni même particulièrement charmante, mais que je n'ai pas non plus passé la soirée à tenter d'attirer son attention. Je suis bien obligée d'accorder un point à M. Wright pour ça. Je conclus la chronique avec mon cynisme habituel.

Le rendez-vous numéro trois est au programme, et j'espère qu'à la fin de ce processus j'aurai un nouveau mec. Ou bien, que je serai beaucoup plus âgée que maintenant.

Quarante-sept minutes plus tard (pendant lesquelles j'ai l'immense plaisir de penser à autre chose qu'à la question qui me tracasse), j'envoie mon article à Natasha. Je suis ravie d'avoir réussi à rester si longtemps sans penser à Tom et à la raison pour laquelle il ne m'a pas appelée.
Pourquoi il n'appelle pas ?!

Le lendemain matin, je suis assise à ma table pour écrire une Infopublicité pour une marque de sacs à main lorsque Natasha me passe un coup de fil.
— Salut, Cat. J'ai reçu ta chronique.

— Elle te convient ?

— Oui ! Le nombre de commentaires en ligne ne cesse d'augmenter. Je voulais juste m'assurer que tu aurais des choses palpitantes à raconter la semaine prochaine.

— Oh oui, évidemment. J'ai un nouveau rendez-vous avec Monsieur X très bientôt, mens-je. Je suis certaine que ça va commencer à devenir, euh… très palpitant !

— Super. J'attends ça avec impatience. À plus tard.

Merde. Si ce putain de dentiste ne m'appelle pas très vite, je vais être dans la merde. Comme si ce n'était pas déjà assez pénible d'écrire à propos de sacs à main, cette conversation vient de me gâcher définitivement la matinée. Je regarde l'heure sur mon ordinateur : 11 h 30. Il est temps de prendre un café. J'enregistre mon document et bascule vers iTunes. Par moments, seule la musique peut me rendre ma bonne humeur. Pendant que j'allume la bouilloire, la lecture aléatoire décide de passer *Ring of Fire* de Johnny Cash, et mon envie de danser est soudain balayée par le souvenir de Dylan et de son mépris pour la country. Puis je repense à sa façon de me déshabiller, et lorsque la bouilloire est enfin prête, j'en suis au moment où il me tenait sur son lit, et je suis tellement excitée que j'ai envie de me frotter le clito sur la table. Qu'il aille se faire foutre ! Je me demande s'il lui arrive de penser à moi.

Ce soir, je n'ai pas besoin d'aller déposer Grace chez Peter, c'est lui qui vient la chercher. Ils vont dîner dans le nouveau restaurant américain qui a ouvert en ville. Grace a choisi de mettre sa plus jolie robe à froufrous, avec une veste en cuir et des chaussures en caoutchouc, et je la laisse faire. Elle aura tout le temps de porter des tenues raisonnables quand elle sera grande. Je la regarde partir en lui faisant de grands signes de la main, puis je rentre me préparer pour cette soirée d'anniversaire à laquelle Kerry va me traîner.

Une heure plus tard, vêtue d'une jolie robe à pois et chaussée d'escarpins à talon qui tuent, je suis en train de me vernir les ongles avec frénésie avant que le taxi arrive. Quand je pense que j'aurais pu rester dans mon lit à regarder *Orange Is the New Black*… cette soirée a intérêt à déchirer.

Le taxi est là à 19 h 05. J'attrape mon poncho noir et me hâte vers la porte, manquant de me prendre les pieds dans Heisenberg. Il s'élance vers ma chambre avec un miaulement exaspéré, et je suis presque sûre qu'il va pisser sur mes pantoufles pour me punir de mon outrecuidance.

L'air est plus frais que je ne l'aurais cru, mais je ne veux pas prendre le risque de déranger mes boucles bien coiffées en enfilant mon poncho. Je cours vers le taxi en marmonnant : « Ça caille, ça caille, ça caille ! » avant de m'engouffrer dans la chaleur de l'habitacle. Je m'installe à l'arrière avec Kerry et salue tout le monde. Kieran, sur le siège avant, est trop occupé à taper sur son téléphone pour se retourner, mais il parvient tout de même à me saluer.

— Ça va, Cat ?

— Très bien, dis-je en faisant la bise à Kerry, qui sent le parfum Gucci et la lotion capillaire. Alors, Kieran, c'est quoi cette soirée ?

— C'est une amie à moi, Beth, qui fête son anniversaire.

— Elle est comment ?

— Super sympa. Elle parle très fort et déteste qu'on fasse le moindre commentaire sur son âge. Elle prétend avoir quarante-deux ans aujourd'hui, mais à mon avis, elle est plutôt vers les cinquante. J'ai quarante ans et je peux te dire qu'elle est bien plus âgée que moi !

Kerry lui assène une petite tape sur la tête avec un miaulement. Il se retourne en ronronnant. Ils sont vraiment insupportables…

Kerry est en jean et baskets. Je me demande si je suis trop habillée.

— Et donc, c'est une actrice ? Tu la connais d'où ? Tu fais du théâtre en douce ?

— Non. Je suis sorti avec sa fille, Hannah. Ça commence à dater un peu.

Il fouille dans la poche de son jean Diesel pour payer le chauffeur.

Kerry le fusille du regard. Manifestement, cette révélation ne lui plaît pas.

— Vraiment ? Donc on va chez ton ex-belle-mère, là ? Tu as hâte de revoir cette fameuse Hannah, j'imagine ?

— Kerry, il n'y a jamais rien eu de sérieux entre elle et moi, soupire Kieran. Je l'ai déjà revue souvent, c'est juste une copine. Tiens-toi correctement.

Le taxi s'arrête devant le 3, Woodlands Drive. Kerry et moi sortons les premières pendant que Kieran règle la course. Elle garde les yeux rivés sur le ruban qui orne la bouteille de champagne rosé que nous avons achetée pour Beth.

— Ça va ? demandé-je doucement.

— J'adore quand il me dit de me tenir correctement, murmure-t-elle avec un sourire. Il est tellement affirmé ! De toute façon, je l'ai déjà vue, cette Hannah. Elle ressemble à Gary Busey et en plus, elle habite encore chez sa mère ! Rien à craindre.

J'éclate de rire tandis que Kieran quitte à son tour la voiture et nous entrons tous trois dans l'immeuble.

La musique de la fête nous parvient jusque dans l'escalier alors que nous montons vers le troisième étage. La porte est entrouverte, et nous n'avons donc qu'à entrer. Nous sommes accueillis par un chien guère enthousiaste, le « boum-boum » de la sono et des hurlements de rire féminins.

— Ça, c'est Beth, déclare Kieran, amusé. Venez, je vais vous présenter.

Beth Hope, Elizabeth Falusse de son vrai nom – elle en a changé il y a dix ans pour des raisons évidentes – est une petite brunette qui partage un vaste appartement avec sa fille, la très blonde Hannah, et Harry, un lévrier étonnamment paresseux. Autant son nom ne me disait rien, autant je reconnais aussitôt son visage. C'est l'une de ces actrices que l'on voit partout, aussi bien dans de petits rôles à la télé que dans des pubs pour des assurances auto. J'ai envie de crier : « Je vous connais ! Vous avez incarné une tradeuse sans scrupule dans *EastEnders* ! » mais je me retiens. Je me contente de lui serrer la main et de la remercier de me recevoir.

— Merci à vous d'être venus ! Les filles, allez poser cette bouteille à la cuisine et servez-vous à boire. Kieran, comment ça va, mon grand ? Tu as vu les nouvelles lumières du centre d'art contemporain, elles sont atroces ! Hannah est en train de ranger les manteaux dans la chambre d'amis, elle sera là dans une seconde. Est-ce que quelqu'un peut faire descendre Harry du canapé, s'il vous plaît ?

Je quitte le salon avec Kerry et traverse le couloir très éclairé vers la cuisine. Un petit groupe d'invités est appuyé sur les plans de travail noirs, d'autres sont assis à table, tenant à la main une bouteille de bière ou du vin dans un gobelet en plastique. Kerry pose le champagne rosé à côté de vingt-deux autres bouteilles de vin pétillant et en ouvre une afin de nous servir.

— Tu vois, je te l'avais dit, me rappelle-t-elle à voix basse. C'est toujours pareil. On reverra Kieran dans deux heures, quand il se souviendra qu'il est venu avec nous.

— Et ça ne te gêne pas ?

Je cherche du jus d'orange pour diluer mon Cava qui est horriblement sec. Voyant deux femmes se lever de table, nous prenons leurs places car nous savons que nous allons rester là un moment.

— Pas vraiment. Ses meilleurs amis sont sympas et marrants, mais son cercle d'artistes radoteurs me barbe la plupart du temps.

— Vous êtes tellement différents, tous les deux ! C'est drôle, tu détestes les gens créatifs, mais tu sors avec un graphiste et ta meilleure amie écrit. Tu ne dois pas les haïr autant que tu le prétends…

— Ce que je déteste, c'est la prétention ! réplique-t-elle en riant. Cet air supérieur que se donnent toujours les gens qui ont lu des gros livres chiants ou trouvent passionnant de discuter trois heures durant de la position d'une ampoule. Ils ne sont pas assez idiots pour moi, et je pense que je ne suis pas assez géniale pour eux. Je ne serai jamais la muse de personne.

Trois verres de vin plus tard, nous décidons finalement de nous montrer un peu sociables et de retourner au salon dont la musique s'échappe toujours à plein volume. Ma tête me dit que la police ne va pas tarder à débarquer pour cause de tapage nocturne, mais mes pieds sont déjà en train de danser.

J'aperçois Kieran en train de discuter avec Hannah, et Beth qui tournoie sur la piste de danse dans les bras d'un homme plus jeune en chapeau mou. Harry le lévrier est toujours à sa place manifestement attitrée sur le canapé, mais je crains qu'il ne tarde pas à se faire écraser par quelqu'un qui s'assiéra sur lui après avoir bu un verre de trop. À ma grande surprise, Kerry ne fond pas sur son homme, mais choisit plutôt d'aller parler à un type à côté d'une vitrine ancienne. Je reste debout toute seule un moment à observer la pièce. Kieran me fait signe d'approcher.

— Hannah, je te présente Cat.

Je serre la main de la jeune femme, mais je ne peux m'empêcher de penser à Gary Busey. Évidemment, elle ne lui ressemble pas du tout. Peut-être les dents, à la rigueur... Maintenant j'ai vraiment envie de rigoler.

— Hannah est une artiste très talentueuse, m'informe Kieran. La plupart des tableaux que tu vois ici sont d'elle.

Je regarde les œuvres contemporaines, principalement constituées de taches, tout autour de moi, pendant qu'Hannah attend rayonnante que je la complimente. La dernière fois que j'ai dû mentir à propos de peintures, c'est quand Grace m'a rapporté son cahier de dessin en deuxième année de maternelle, rempli d'empreintes de mains et de bonshommes-bâtons... sauf que les travaux de Grace étaient meilleurs que ce que je vois là.

— Étonnant, dis-je. Je n'avais jamais rien vu de tel auparavant.

— Merci, Cat. J'essaie de retranscrire la brutalité et l'honnêteté de ma vie dans mon art. C'est cathartique, mais il m'arrive de me demander pourquoi je m'impose ça. Oh, regardez, c'est Lynne. Excusez-moi, il faut que j'aille lui dire bonjour.

Hannah décampe et je regarde Kieran qui fait de son mieux pour ne pas perdre son sérieux. J'ai plus de mal que lui.

— Ah, ah, petit con ! Tu m'as tendu un piège. Je ne sais pas qui est cette Lynne, mais elle m'a sauvée. J'étais sur le point de me montrer grossière envers une artiste ratée. Mais je croyais que tu aimais ce genre de trucs ?

— Normalement oui, mais là c'est vraiment horrible. Ils se vendent très bien, cela dit, explique Kieran en se laissant aller à l'hilarité. Certes, sa mère est une de ses meilleures clientes, mais elle a des fans.

— Un peu comme Charles Manson ?

— Pouah ! Hannah est gentille, mais elle est vraiment en train de prendre le melon. Elle avait bien plus les pieds sur terre autrefois. C'est dommage. Bref, où est Kerry ?

Je lui montre la vitrine, devant laquelle Kerry est maintenant en train de danser avec son inconnu. Kieran ne semble pas contrarié le moins du monde, bien au contraire.

— Elle le fait exprès. D'abord, la dispute au sujet d'Hannah, et maintenant, elle drague… elle veut me faire réagir.

— Mais pourquoi ? Pour te rendre jaloux ?

Kerry fait les yeux doux au type, qui manifestement ne croit pas sa chance.

— Oui. Et aussi parce qu'elle sait que je vais sortir le ceinturon du tiroir en rentrant.

— Un ceinturon ? Pour faire tenir ton pantalon ?

— Non, pas exactement, Cat, soupire-t-il en levant les yeux au ciel.

Ça me prend un moment, mais je finis par comprendre.

— Mais enfin, Kieran ! Je ne veux pas le savoir !

— Je pensais que tu étais au courant… vous vous racontez tout, non ?

— Pas ce genre de détails !

— Désolé…

En observant Kieran qui contemple Kerry, je ressens un pincement d'envie. Il a le même regard que Dylan l'autre nuit. Brûlant de désir. Ils ont toujours autant envie l'un de l'autre que lorsqu'ils se sont rencontrés, alors que moi, je n'ai même pas réussi à tenir plus loin que la première partie de jambes en l'air.

Avant que je parvienne à me plonger dans un état de dépression, une petite bonne femme en jaune se faufile devant moi pour éteindre la sono avant d'entonner *Joyeux Anniversaire* d'une voix si forte que ça me fait sursauter. Tout le monde se joint à elle et Hannah arrive avec un gâteau en forme de cœur, surmonté de cinq bougies et d'un cierge magique. Lorsque Beth entame son discours, j'aperçois Kieran qui s'approche de Kerry à pas de loup pour lui murmurer quelque chose à l'oreille, sous le regard mécontent de l'inconnu. Je ne sais pas ce qu'il lui dit, mais je le devine au sourire satisfait qui illumine aussitôt le visage de Kerry. Je tourne de nouveau mon attention vers Beth, qui, manifestement pompette, agite le cierge magique comme lors de la nuit de la Toussaint quand on célèbre la mort de Guy Fawkes.

— Alors servez-vous de gâteau et merci encore d'être venus ! clame-t-elle d'une voix pâteuse. Vous m'avez trop gâtée…

Les vivats fusent, le chien aboie, et quelqu'un lance *Graceland* de Paul Simon. Il est temps de reprendre un verre. Je retrouve Kerry dans la cuisine : les grands esprits se rencontrent.

— Rien ne me donne autant envie de picoler que la voix de Paul Simon en solo. Tu reprends du vin, Cat ?

— Oui, mais il faut que je fasse pipi. Où sont les toilettes ?

— Au fond du couloir. Tu as un poudrier ? Je me sens luisante.

Je lui lance mon sac.

— Dans ma trousse de maquillage. Je reviens.

Ce qui craint dans les soirées chez les gens, c'est la queue pour les toilettes. Je suis deuxième derrière un gars en jean rouge, mais j'en suis déjà à sautiller d'un pied sur l'autre en priant pour ne pas faire une flaque par terre. Par chance, il est rapide et je soupire de soulagement. On ne m'appellera pas La Pisseuse ce soir. J'ai presque fini lorsque quelqu'un frappe violemment à la porte.

— Je sors, dis-je d'une voix forte en cherchant des yeux le papier toilette, qui a roulé au milieu du sol.

— C'est seulement moi, me crie Kerry. Tom t'a envoyé un texto ! Dépêche-toi, je meurs d'envie de savoir ce qu'il te dit.

Merde ! J'avance le pied vers le rouleau tout en m'assurant que mes fesses ne quittent pas la lunette. Je ne fais pas confiance à mon périnée pour protéger le joli carrelage de Beth. Une fois mes mains lavées, je me précipite vers la cuisine, où Kerry me tend mon téléphone d'un air penaud.

— Il va falloir que tu attendes soixante secondes de plus. Je n'ai pas réussi à deviner ton code, du coup ton téléphone est bloqué.

— Tu avais l'intention de le lire avant moi ?

Je crois que ça ne me surprend pas vraiment ; j'aurais fait pareil. Nous nous asseyons et gardons les yeux rivés sur mon téléphone jusqu'à ce que le laps de temps soit écoulé et qu'il me laisse le déverrouiller. Je clique sur l'enveloppe.

> Je descends dans le Sud pour des obligations familiales, mais je rentre la semaine prochaine.
> Bise, Tom.

Eh bien, au moins il a prévenu, conclus-je. Peut-être que sa grand-mère vient de mourir.

— Peut-être qu'il va rejoindre sa femme ?

On peut toujours compter sur Kerry pour trouver les mots qui font plaisir.

— C'est son ex-femme, ils sont divorcés !

Kerry se rapproche.

— Peut-être qu'elle regrette et qu'il est rentré à Londres en courant, une bouteille de champagne à la main, dans l'espoir d'une réconciliation ?

— J'espère que non. J'espère qu'il s'est passé quelque chose de grave. Ah, merci, Kerry, grâce à toi, me voilà en train de souhaiter la mort de quelqu'un !

— Aux grands-mères décédées ! s'écrie Kerry en levant son verre. Que les raisons de Tom pour te poser un lapin puissent être terribles et tragiques.

Je trinque et descends le reste de mon Cava. La panique s'installe. Sans Tom, pas de chronique. Sans parler du fait – encore plus ennuyeux – que je ne l'ai toujours pas vu nu. Et ça, c'est vraiment triste. Kerry a un petit sourire rêveur.

— Arrête de penser à Kieran et son ceinturon. On était en train de parler de moi !

— Quoi ? Je n'étais pas… comment tu… ?

— C'est lui qui m'a raconté. Vous êtes deux pervers et maintenant je vais garder cette image dans ma tête pour toujours.

Kerry pouffe et rosit un peu.

— Quelle pipelette, ce Kieran ! Mais arrête de dire des méchancetés. Tu ne peux pas dire que tu n'aimes pas ça tant que tu n'as pas essayé. Avoir les yeux bandés et…

— Quoi ? Il te bande les yeux, en plus ? Vous avez tout un petit rituel SM super glamour ? Je suis impressionnée… et un peu gênée, aussi.

— Eh bien, oui… Tu as rencontré Hannah ? Tu reveux du vin ?

Je tends mon verre, que Kerry remplit à moitié.

— Magnifique changement de conversation, Kerry. Oui, je l'ai rencontrée. Et j'ai admiré ses œuvres d'art.

Nous restons un moment à nous dévisager en silence. C'est Kerry qui rompt le silence.

— Tu penses qu'elle les a peintes avec sa bouche ou avec son pied ?

— Difficile à savoir, dis-je en me retournant l'air de rien pour vérifier qu'elle n'est pas dans les parages. Je pense plutôt que c'est Harry, le chien, qui a commis ça.

On entend un grand bruit dans le salon. Quelques secondes plus tard, Kieran apparaît dans l'embrasure de la porte de la cuisine.

— Beth est tombée. Elle n'a rien, mais je crois que la fête est finie. Allez chercher vos manteaux.

Nous attendons sur le seuil pendant que Kieran prend congé, puis descendons l'escalier. Nous essayons d'appeler un taxi. L'air froid de la nuit décuple les effets de l'alcool et je dois m'asseoir sur le trottoir en attendant l'arrivée du véhicule. Ou que la rue veuille bien cesser de tourner. Le trajet vers chez moi se passe dans une sorte de brouillard, mais avec un peu d'aide de Kerry, j'arrive jusqu'à ma porte d'entrée sans incident.

— Tu es sûre que tu ne veux pas dormir chez nous ? demande-t-elle en me prenant mes clefs alors que je tente d'ouvrir la boîte aux lettres. Ça va aller, toute seule ?

Sans attendre ma réponse, elle pousse le battant et allume la lumière dans l'entrée.

— Ne t'en fais pas, réponds-je d'une voix pâteuse. Je vais me préparer des toasts.

— Oh, Cat, pour l'amour du ciel, ne te mets pas aux fourneaux ! Va te coucher !

Je lui fais la bise tant bien que mal. Ayant réussi à retrouver ma chambre, je me jette dans mon lit. J'entends Kerry verrouiller la porte d'entrée et déposer les clefs dans la boîte aux lettres.

Alors que je commence à sombrer dans le sommeil, Heisenberg saute sur le lit à côté de moi et m'assène un coup de patte sur le crâne. Je hais ce putain de chat.

Chapitre 12

— Tu sais que j'adore ta chronique, Cat, déclare Natasha lorsque je m'assieds dans son bureau le lundi matin. Je comprends bien que ça n'a rien changé à ta vie, mais je te trouve tout de même un poil trop critique envers l'auteur…

— Vraiment ?

Elle attrape un exemplaire du magazine, déjà ouvert à ma page.

— « Si Guy Wright n'est pas un Néandertalien célibataire et sans amis, je serais très surprise. »

— Il le mérite ! dis-je en riant. Il farcit la tête des femmes avec des conneries qui n'existent que dans son crâne tordu. Il veut nous transformer en robots…

— Il m'a contactée, m'interrompt-elle. Apparemment, il lit ta chronique.

— Tu plaisantes ? m'esclaffé-je.

— Non, regarde.

Elle me tend un mail qu'elle a imprimé.

De : Guy Wright
À : Natasha Carling
Objet : Glasgow Girl

Chère Natasha,
Vous serait-il possible de m'appeler au sujet de la chronique que tient Glasgow Girl ces dernières

semaines à propos de mon livre ? Il me semble que certains points mériteraient qu'on en discute. Je suis à votre disposition, et attends cette conversation avec impatience.
Guy Wright

Je lui rends la feuille.

— Eh bien, quand tu lui parleras, tu pourras lui dire de ma part que…

— Je lui ai déjà parlé. Il est tout à fait charmant. Garde le mail, tu auras peut-être besoin de son numéro. Tu déjeunes avec lui demain.

— C'est vrai ? Mais pourquoi ?!

J'ai l'estomac qui se noue.

— Parce que malgré ma proposition de le voir, il a insisté pour te rencontrer personnellement. C'est très bon pour nous, ça. Il accorde très rarement des interviews, malgré tout le buzz que suscite son livre.

Je repense aux défis stupides que j'ai dû relever ces derniers temps. J'ai peine à croire que je doive déjeuner avec ce gros con.

— Mais, Natasha… il ne peut pas me rencontrer, je suis anonyme !

— Lui aussi. La table est réservée chez *Yen* à 12 h 30. Va voir ce qu'il veut. Essaie d'obtenir une interview.

Je me lève, le papier toujours dans la main, à la fois perplexe et intriguée. Les interviews, j'ai l'habitude. Mais c'est la première fois que je me retrouve de l'autre côté du manche.

— Cat, une dernière chose : essaie de te montrer agréable.

J'acquiesce avant de quitter son bureau. Pourquoi souhaite-t-il me voir ? Est-ce qu'il veut tenter de m'acheter ?

Veut-il au contraire me faire un procès ? Merde, peut-être qu'il va m'assommer devant un plat de nouilles au bœuf. Cela étant, ça me donne l'occasion de lui dire ce que je pense de son livre. Même s'il le sait déjà.

J'appelle Kerry au bureau dans l'espoir qu'elle parvienne à me rassurer.

— Eh, tu sais, ce bouquin de séduction que j'applique ? dis-je en baissant la voix pour que Patrick ne m'entende pas. L'auteur m'a convoquée pour un déjeuner. Arrête de te marrer !

— Je suis désolée, mais qu'est-ce qui t'a pris d'accepter ? Tu t'es vraiment montrée salope au sujet de ce livre !

— Je n'ai pas le choix. C'est Natasha qui m'oblige. Pour être franche, ça me terrorise. Je suis prête à parier que c'est un vieux avec des implants capillaires et un bronzage artificiel, qui se prend pour un don du ciel.

— C'est probable. Mais garde ton calme. Ne lui crie pas dessus.

— Bien entendu. Bref, Kerry, je dois y aller. Je te raconterai comment ça s'est passé.

Alors que l'heure du déjeuner approche, je me rends aux toilettes pour retoucher mon maquillage. Je ne veux pas lui donner l'impression de m'être pomponnée pour lui, mais je n'aimerais pas non plus qu'il passe tout le repas à scruter le bouton que j'ai sur le menton ou mon front luisant. Je remets donc un peu de fond de teint et du blush avant de me brosser les cheveux. Je m'en veux de me soucier de ce qu'il pourra bien penser de moi. Un dernier coup d'œil dans le miroir et je suis prête à rencontrer cet abruti de Guy Wright. J'espère que lui aussi.

— Un seul couvert ?

Vous mangez seule, madame ? Souhaitez-vous voir notre menu spécial célibataire que personne n'aime ?

Je parcours des yeux la salle de restaurant à moitié vide, cherchant un homme assis en compagnie de son ego grand comme l'Australie.

— Non, j'ai rendez-vous avec quelqu'un. La table est réservée au nom de Wright.

Un peu nerveuse, j'essuie mes mains moites sur mon tailleur gris. J'adore cette tenue. Elle me donne l'impression que c'est moi la patronne. Je me sens comme Melanie Griffith dans *Working Girl*.

— Oui, suivez-moi.

La jeune serveuse me conduit à une table au fond de la salle. Je repère une tablée de trois femmes et un couple qui partage un plateau de sushis dans un box, mais pas trace d'un gourou de la séduction. Avec un petit soupir de soulagement, je commande un verre de vin. Peu importe qu'il soit seulement l'heure du déjeuner, je vais avoir bien besoin d'un verre pour supporter cet idiot visqueux pendant une heure.

Je sors mon calepin et mon téléphone, et fouille mon sac à la recherche d'un stylo. Tout ce que je trouve, ce sont trois tubes de rouge à lèvres dont j'avais oublié l'existence et une figurine Moshi Monster habillée en pirate. Paniquée, je remue tout le fond du sac. Il doit bien y avoir un crayon quelque part… Une journaliste qui se pointe à un rendez-vous sans stylo, ça n'existe pas !

— Salut, Cat.

Surprise, je relève la tête d'un coup.

— Dylan !

Calme-toi, Cat.

Une bière à la main, il me contemple, un sourire éclairant son visage que j'ai envie d'embrasser. Je ne l'avais jamais vu à la lumière du jour. Je ne l'ai pas vu depuis… oh merde, je suis assaillie de souvenirs de sa chambre, de la façon dont il avait drapé mes jambes sur ses épaules… me voilà rouge comme une pivoine. Il me sourit, et je suis là comme une nouille, les joues en feu, sans stylo, avec un Moshi Monster dans la main.

— Ça va ? demande-t-il.

Il voit bien que je suis plus qu'abasourdie par son apparition.

— Oui ! Merde ! Tu m'as fait peur. Désolée. Comment ça va ?

Bizarrement, sa présence me rend folle de joie. Mais il va bien falloir que je m'en débarrasse avant l'arrivée de Guy Wright.

— Très bien, merci. Est-ce que j'arrive au mauvais moment ? demande-t-il avec un sourire goguenard, les yeux rivés sur la figurine que je tiens toujours à la main. Est-ce l'un de tes mecs ? Ce monsieur me semble plutôt petit…

Je jette la figurine dans mon sac avec rage et tente de reprendre contenance.

— Non, je suis là pour le travail. J'attends un auteur que je dois interviewer, s'il veut bien se montrer, dis-je en prenant une gorgée de vin. Je n'arrive pas à trouver de stylo. Ça commence bien !

— Je peux t'en prêter un, déclare-t-il en sortant un stylo d'argent de la poche de sa veste. Tiens.

— Je ne peux pas accepter, il a l'air vraiment cher. Enfin, surtout si je vais le mettre au mont-de-piété ensuite…

— Tu me le rendras quand tu auras fini ton entretien, répond-il en riant.

— D'accord. Merci, tu me sauves la vie. J'aurais détesté que cet abruti s'aperçoive que j'étais mal préparée. Il m'en veut déjà suffisamment.

— Vraiment ? Ça m'intrigue. Tu as rendez-vous avec qui ?

— Un auteur… oh, attends.

J'aperçois un homme qui approche de la cinquantaine, vêtu d'un costume vert bouteille. Avec un tel look, ça ne peut être que lui. Je range une mèche de cheveux derrière mon oreille avant de marmonner :

— OK, je crois qu'il vient d'arriver. J'en ai pour une heure environ, tu es assis où ? Je viendrai te voir après.

— Je vais m'asseoir ici.

Dylan pose son verre sur la table, enlève sa veste et s'installe en face de moi. C'est quoi, ce bordel ? Il ne peut pas rester là ! Je lui fais signe de déguerpir.

— Excuse-moi, mais… tu fais quoi ?

Il adresse un signe à la serveuse pour passer commande.

— Eh bien, je rencontre la femme qui ne s'est pas gênée pour chier sur mon bouquin depuis quelques semaines. Et je vais manger du bœuf thaï.

— Très drôle. Écoute, il faut que tu y ailles, ce type est…

— Moi, m'interrompt-il. Ah, excuse-moi, j'ai été impoli. Guy Wright, auteur du best-seller *Les Règles d'Or de la Séduction*. Publié il y a cinq ans, et traduit dans quinze langues. Des millions d'exemplaires vendus.

L'homme au costume vert s'assied avec le groupe de trois femmes à l'autre table. Je regarde Dylan, qui me tend toujours la main. Je ne comprends rien à ce qui se passe. Je suis incapable de faire autre chose que de le dévisager fixement.

Il retire sa main avec un éclat de rire.

— Natasha m'avait prévenu que tu serais peut-être sur la défensive, étant donné que mon livre ne t'a pas aidée sur le chapitre de l'amour, et que tu es toujours convaincue que ça n'est pas ta faute… Oui, je vais prendre un bœuf thaï et une autre bière. La personne muette en face de moi va également reprendre un verre de ce qu'elle buvait, et un poulet frit. Fais « oui » de la tête si ça te convient, Cat. Cat ?

Je ne m'étais même pas aperçue que la serveuse attendait à côté de moi, agacée. Je n'ai pas la tête à penser à la nourriture, mais j'acquiesce pour qu'elle s'en aille.

Le silence s'étire pendant trente secondes, puis il sourit, et je capitule.

— Pourquoi tu ne m'as pas dit dès le début que c'était toi ? Pourquoi cette mise en scène ?

— Je dois avouer que j'étais tenté de le révéler cette nuit-là, mais en vérité, c'est beaucoup plus drôle comme ça. Et puis, on venait de coucher ensemble. Ça n'aurait pas été très élégant.

Il ne se prend pas pour de la merde, celui-là. J'ai envie de l'attaquer avec le stylo qu'il m'a prêté.

— Ne t'inquiète pas, « élégant » est la dernière chose qui me vient en tête quand je pense à toi. Tu m'as quasiment foutue dehors !

— Ça, c'était juste un bonus.

Il se laisse aller contre son dossier. J'essaie de faire basculer sa chaise par la force de mon esprit, en vain. La serveuse revient pour déposer nos plats et une carafe d'eau sur la table. Dylan la remercie. Je ne le quitte pas de mon regard furieux.

— Je n'y crois pas une seconde.

— À quoi ?

— Que c'était une coïncidence. Que tu aies pu par hasard coucher justement avec la femme qui descendait ton livre en flammes ? C'est des conneries. Tu avais monté ton coup, pas vrai ?

— Tu n'as pas tort, déclare-t-il en attrapant du riz avec ses baguettes. Et la réponse est… pas complètement.

— Qu'est-ce que tu veux dire ? Arrête de manger, et explique-toi !

— Dis donc, tu es bien exigeante. Écoute, je savais qu'Adrian avait invité toute l'équipe du *Tribune*, et je pensais que la chroniqueuse qui avait laminé mon livre serait peut-être là. J'avais envie de découvrir qui c'était.

— Et tu ne savais pas que c'était moi ?

Je me sers un verre d'eau. J'ai la bouche en coton.

— Eh bien, Glasgow Girl est anonyme, et tu ne cachais pas que tu étais journaliste… pour être franc, j'ai pensé que c'était peut-être ta copine Kerry. Je n'ai pas cru à son histoire de travail dans la finance. Elle n'a pas la gueule de l'emploi.

Ça semble plausible.

— Quant au fait que je t'ai amenée chez moi… Crois-moi si tu veux, mais je l'ai fait parce que tu m'attirais. Si tu n'avais pas gaffé, je ne me serais douté de rien.

Je n'ai pas faim du tout, mais je suis en pilote automatique, et je mange le poulet qu'il a commandé pour moi.

— Alors, tu peux me dire ce que je fais ici, Dylan ? Je comprends que tu sois en colère parce que la méchante dame t'a accusé de raconter des conneries, mais j'assume chacun de mes mots. Tu devrais te forger une carapace. J'espère que tu ne poursuis pas ainsi tous les critiques.

Il sirote sa bière, imperturbable.

— Je ne suis pas en colère. Un peu agacé, peut-être, comme n'importe quel auteur après une mauvaise critique, mais pas en colère. Je suis seulement curieux. Tes chroniques ne me menacent en rien. Ce livre m'a permis de m'acheter tout ce que je voulais. Par exemple, ce beau stylo, ou encore une fringue qui me plaît, et un bel appartement. Tu te souviens comment c'est chez moi, n'est-ce pas, Cat ?

Oui. Je me souviens du parfum de vanille et du contact de la moquette de la chambre sous mes genoux, et…

Ça suffit. Arrête tout de suite de penser à ça, cerveau !

Je reprends une gorgée d'eau. J'ai du mal à ne pas abaisser mes défenses…

— Eh ben, tu as un ego surdimensionné, mais au moins j'aurai quelque chose d'intéressant à raconter cette semaine. Que penses-tu de « Un auteur nombriliste attire une journaliste dans son lit par la ruse » ?

Il rit. Hélas, j'ai la désagréable impression que ce n'est pas avec moi, mais plutôt de moi.

— Ce serait drôle, Cat, mais je pensais plutôt à quelque chose comme « Une journaliste se rend compte de ses erreurs et présente des excuses publiques à un bel auteur à la chevelure soyeuse ». Parce que tu vois, tu as enfreint la règle 6, et ça ne t'empêche pas de continuer à tenir mon livre pour responsable de ton échec à trouver un petit ami.

J'arrête d'essayer de lui faire du mal par kinesthésie et fouille ma mémoire à la recherche de la règle 6. Rien. J'ai arrêté la lecture à la règle 3. Qu'est-ce qui m'a pris de ne pas lire le livre en entier avant de me lancer ?

— Mais je n'ai jamais lu la règle 6 ! Je ne sais pas de quoi tu parles ! dis-je sans réfléchir.

— Règle 6 : ne pas coucher le premier soir.

Il plante sa fourchette dans un morceau de bœuf et le mange, me faisant signe de l'imiter.

— Tu devrais goûter, c'est délicieux.

— Mais ça ne s'applique qu'aux relations ! Nous n'avions pas de relation !

— Peu importe. Toute l'idée de ta chronique, c'est que tu n'enfreins pas les règles. Tu l'as fait. Fin de la partie.

— Écoute, je ne comprends pas ce que tu attends de moi !

— Je veux passer un contrat, répond-il sans hésiter. Tu avais un rendez-vous, l'autre soir, pas vrai ?

— Oui, mais ça ne…

— Tu as suivi mes règles ?

— Eh bien, oui, mais…

— Très bien, le marché, c'est que tu continues à suivre les règles jusqu'à la fin de ta chronique, mais tu dois vraiment t'y tenir. Donne-toi à fond. Et pour te montrer que je suis fair-play, je t'aiderai, personnellement. Tu auras un gourou de la séduction pour toi toute seule. Toi, tu y gagneras un mec, et moi, j'aurai le plaisir de recevoir des excuses publiques pour tes calomnies sur mon bouquin.

— Mais je ne suis même pas sûre qu'il y ait un autre rendez-vous… Et s'il ne veut pas me revoir ?

C'est très possible. On aurait dû se voir il y a deux jours, et il a disparu dans le Sud.

— Si tu as fait ce que je… pardon, ce que le livre t'a conseillé, alors il en aura envie. Et tu es très sexy. Il va te réinviter, ça ne fait aucun doute.

— N'essaie pas de me flatter, ça ne marche pas.

— Bien sûr que si.

— Attends, tu as quoi à y gagner, toi ?

— L'immense plaisir de te prouver que tu as tort, répond-il en reprenant une bouchée. Alors, qu'en dis-tu ? C'est soit ça, soit je révèle à ta rédac-chef, tes lecteurs et toute la Twittosphère que nous avons passé une nuit très, très chaude ensemble, et qu'on ne peut donc pas te faire confiance.

— Tu irais me traiter de traînée ? Sérieusement ?

— Du calme, petite. Bien sûr que non, ne sois pas ridicule. Je me contenterai de te traiter de mauvaise journaliste. C'est pire. Il semblerait que tu aies pas mal de fans, mais personne ne veut lire une journaliste qui invente des salades…

— C'est vrai, c'est à ça que servent les auteurs.

— Ne me coupe pas la parole. Bref, quand tes lecteurs apprendront ce que tu as mijoté, tu perdras toute crédibilité. Tu te souviens de Julianne Bowers ?

Ce petit branleur manipulateur a raison. Je me souviens de Julianne Bowers. C'était une journaliste en vogue, qui écrivait les pages santé du magazine *Hey!* Elle a suivi le régime Atkins quand il était à la mode, pour en tirer une chronique. Chaque semaine, elle jurait à des milliers de lecteurs que ça n'était qu'un tissu d'inepties. Le jour où quelqu'un a posté en ligne une photo d'elle en train de se gaver de tagliatelles dans un restau italien, sa cote de popularité s'est effondrée. Personne ne sait où elle bosse désormais. Ce serait le bouquet qu'une partie de jambes en l'air avec Guy Wright cause ma perte ! Il serait mon plat de tagliatelles…

— Très bien, je le ferai, dis-je à regret. Mais je pense que tu n'es qu'un connard pervers, j'aime autant ne pas te le cacher.

— Je pensais bien que tu accepterais. J'ai déjà tout mis au point avec Natasha. Elle adore l'idée. Je ne lui ai pas tout raconté, évidemment. Je lui ai juste dit que tu avais peut-être besoin d'un peu d'aide pour suivre les règles, et que gentil comme je suis…

— Bon, on a terminé ?

J'attrape mon calepin pour le ranger dans mon sac. Il semble surpris.

— Qu'est-ce qui ne va pas, Cat ? Tu as à peine touché à ta nourriture. Oh, tu n'es quand même pas fâchée contre moi ?

— Merci pour ton temps, Dylan. Pardon, monsieur Wright. C'était un réel plaisir.

— Tout le plaisir est pour moi. Je me réjouis de travailler avec toi. Est-ce que je peux récupérer mon stylo ?

— Dans tes rêves.

Je mets mon sac en bandoulière d'un geste rageur et traverse le restaurant à la hâte, passant entre les clients attablés, en direction des toilettes, où je m'enferme dans une cabine. Je tente de me calmer en respirant profondément. Je n'y crois pas. Non seulement je dois suivre ces putains de règles d'or, mais en plus il va jouer le rôle de conseiller ?

Le pas lourd, je retourne au bureau. Natasha me fait aussitôt signe de venir la voir. Comme elle est au téléphone, je m'assieds en face d'elle et parcours la pièce des yeux. Comme toujours, il y flotte un parfum de Givenchy combiné à l'odeur du pop-corn qu'elle grignote toute la journée. Elle met la main sur le combiné pour me parler.

— Désolée. Alexander de la compta est encore en train de se comporter comme un con… Attends… Quoi ? Je m'en fous, que tu m'aies entendue ! Je le pense. Dépêche-toi de traiter mes dépenses, espèce d'abruti !

Elle raccroche et frissonne.

— Franchement, ce type me rend folle. Bref, raconte-moi tout ! Il est comment ? Est-ce qu'il t'a fait part de ses idées pour l'avancée de ta chronique ?

J'ai envie de lui dire : « Eh bien, c'est un gros salaud très séduisant avec lequel il se trouve que je me suis envoyée en l'air vendredi », mais je la joue plus soft.

— Moins horrible que ce que je craignais. Et oui, je crois que son point de vue sera intéressant.

— Génial ! Je suis ravie que tu sois partante, Cat. Nous savons toutes deux que ta chronique était sur une pente descendante, mais avec *Les Règles d'Or*, il semblerait que ça se soit arrangé. Caitlin Moran a partagé un lien sur Twitter, c'est dire. Il semble que le livre de Guy ait été une vraie bénédiction, finalement…

Je me force à sourire et à acquiescer.

— Une dernière chose, Cat : n'en parle pas aux autres membres de l'équipe. J'ai promis à Guy que nous serions discrets. Voilà, je t'ai envoyé trois articles à rédiger, si tu peux t'y mettre tout de suite, et j'attends avec impatience ta prochaine chronique. Je sais bien que tu ne peux pas forcer les choses à se produire, mais dans l'intérêt des lecteurs…

Merde, comment vais-je faire pour inciter Tom à me revoir, si je n'ai pas le droit de le contacter ? Je ne peux pas rédiger de nouveau un papier sur l'attente interminable.

— Oui, bien sûr, dis-je d'une voix confiante. Tu ne seras pas déçue.

Je retourne à mon poste de travail et attrape mon téléphone dans mon sac, dans l'espoir ardent d'un message de Tom qui voudrait me voir avant la date de remise de mon article. Rien. Et maintenant, Patrick me dévisage.

— Tu as besoin de quelque chose, Patrick ? À moins que tu espères que je te raconte de quoi j'ai discuté avec Natasha ?

— C'était privé ? rétorque-t-il en se raclant la gorge.

— Non.

— OK. Alors, est-ce que ça concernait les Scottish Awards du…

— Non.

Il est bouché, ce type !

— Tu me raconteras après ? me lance Gordon, depuis le photocopieur.

— Avec plaisir, dis-je pour emmerder Patrick.

Et ça marche.

— Ce que tu peux être gamine ! Allez vous faire foutre, tous les deux.

Je crois que Patrick se languit de Leanne et de sa poitrine guillerette, mais j'ai d'autres choses auxquelles penser… par exemple, comment retrouver Tom sans le poursuivre.

Je cherche mon exemplaire des *Règles d'Or de la Séduction* dans mon sac et le feuillette, à la recherche d'un indice…

Lorsque vous entamez une relation, montrez-vous intéressée sans toutefois en faire trop. Être trop enthousiaste revient à se rendre à un rendez-vous en robe de mariée, avec le nom de vos enfants à naître brodé sur la traîne.

Ce type a une case en moins. J'ouvre mon calepin, et le mail de Dylan à Natasha en tombe.

— Parfait. Ce petit prétentieux a proposé de m'aider, eh bien qu'il le fasse !

Je décide de lui envoyer un texto.

OK, grand sachem, j'ai un dilemme. Comment puis-je inciter ce type à me donner rendez-vous sans prendre d'initiative ? Je ne peux pas attendre éternellement, j'ai une date butoir à respecter. Cat.

Je reste sans nouvelles pendant deux longues heures. C'est quand je suis dans le train bondé qui me ramène chez moi qu'il se décide enfin à m'appeler.

— Les sachems sont des guides spirituels, tu sais. Pas des experts en rendez-vous amoureux.

— Attends, comment est-ce que tu peux te considérer comme un expert en rendez-vous, alors que tu m'as dit à deux reprises que tu n'allais jamais à des rendez-vous ?

Je descends l'allée du train, évite un homme qui pue comme s'il s'était chié dessus, et me retrouve à côté d'une femme qui lit *Cosmopolitan* en le tenant à deux mains. J'admire son équilibre.

— Disons que j'ai eu beaucoup d'expériences par le passé. Bref, pour répondre à ta question, j'imagine que tu vas devoir te renseigner discrètement sur l'endroit où il se trouve et t'arranger pour le croiser par hasard. Cela dit, je ne te le conseille pas, tu devrais attendre qu'il te…

— J'ai une date butoir, Dylan.

— Très bien. Qu'est-ce qu'il fait, dans la vie ?

— Il est dentiste. Je ne suis pas une de ses patientes, mais ma sœur si.

— Intéressant. Tu penses pouvoir convaincre ta sœur de prendre un rendez-vous en urgence ?

Le train s'arrête brusquement et la lectrice de *Cosmo* manque de tomber.

— Je suppose, mais je ne vois pas en quoi…

— Elle va aller faire soigner sa rage de dents imaginaire, et quand il aura fini, elle s'apercevra qu'elle a oublié son porte-monnaie et exigera que tu le lui apportes. S'il veut te voir, il se manifestera quand tu arriveras. Tu feras comme si le voir ne te dérangeait pas tant que ça… mais d'une façon glamour. À mon avis, il ne faudra qu'une heure ou deux pour qu'il te recontacte.

— C'est vraiment machiavélique ! dis-je, à la fois impressionnée et écœurée. Tu es horrible. Mais d'accord, je vais essayer.

Je raccroche avant qu'il ait eu le temps de le faire, et appelle aussitôt Helen, certaine qu'elle serait prête à feindre de mourir si ça pouvait m'aider à me rapprocher de Tom.

Le faux rendez-vous d'Helen est fixé à 12 h 30 le lendemain. Vingt minutes plus tard, elle me téléphone, hurlant d'une voix théâtrale :

— Il faut que tu viennes tout de suite ! J'ai oublié mon porte-monnaie !

Elle semble avoir oublié que je suis au courant, et que son mensonge est inutile.

— J'arrive, Meryl Streep. Je serai là dans dix minutes. Est-ce que Tom sait que je viens ?

— Oui, chuchote-t-elle. Il m'a demandé de tes nouvelles. Dépêche-toi, il y a du monde dans la salle d'attente.

J'attrape le porte-monnaie d'Helen sur la table, franchis la porte comme une tornade et saute dans ma voiture. On se croirait dans *Starsky et Hutch*, sauf que je suis plus sexy. Le cabinet n'est qu'à quelques rues, mais il pleut et je décide d'affronter les sens interdits infernaux pour éviter de me mouiller les cheveux. Andie MacDowell a certes réussi à se dégotter un mec en bravant un temps de chiotte, mais je ne vais pas prendre le même risque. Je me gare juste derrière la voiture d'Helen et entre en courant dans le cabinet, sonnant tout de même pour annoncer mon arrivée. Je fouille du regard la salle d'attente immaculée, mais Helen n'est nulle part.

— Je peux vous aider ? me demande la réceptionniste d'un air revêche.

Son badge indique qu'elle s'appelle Margaret. Elle doit haïr cette sonnette… Son chignon est si serré que j'ai mal à la tête pour elle.

— Bonjour. Oui, je cherche ma sœur. Je lui apporte son porte-monnaie.

— Et elle a un nom, votre sœur ?

— Pardon. C'est Helen Walsh.

Je lui adresse mon sourire le plus aimable, mais elle garde un visage fermé. J'admire son obstination à faire la gueule. Elle me fait penser à l'infirmière de *Vol au-dessus d'un nid de coucous*.

— Elle est aux toilettes. Je peux lui donner le porte-monnaie si…

— Non, je vais l'attendre. Je vous remercie.

Elle se remet à taper et je m'assieds à côté d'un homme qui a la main posée sur sa mâchoire enflée. Après cinq minutes à écouter le « tic-tac » de l'horloge murale, je vois enfin arriver Helen, qui se jette dans mes bras comme si je venais de lui promettre de rembourser son crédit immobilier.

— Prends ton temps, lui dis-je à l'oreille. Tom est sans doute avec un patient. Je ne pars pas tant qu'il ne m'a pas vue. Il faut que je l'ignore, comme ça, il va m'appeler !

Helen se met à fouiller parmi ses cartes de crédit le plus lentement possible. La réceptionniste ne nous quitte pas des yeux, l'air plus glacial que jamais. Helen est bien obligée de finir par payer les 10,20 £ du détartrage dont elle n'avait pas besoin, et qu'elle a subi par amour pour moi.

Tout espoir est en train de me quitter lorsqu'une porte s'ouvre. Tom apparaît derrière une femme à la bouche gonflée, qui essaie de payer auprès de Margaret. Il semble heureux de me voir.

— Cat, je savais que tu allais passer ! J'ai dit à Helen qu'elle pouvait payer la prochaine fois, mais elle a insisté pour t'appeler.

— Ça ne me dérangeait pas.

Je remets mes cheveux derrière mon épaule d'un geste de la tête et lisse mon chemisier. Je le vois jeter un regard vers mon décolleté. Bing ! Je l'ai eu !

— Tu étais jolie. Euh… tu es très jolie.

Il bute sur les mots. La température est en train de monter. Je me tourne vers ma sœur, qui nous contemple avec un sourire béat. Il faut que j'y aille avant d'avoir eu le temps de faire une boulette.

— Helen, on ferait mieux de partir. Le devoir m'appelle.

— Ah bon, quel devoir ?

— Tu ne te souviens pas ? Ma réunion ?

Pff, elle est lente à la détente !

— En tout cas, c'était agréable de te voir, Tom. Merci. Et j'adore ta blouse, reprends-je.

Je tourne les talons et m'éloigne en roulant du cul pire que Marilyn Monroe. Je commence à soupçonner cette mascarade débile de marcher…

J'ai le temps de faire un saut à la maison avant d'aller chercher Grace à l'école. Juste quand je franchis le seuil, mon téléphone me signale l'arrivée d'un texto. J'appuie sur l'icone, au comble de l'excitation.

Alors ?

Oh non, c'est Dylan…

Nous engageons la conversation.

Je viens de rentrer chez moi. Je crois que ça s'est bien passé. On verra bien.

Le livre a déjà fait ses preuves. Il va t'appeler. Cesse d'être négative.

J'ai envie d'enfoncer la main dans le téléphone pour l'attirer ici en le tenant par les couilles.

Ton livre est un tissu de conneries. Je le vomis. Tu comprends ? Je hais ton livre à la con !

Il ne répond pas tout de suite. Je commence à me dire qu'il est vexé, mais l'écran se rallume.

Si tu as des difficultés à comprendre, viens demain et je t'expliquerai point par point. Je vais faire ton éducation, petit scarabée.

Va te faire foutre, Maître Po. Je ne remettrai pas les pieds dans ton baisodrome. Et si ça se trouve, Tom va m'inviter à dîner mercredi.

Mon téléphone sonne. C'est Dylan. Mais ce n'est pas de lui que j'attends un appel, bordel!

— Même s'il t'invite, ne te précipite pas. Il faut qu'il croie que tu as une vie bien remplie. Quelle est ta date butoir pour ta chronique?

— Vendredi, au plus tard. Et une fois de plus, je trouve cette règle stupide.

J'ouvre le frigo pour prendre un yaourt.

— Pourquoi ça?

— Parce qu'être à fond n'est pas un défaut!

— Bon, d'accord, tu peux le voir jeudi, dans ce cas.

— J'ai une gamine, bordel de merde! dis-je en avalant une cuillerée de yaourt. Je ne peux pas me barrer tous les soirs.

— C'est quoi, ce bruit? Tu es en train de manger?

— Oui.

— Beurk, tu es encore pire que ce que je croyais. Tu avales quoi? De la soupe? J'entends le métal cogner contre tes dents. Ne fais pas ça avec Tom.

Je donne un grand coup avec ma cuillère sur le micro du téléphone.

— Tu es odieux. Et c'est un yaourt! Le yaourt, ça ne fait pas de bruit! Il n'y a que toi qui sois capable d'entendre quelqu'un manger un aliment si discret.

— Écoute, Cat, on a passé un accord et j'ai promis de t'aider à respecter les consignes. Sois là mercredi à 19 heures. Apporte le livre. Si tu ne te souviens pas de l'adresse, envoie-moi un texto.

Il raccroche et je me consacre à mon yaourt. Bien que ça me chagrine de retourner dans son appartement, je vais en finir avec ces conneries de *Règles de la Séduction* une fois pour toutes. Il est tellement énervant, tellement certain d'avoir toujours raison !

À ce moment-là, le miracle se produit : Tom m'envoie un texto.

Ça m'a fait plaisir de te voir. Dommage qu'on n'ait pas pu parler plus longtemps. Je peux t'inviter à dîner mercredi soir ?

Je suis sur le point de répondre « Oui, oui, oui, mille fois oui ! » quand je m'arrête pour réfléchir à la situation. Dylan a vu juste. J'ai joué le jeu et Tom a envoyé un message. Exactement comme Dylan l'avait prédit. C'est dingue, ce truc... Je laisse passer deux minutes et réponds comme si je m'en fichais. C'est ce qu'il faut faire, pas vrai ?

Je ne peux pas mercredi. Très occupée. Tu serais libre pour déjeuner jeudi ?

Il répond aussitôt.

Super. Treize heures, ça te va ? Je nous trouverai un endroit sympa.

Je suis tellement contente que je saute de joie et me renverse du yaourt sur le chemisier. La classe. J'ai bel et bien besoin de coaching.

Mercredi, je vais chercher Grace à l'école à 16 heures, plus tard que d'habitude : ayant décidé d'essayer le foot, elle participe à un match après la sortie, dans le gymnase. Lorsqu'elle monte dans la voiture, je vois à sa tête que ça ne s'est pas très bien passé.

— Ryan Rogers m'a tapé dans le tibia en voulant shooter dans le ballon. La dame du bureau m'a mis un sparadrap.

— Ooh, ma chérie… Ça va ? Ça fait très mal ?

Je regarde sa petite jambe et souris devant le bonhomme dessiné sur son pansement.

— Ça pique juste un peu. J'ai pas pleuré. Ryan m'a dessiné ça pour s'excuser. Je crois que c'est mon amoureux maintenant, mais en fait j'ai pas encore décidé.

Je me demande si « Laissez-le vous donner un coup de pied dans le tibia puis dessiner sur votre pansement » est indiqué quelque part dans *Les Règles d'Or de la Séduction*. En tout cas, ça semble marcher pour ma fille.

Un coup d'œil à ma montre m'apprend que je vais être en retard pour mon rendez-vous avec Dylan à la clinique de l'amour.

— C'est bien. Écoute, Grace… je vais te déposer chez papa tout de suite. On n'a pas le temps de repasser par la maison.

Lorsque nous arrivons chez Peter, il ne se donne pas la peine de venir nous ouvrir. C'est Emma qui nous accueille, tout de noir vêtue avec sa tête habituelle de déesse des ténèbres.

— Bonjour, Emma. Grace a fait ses devoirs, mais elle doit reprendre les maths. Elle bloque sur la division.

— Oh, pas de problème. Elle a de la chance, je suis la reine des maths.

En voilà, une façon intéressante de se désigner ! Et quoi, encore ? La Grande Prêtresse de la Grammaire ? L'Alchimiste de l'Algèbre ? À ma grande surprise, Grace trouve ça drôle. J'en viendrais presque à me demander si c'est vraiment ma fille.

Je remercie Emma poliment avant d'embrasser Grace et de reprendre mon chemin vers chez Dylan, un peu agacée à l'idée de passer mon unique soirée de liberté de la semaine à étudier ce stupide bouquin. Je me souviens parfaitement de son adresse, mais je lui envoie tout de même un texto, juste pour le persuader que cette fameuse nuit n'est pas gravée en lettres de feu dans ma mémoire.

Dans la lumière du début de soirée, sa rue semble plus jolie que dans mon souvenir. Des jardins communs bien entretenus s'ouvrent sur le trottoir d'en face, et le restaurant que j'avais remarqué la première fois paraît à présent élégant. Je sonne à l'Interphone et il déclenche l'ouverture de la porte.

Une fois en haut de l'escalier, je l'aperçois sur le seuil, en jean et chemise à carreaux, sourire aux lèvres. Ce même sourire séduisant dont il avait usé ce premier soir.

— Salut, Cat. Ravi que tu aies pu te libérer.

— Je suis là contre mon gré, tu sais, dis-je d'une voix forte en entrant. On a fait ça, ici. Revenir pourrait déclencher toutes sortes de catastrophes. Cet appartement pourrait causer ma perte.

Dylan éclate de rire en me conduisant au salon.

— Tu as apporté le livre, espèce de folle ?

Bordel !

— Ah merde, non. Je l'ai laissé à la maison.

Il me gratifie d'un regard réprobateur avant de se diriger vers sa bibliothèque et de me faire signe de m'installer sur le canapé.

— Cat, je suis parfaitement conscient que nous « avons fait ça », mais je suis certain que nous parviendrons à nous contrôler cette fois-ci.

Il cesse de fouiller l'étagère pour m'adresser un regard interrogateur.

— À moins que tu en aies envie, bien sûr ? reprend-il. Je veux dire, c'était franchement bien…

— Il n'en est pas question ! Quand j'ai couché avec toi, j'ignorais que tu n'étais qu'une pauvre merde. Maintenant, j'ai Tom. Un homme très gentil et… honnête.

— Je te taquine. Détends-toi. Je ne me souvenais pas que tu étais si coincée.

Super, maintenant je me sens bête. Je croise les jambes et reste silencieuse. Sur la table traînent une bouteille de bière et une boîte de pizza à emporter. Quel porc…

— Ça y est, je l'ai ! annonce-t-il en apportant un exemplaire des *Règles d'Or de la Séduction* pour s'asseoir près de moi. Je savais bien que j'en avais un quelque part…

Je lui prends l'ouvrage des mains.

— Comment peux-tu n'avoir qu'un seul exemplaire de ton bouquin ? Si j'en écrivais un, je m'en ferais des fauteuils en les empilant et je tapisserais les murs de ma chambre à coucher avec les pages.

— Pff, ça fait cinq ans que je l'ai écrit. C'est du passé, tout ça. Quand j'ai cessé de m'intéresser à l'écriture, je me suis lassé.

— Serais-tu en train de te confier à moi, Dylan ? Vas-tu me révéler un sombre secret ? Est-ce qu'un méchant monsieur a tué ta créativité ?

— Non, j'essaie juste de faire la conversation. Je vais reprendre une bière avant qu'on s'y mette. Tu en veux une ?

— D'accord, mais une seule. Je conduis.

Je feuillette le livre pendant qu'il s'éloigne vers la cuisine.

— Il me faut des trucs à grignoter pour absorber l'alcool ! crié-je dans son dos.

La moindre des choses serait qu'il me nourrisse.

Son livre est certes minable, mais je ne peux m'empêcher de l'admirer de l'avoir écrit. Pour ma part, c'est tout juste si j'atteins mon quota de mots chaque semaine. Il revient et me tend un paquet de chips et une bouteille de Budweiser avant de trinquer avec la sienne.

— À l'aide que je vais t'apporter avec Tim.

— Tom.

— C'est pareil. Et aussi, aux erreurs que je vais te permettre d'éviter et…

J'ouvre mes chips, et le bruit qu'elles font en craquant dans ma bouche m'empêche d'entendre la fin de la phrase.

Nous décidons de discuter du livre chapitre par chapitre, en commençant par les règles principales, l'idée étant d'aborder les points les plus délicats par la suite. Ça fonctionne pendant environ vingt secondes avant que le ton monte. C'est bien simple, il ne veut pas reconnaître qu'il ne raconte que des conneries.

— Dylan, ça n'a ni queue ni tête. Regarde ça, par exemple : « Règle 4 : ne le harcelez pas. Les hommes n'aiment pas autant bavarder ou envoyer des textos que les femmes. » C'est n'importe quoi ! Je connais plein de mecs qui sont accros aux textos !

— C'est bien connu, les femmes ne lâchent pas les hommes au téléphone, objecte-t-il en secouant la tête. Elles n'arrêtent pas… « Qu'est-ce que tu fais ? », « Je pense à toi », « Regarde ce chien que j'ai vu au parc ». Les hommes ont horreur de ça. Il faut arrêter d'appeler ou d'envoyer des textos, sinon il ira voir ailleurs, je te le garantis.

— Ailleurs ? dis-je en riant. Il va la trouver où, la fille qui n'a pas de téléphone ? Ou de voix ? Si un homme nous plaît, on a envie de lui parler. Où est le mal ?

— Ça fait trop pot de colle. Il faut qu'il se demande où tu es, ce que tu fais… Si tu lui envoies des smileys à longueur de journée, il saura que tu n'as rien de plus intéressant que lui dans ta vie.

— Tu vois, c'est ça ton problème. Dans ton bouquin, on dirait que toutes les femmes sont identiques.

— « Règle 8 : acceptez-nous comme nous sommes », lit-il. *Franchement !*

Il ouvre une nouvelle bouteille de bière.

— Ça arrive tous les jours, pourtant, Cat, reprend-il. Tu serais étonnée. Vous nous reprochez notre boulot, notre coupe de cheveux, nos goûts en matière de chaussures ou le fait que nous aimons autant le plaisir solitaire qu'à deux. Les femmes ne sont pas parfaites non plus, mais les hommes l'acceptent plus facilement. La meilleure façon de faire fuir un homme, c'est de lui dire qu'il n'est pas assez bien.

La conviction avec laquelle il me raconte ça éveille mes soupçons. Se serait-il fait emmerder par quelqu'un qui n'aimait pas sa coupe de cheveux ? De toute évidence, on a dû lui reprocher de se branler trop souvent.

Il voit bien que je me pose des questions.

— Mettons-nous au travail, suggère-t-il pour me couper l'herbe sous le pied. On n'avance pas, et tu as une date butoir. Alors, quand est-ce que tu vois Tom ?

— Comment tu sais qu'on a été en contact ? Oh, pas la peine de me regarder comme ça. D'accord, on déjeune ensemble jeudi. Et je sais comment me tenir : ne pas trop parler, ne pas zapper le plat pour manger seulement un dessert, ne pas déclarer tout d'un coup que je veux me marier en été… tout ça, quoi.

Il se tourne sur le canapé pour me faire face.

— Euh… le livre n'évoque pas la possibilité de ne manger que le dessert. Je trouve ça plutôt mignon, en fait, confie-t-il en riant. Même lors d'un deuxième rendez-vous.

Je bois un peu de bière.

— Si on compte le rendez-vous à l'aveugle organisé par ma sœur, ce sera le troisième… vite, la règle pour le troisième rendez-vous !

— Règle numéro 1, calme-toi, me tance-t-il en me prenant la bouteille des mains. Numéro 2, c'est ma bière.

Putain, quel con.

— Et numéro 3, il n'y a pas de règle spécifique pour le troisième rendez-vous, conclut-il. Il y en a plus pour le cinquième. On peut embrasser au troisième rendez-vous, mais pas de mains baladeuses, surtout pas dans le pantalon, pas de cochonneries avec la bouche, et on ne se déshabille pas, surtout pendant le déjeuner. Fais-le attendre. S'il est déjà accro lorsque vous couchez ensemble pour la première fois, les chances qu'il veuille te revoir augmentent.

— J'ai l'impression d'entendre ma mère !

— Dans ce cas, ta mère est un puits de sagesse.

— Était…

Silence gêné. Je n'aurais pas dû dire ça. Ça ne le regarde pas.

— Oh, je suis désolé, murmure-t-il. Je peux te demander ce qui lui est arrivé ?

— Un accident de voiture, il y a dix ans. Je n'ai pas envie d'en parler.

— Je comprends.

Je vois bien qu'il n'a plus envie de se disputer avec moi. Il ne serait quand même pas en train de devenir un mec bien ? Ce ne serait pas drôle ! Je me lève pour aller aux toilettes.

— Je reviens dans une seconde, et on pourra s'y remettre.

Sa salle de bains, dans des tons bleus et gris, est chaude et accueillante, mais ce n'est pas le cas de la lunette des W.-C. Je fais pipi en un temps record puis jette un coup d'œil dans l'armoire à pharmacie tout en me lavant les mains. Rien de particulier : des préservatifs (sans surprise), des antalgiques, un bonnet de douche avec des bananes (mais quel abruti !) et des pansements. Il n'a pas de baignoire, mais une cabine de douche qui doit avoir coûté une fortune. J'imagine qu'elle a été le lieu de nombreuses scènes de sexe savonneuses au fil des ans.

En retournant au salon, je le trouve étalé sur le canapé, en train de jouer avec son téléphone. Il me voit, se redresse et jette l'appareil sur la table basse.

— Tu as pris le temps de farfouiller ?

— Pas mon genre. On s'y remet ? Je n'ai pas envie de rester plus longtemps que nécessaire.

— Assieds-toi et arrête de faire comme si tu passais un moment affreux, dit-il en enlevant ses jambes du canapé pour me faire de la place. Alors, où on en était ? Ah oui, le prochain rendez-vous. Comme je te le disais, cette fois-ci, l'ambiance peut être plus détendue, mais il y a des sujets que tu dois absolument bannir.

— Par exemple ?

— Le mariage… les enfants… Bien sûr, tu peux lui parler un peu de ta fille, mais ne le soûle pas.

Je claque la langue. Ma fille est un sujet de conversation passionnant.

— Et aussi, l'avenir. Ne parle pas de l'avenir. Ça lui ferait croire que tu es déjà en train de réfléchir à ta robe de mariage et de faire des plans.

— OK, on n'évoque pas le futur, j'ai compris. Est-ce qu'on peut quand même parler de *Retour vers le Futur*? Ça passe?

— Seulement le 1, répond-il avec un sourire. Les suivants sont moins bien. Ah oui, évite aussi de mentionner les régimes, de lui raconter tes rêves ou tes besoins biologiques...

— Mes besoins? dis-je en riant. Tu veux dire, péter, faire caca ou pipi?

— Faire pipi... On dit uriner.

— Pas quand on a un enfant en bas âge.

— Tu ne prends pas cette histoire au sérieux, je me trompe?

— Tu ne te trompes pas. Pour une fois.

— Laisse tomber... Bon, dans ce cas, je vais devoir te dicter exactement ta conduite.

Il me communique un plan « troisième rendez-vous » très élaboré. Lors d'un déjeuner, on peut se montrer plus détendu, mais je ne dois en aucune circonstance me comporter comme je le ferais avec des amis. Je ne dois pas passer du statut de personne polie et réservée à celui de bonne femme qui prend des selfies et des photos de son entrée tout en jurant comme un charretier, ce qui semblerait être mon cas. Je peux proposer de régler la note pour montrer que je n'en ai pas après son argent, mais il devrait refuser. Le contraire montrerait qu'il n'a plus de désir de m'impressionner, et je devrais me débarrasser de lui aussitôt. Quoi qu'il arrive, je ne dois pas me montrer sous mon jour habituel, c'est-à-dire sarcastique et sceptique.

— Tu as bien tout compris, Cat?

— Je ne prends ni selfies ni photos de mon entrée, dis-je entre mes dents. Du plat principal, peut-être. Et oui, j'ai bien tout compris. Mais ça va me demander beaucoup d'efforts.

Je me lève avec un soupir.

Il me regarde avec surprise.

— Qui a dit que ce serait facile ? Je veux dire, j'imagine que ce type en vaut la peine ?

— Bien sûr qu'il en vaut la peine ! réponds-je sèchement. Il est très beau, il a très bien réussi dans la vie, il m'apprécie, et de toute évidence, il est très, très intelligent. Maintenant, si tu n'as rien à ajouter, je dois y aller.

J'attrape mon sac à main sur le canapé.

— Déjà ? Je pensais que tu resterais bavarder un peu ?

— Ça fait une heure que je suis là, et il est temps que je me couche. Est-ce que je peux emporter ton bouquin, au cas où je perdrais le mien ?

— Bien sûr. Je t'ai dit que ce chemisier t'allait très bien ?

— Je sais. Mais ce n'est pas pour toi que je l'ai mis. J'ai vu Tom, tout à l'heure.

— Pas étonnant qu'il t'ait invitée à déjeuner… merde alors.

— Arrête de me draguer… Et surtout, arrête de mater mes seins !

Dylan lève les yeux vers mon visage et me reconduit à la porte.

— Tu as raison, je te présente mes excuses. C'était un plaisir, Cat, comme toujours. Tiens-moi au courant de la suite des événements. Ah, encore une chose…

Je me retourne, et il s'approche. Je recule d'un pas, dos à la porte. L'odeur discrète de son après-rasage me donne des frissons. Il se penche vers moi pour murmurer dans mon oreille.

— Sois gentille dans ta chronique, cette semaine.

Il ne s'écarte pas tout de suite, sa bouche toujours près de mon oreille. Son corps est collé au mien et en cet instant je sens, pressée contre ma hanche, la nature exacte de ses pensées. Tout le scénario de ce jeu de pouvoir l'excite, mais je suis bien décidée à abandonner Dylan et son érection seuls dans le couloir. Il n'aura pas le plaisir de coucher avec moi une deuxième fois, malgré son délicieux parfum. Je fais un pas de côté et mets la main sur la poignée de la porte.

Même s'il semble un peu surpris que je ne lui arrache pas ses vêtements pour m'empaler sur lui ici et maintenant, il ne cherche pas à me bloquer le passage.

— Contrôle-toi. Tom me plaît. C'est tout l'enjeu de l'histoire, tu te souviens ?

— C'est ça, réplique-t-il en riant. Il te plaît tellement que tu n'as pas parlé de lui une seule fois de toute la soirée. Bonne nuit, Cat.

Argh ! Il est tellement arrogant ! Alors qu'il referme la porte, je lui crie depuis la cage d'escalier :

— Tu as un ravissant bonnet de douche !

Deux minutes plus tard, je reçois un texto :

Sale fouineuse.

Tom m'annonce par message qu'il m'invite à déjeuner aux *Waverly Tearooms*, ce qui m'arrange bien parce que c'est près de chez moi. En plus, si je me retrouve à payer l'addition, ça ne me ruinera pas. Je suis toute impatiente en descendant Shawlands Cross vers le restaurant. Le soleil brille, les passants ont l'air de bonne humeur et j'ai mis mes nouvelles chaussures compensées violettes. J'aime tellement ces chaussures que je voudrais les mettre enceintes et les épouser. Alors que je passe l'angle de la rue d'un pas altier, j'aperçois Tom qui m'attend devant la porte, et je suis tentée de courir vers lui en espérant que, aussi content que moi de me voir, il me soulève du sol pour me faire tournoyer. Mais je me retiens. Les talons compensés ne sont pas les meilleurs alliés des grandes cavalcades, de toute façon. Cependant, son visage s'illumine lorsqu'il me voit, et c'est déjà pas mal.

— Dis donc, tu es superbe ! Très jolie.

Je le remercie avec grâce. Lui aussi est beau dans son costume – vraiment – mais il ne peut pas me battre sur le terrain de la tenue. Je gagne haut la main.

— Cat, je suis désolé pour la semaine dernière. J'ai dû aller voir mon père, il s'est fait opérer du cœur.

Je vois bien à son expression que crier « Super ! Je savais bien que c'était pour une bonne raison ! » ne serait pas la meilleure réaction. Je me contente donc de lui répondre que je suis « désolée de l'apprendre », ce qui est vrai bien entendu, même si je suis également très heureuse de découvrir que son absence n'avait rien à voir avec le fait que le respect des règles d'or me rende chiante comme la pluie.

— Merci. Il va s'en sortir. Kathryn, mon ex, nous a été d'une aide précieuse. Elle consacre encore beaucoup de temps à ma famille.

Son ex s'appelle Kathryn ? Voilà qui est merveilleux.

Nous nous installons en terrasse. Tom tire ma chaise pour moi. Je consulte la carte tandis qu'il continue à discourir sur les innombrables qualités de son ex-femme, qui semble être un ange de dévouement. Un ange capable de me gâcher mon troisième rendez-vous sans même en avoir l'intention. Il faut que j'attire l'attention de Tom.

— Je meurs de faim ! dis-je, faute de mieux. Si on commandait ?

— Bien sûr. Excuse-moi, je ne fais que parler. J'ai passé une semaine affreuse...

Super, je viens de me transformer en l'une de ces femmes compliquées à vivre, qui ne s'intéressent à rien d'autre qu'à leur déjeuner. Il faut que je me rattrape, d'urgence. Je pose la main sur la sienne.

— Ne sois pas idiot. Je suis ravie de t'écouter, mais je sais que tu vas bientôt devoir retourner au travail.

Avec un sourire, il regarde nos mains. Je viens de marquer un point, mais il faut encore assurer pendant tout le repas.

Je me retiens de lui poser des questions indiscrètes devant mon sandwich club. Pourtant, Dieu sait que j'aimerais savoir s'il a déjà sauté une patiente sur son fauteuil de dentiste, s'il a toujours des sentiments pour son ex, et combien lui a coûté sa dentition parfaite. Nous devisons donc de la météo, de sa vie à Londres, de la mienne à Glasgow, et de tout autre sujet qui entre dans les clous du putain de bouquin de Dylan. C'est-à-dire rien de sexuel, rien qui concerne le mariage, l'avenir, les enfants à naître, le cul qui gratte, les demoiselles d'honneur, les nouilles instantanées ou les boutons. Par sécurité, j'essaie aussi d'éviter de parler de mon travail, pour qu'il ne soit pas tenté de lire le magazine. Je m'efforce de lui donner l'impression que je suis copine comme cochon avec Peter, et que nous avons l'un pour l'autre un grand respect ainsi qu'une profonde compréhension.

Pendant tout le déjeuner, je passe maître dans l'art de la conversation, et ça marche. Il va jusqu'à me toucher de nouveau la main en prenant momentanément congé pour aller aux toilettes.

En le regardant s'éloigner, je calcule que je dispose de trois minutes maxi pour annoncer à Kerry par texto qu'il vient de m'effleurer la main.

Je suis avec Tom. On s'est touché la main. J'ai l'impression d'avoir 15 ans. Je me sens comme Molly

Ringwald dans *Rose bonbon*, mais sans l'horrible robe de bal faite maison.

Le temps de taper tout ça, je l'aperçois qui revient et je panique. En toute hâte, je clique sur « envoyer » avant de jeter mon téléphone dans mon sac comme s'il me brûlait. S'il me voit faire, il s'abstient de le mentionner.

— Cat, je suis désolé mais je dois retourner à la clinique. J'ai passé un super moment. Comme toujours.

Je sors mon porte-monnaie et propose de payer, mais comme Dylan l'avait prédit, il refuse.

— J'avais dit que c'était pour moi. Et puis, c'était seulement des sandwichs et des cafés. Je t'en prie, laisse-moi régler.

Cette fois, je ne proteste pas. J'ai un peu envie d'informer Dylan tout de suite que ça s'est passé comme prévu, mais je préfère le laisser mariner quelques heures.

Je raccompagne Tom à sa voiture et décline sa proposition de me déposer, sous prétexte que j'habite tout près. En réalité, j'ai une terrible envie de péter, mais je m'abstiens de le lui dire, bien que ce soit vraiment pressant.

— J'aimerais continuer à te voir, Cat. Tu veux bien ?

J'accepte aussitôt, avec l'estomac qui se tortille en direction des poumons. Il me prend les mains.

— Tu es vraiment merveilleuse, Cat. Très digne. Mais j'ai envie d'en découvrir davantage. Qui est Cat ? Qui est la femme que je vois devant moi ?

À présent, mon estomac remonte tellement haut dans ma gorge que je n'arrive plus à respirer. Il ne vient pas juste de dire ça ? Dites-moi que ce n'est pas vrai… il n'essaie pas de m'embobiner comme une midinette ? Où va-t-il chercher des platitudes pareilles ? J'en ai les oreilles qui saignent.

Les mains toujours dans les siennes, je baisse les yeux, de peur de lui rire au nez. Peut-être que c'est l'anxiété qui le fait dérailler, et si au contraire il est vraiment comme ça, je suis sûre que je pourrai le faire changer lorsque…

Règle 8 : acceptez-nous comme nous sommes.

Oh, ta gueule, Dylan.

— Moi aussi, j'ai envie de te connaître mieux, Tom, réponds-je en faisant de mon mieux pour être diplomate. Il faut juste que je voie quand je peux faire garder Grace la prochaine fois.

Il se penche pour m'embrasser. C'est plutôt agréable. C'est le genre de baiser qui ne risque pas de déboucher sur des frissons pour moi ni une érection pour lui, mais il a les lèvres douces et ne tente pas de me faire perdre la tête à grands coups de langue.

— À la prochaine, ma jolie.

Il monte dans sa BMW et met le contact. Je pète et le maudis en même temps. Non sans lui faire de grands signes de la main comme la femme d'un soldat de la Navy au bout de la jetée. À peine a-t-il disparu au coin de la rue que j'appelle Kerry au bureau.

— Salut, Molly Ringwald ! s'écrie-t-elle. Comment ça s'est passé ?

— Il m'a appelée « ma jolie » ! Quelle horreur !

Le rire de Kerry me gagne.

— Non seulement il m'a appelée « ma jolie », mais en plus il m'a demandé « Qui est Cat ? » Franchement, j'avais envie de hurler.

— Quoi ? C'est vraiment trop drôle ! Et tu l'as laissé s'en sortir vivant ?

— Oui, j'ai pardonné. Mais il va falloir qu'il arrête ce genre de conneries. Comment est-ce que je pourrais m'abaisser à sortir avec quelqu'un qui parle comme ça ?

— Merde, ce serait plus facile de te donner des conseils si je savais à quoi il ressemble. Si ça se trouve, tu te trompes et il n'est même pas beau.

— Tu n'as qu'à taper « Cabinet dentaire à Southbank » dans un moteur de recherche. Il s'appelle Tom Ward. Il y a sa photo sur son site.

J'entends le cliquetis du clavier. Je me mets en marche vers chez moi. Mes chaussures violettes commencent à me faire mal aux pieds. J'aurais dû accepter qu'il me dépose.

— Bordel de merde. Non, tu ne t'es pas trompée. C'est vraiment lui ?

— Oui ! Tu comprends le problème ?

— Sale chanceuse. D'abord Dylan, et maintenant lui. Tu es vraiment en veine.

— Bon, en vrai, Dylan n'a pas craqué sur moi comme…

— Oh arrête, bien sûr qu'il a craqué sur toi, et c'était réciproque. Arrête de te prendre la tête. Si, si, tu te prends la tête ! Le fait que ce soit un connard mesquin ne change rien au fait qu'il ait été attiré.

— Et pour Tom, qu'est-ce que je dois faire ?

— Je ne sais pas. Tu crois que tu peux lui rendre la raison sur l'oreiller ? Peut-être qu'un peu de sexe vraiment hard lui ferait passer ses élans poétiques.

— Je suis bien décidée à le découvrir.

— Parfait. Écoute, je dois filer, mais je te rappelle dans un moment.

Elle me raccroche au nez et je poursuis mon chemin vers la maison, boitillant dans mes futures-ex-chaussures préférées.

L'école finit à 15 heures, et je retrouve Rose devant la grille. Nous décidons d'emmener les enfants dans une aire de jeux couverte, histoire de bien les fatiguer et de pouvoir bavarder tranquillement. À peine les portes de *Captain Clown's Play Emporium* franchies, nous sommes accueillies par une masse grouillante d'élèves de primaire et une puissante odeur de bâtonnets de poisson pané. Nous nous asseyons à côté d'une vieille dame à la mine horrifiée. De toute évidence, c'est par erreur que cette grand-mère a emmené ici son petit Johnny. Loin de se douter de ce qui l'attendait, elle espère maintenant qu'un petit malaise cardiaque vienne abréger ses souffrances.

— Tu ne trouves pas le nom de cet endroit complètement idiot ? demande Rose. Comment est-ce qu'on pourrait être en même temps capitaine et clown ? Tu veux un café ?

Elle s'éloigne vers le comptoir, me laissant méditer sur cette grave question. J'aperçois Grace au moment où elle disparaît dans la piscine à balles. Jason tente de traverser un pont de cordes, avec une seule chaussette aux pieds. De petites gouttes de sueur perlent sur son front. Rose revient avec le café et je lui montre son fils.

— Trop mignon, il se prend pour Indiana Jones !

— Oui, si Indiana Jones était un petit con de huit ans, réplique-t-elle avec un sourire en ouvrant un sachet de sucre roux. Ah oui, au fait, George rentre demain.

— Il reste combien de temps ? J'ai l'impression de ne pas l'avoir vu depuis un million d'années.

J'aime beaucoup George. C'est un bon gros géant avec une barbe touffue, qui aime la bière artisanale et les beignets de poulet. Apparemment, à la fac, Rose sortait avec Alan, le meilleur ami de George, et c'est lui qui les a présentés. Bien que cela fasse déjà neuf ans, je crois qu'Alan a toujours des sentiments pour Rose : il lui arrive fréquemment de passer les premières heures du jour à liker ses statuts Facebook pendant que tout le monde dort.

— Deux semaines entières. Du coup, on risque de ne pas beaucoup se voir, toi et moi, répond Rose en se remettant du baume à lèvres. Je vais le forcer à faire tous les trajets pour l'école, et en profiter pour faire des grasses matinées jusqu'à midi. Mais je m'occuperai quand même de Grace les deux lundis : je sais que tu bosses.

Jason s'approche pour réclamer du jus de fruit et se plaindre de Grace.

— Elle fait toujours tout en premier ! gémit-il en se laissant tomber sur une chaise. Je voulais sauter dans la piscine à balles d'abord.

Grace déboule au galop, assoiffée et sans se soucier le moins du monde que Jason parle dans son dos. Elle avale son jus d'orange cul sec avant de s'éloigner en criant :

— Qui va à la chasse perd sa place, Jason !

Jason se met aussitôt à hurler de chagrin. Rose le prend dans ses bras en faisant de son mieux pour ne pas rire. Quand enfin son fils repart, la démarche traînante, vers les toboggans, Rose me chuchote à l'oreille :

— J'adore ta gamine. Elle ne se laisse pas démonter. Telle mère, telle fille, pas vrai ? conclut-elle avec un clin d'œil.

Vingt minutes plus tard, je commande des pommes de terre au four pour les enfants, en me demandant si les granités sont toujours aussi délicieux que dans mon souvenir lorsque j'entends mon téléphone sonner pour signaler l'arrivée d'un texto. C'est Dylan.

Alors ? Comment ça s'est passé ?

Pff, aucune patience.

Te répondrai + tard. Occupée avec un truc très couette.
Vraiment ? Petite coquine... L'attente va me paraître interminable.

+ tard, je te dis !

Mais tu me parlais de ta couette...

C'est la correction automatique qui a merdé. Maintenant fous-moi la paix.

J'éteins mon téléphone et le range dans mon sac. Je sais bien que la seule raison pour laquelle Dylan veut le récit de mon rendez-vous avec Tom est la perspective de me rappeler combien ses conseils sont bons. Eh bien, il peut attendre encore un peu.

À 18 heures, nous décidons de rentrer. Grace finit ses devoirs pendant que je déblaie le champ de bataille qui lui sert de chambre. Heisenberg refuse de bouger pour me laisser faire le lit. En ouvrant le tiroir de son bureau pour y placer des crayons de couleur, je tombe sur une photo de Peter, Grace et moi, lors du premier Noël de Grace. Assis autour de ma vieille table, avec nos chapeaux de cotillon sur la tête, nous avons l'air heureux. Comme une famille normale. Plus je contemple la photo, plus j'ai mal. Pour Grace, ce n'est qu'une image de son père et moi, mais à mes yeux, c'est aussi un souvenir des espoirs et des rêves qui n'ont jamais abouti. Je la remets là où je l'ai trouvée avant de refermer le tiroir.

Dans l'espoir qu'il soit déjà endormi dans son lit, ou trop occupé dans celui de quelqu'un d'autre pour répondre, j'attends 23 h 30 pour envoyer un texto à Dylan. Bien entendu, je me garde d'évoquer la dégoulinade de mièvrerie dont m'a gratifiée Tom. Je ne vais pas tendre le bâton pour me faire battre…

Le rendez-vous s'est bien passé et il veut me revoir. Ce sera le quatrième rendez-vous, est-ce que je peux enfin prendre l'initiative ?

Il répond sans tarder.

Tu n'as qu'à lire ton putain de livre.

Avec un soupir, je le sors de mon sac et le feuillette sans enthousiasme. Même pour passer mon diplôme, je n'ai pas étudié autant.

À partir du quatrième rendez-vous, vous devez vous montrer plus ouverte vis-à-vis de l'homme que vous fréquentez. Révélez-vous davantage, mais laissez-le tout de même sur sa faim. Il est trop tôt pour essayer de prendre les rênes.

Mais pourquoi ?! Pourquoi faire traîner cette mascarade stupide ? J'ai besoin qu'on m'explique, et je me décide à appeler Dylan. Je vais lui faire payer le fait de m'énerver à une heure pareille. Il répond d'une voix ensommeillée.

— Salut, Dylan. Est-ce que je te réveille ? Tant mieux. Alors, à propos du quatrième rendez-vous… Tu dis que je ne peux pas encore l'inviter, mais pourquoi ? Qu'est-ce qui m'en empêche ?

— Cat, il est minuit. C'est exactement pour ça que le livre préconise de ne pas appeler les hommes.

— Oh, tiens-toi un peu. Ça concerne les hommes avec lesquels je veux sortir, pas les auteurs qui ont promis de m'aider après m'avoir menacée de foutre en l'air ma carrière.

Il se tait un moment.

— Écoute, on… Et par « on », j'entends, nous, les hommes. On a besoin de se sentir aux commandes. Si vous suggérez un endroit pas terrible, on ira, mais on vous en voudra et on doutera de votre jugement.

— Le simple fait que je te parle montre déjà que mon jugement doit être remis en question.

— Oh bravo, Cat, c'est très mature ! Si tu te comportes comme ça lors de tes rendez-vous, ça ne lui prendra pas longtemps d'être fatigué du bruit qui sort de ce trou sous ton nez.

— Moi au moins, je n'ai pas de bonnet de douche avec des bananes.

— C'est ma sœur qui me l'a offert pour rigoler, OK ? Je l'avais complètement oublié !

— Mais pourquoi tu me cries dessus ? Eh, j'ai bien entendu ? Tu as des frères et sœurs ? Merde alors, j'aurais juré que tu étais enfant unique. Peut-être même que tu avais été élevé par des loups dans la forêt.

— Je raccroche. Va te coucher.

— Et…

Sans me laisser le temps de finir, il coupe la communication. J'ai horreur de ça. J'ai une énorme envie de l'embêter, alors j'attends presque une heure – pour être sûre qu'il soit endormi et incapable de répondre. Puis je lui envoie un dernier texto :

Et tu es né d'un chacal.

J'éteins mon téléphone. S'il répond, je vais rester réveillée toute la nuit à tenter d'avoir le dernier mot. Je me connais.

Le vendredi matin, au moment de partir pour l'école avec Grace, je croise le facteur sur le pas de la porte. Nous échangeons quelques politesses, j'admire sa moustache, et il me tend mon courrier, c'est-à-dire de la publicité, ma taxe d'habitation et une jolie enveloppe de la taille d'une carte. Je reste un moment à la contempler en me demandant comment j'ai pu oublier que c'était mon anniversaire.

— Je sais ce que c'est ! hurle Grace comme si j'étais très loin. Ouvre-la !

— C'est toi qui me l'as envoyée, mon trésor ?

Je commence à déchirer l'enveloppe, qui porte un motif de cloches gravé au dos. Des cloches ? Grace tire sur ma veste.

— Non, c'est papa ! Dépêche-toi, maman !

Des cloches pour le mariage. Oh, merde. Je sais ce que c'est. Je n'ai pas envie de l'ouvrir. Je voudrais faire comme si l'enveloppe était pleine d'araignées et d'anthrax et la détruire par le feu. Je regarde Grace qui tremble d'impatience de me voir découvrir enfin l'invitation pour le mariage de son papa. J'ai envie de lui expliquer combien c'est bizarre et gênant pour moi, et que son père aurait dû y réfléchir avant de me l'envoyer, mais je me retiens. Je lui adresse mon sourire le plus enthousiaste.

— On va être en retard à l'école, Grace. Monte vite en voiture, je vais l'ouvrir en chemin.

Je m'installe et mets le contact pendant que Grace boucle sa ceinture. Elle est tellement excitée que je suis bien obligée de décacheter le pli. D'une main prudente, je tire le carton blanc de son enveloppe, et me retrouve avec une pluie de petites étoiles argentées sur les genoux.

— C'est moi qui les ai mises ! couine Grace en extase. Je t'en ai donné plus qu'aux autres ! N'est-ce pas que c'est joli ? Maman, tu ne regardes pas… Regarde, maman ! La carte !

J'obéis, les yeux rivés sur le bristol satiné. L'avant est orné d'un motif floral subtil, ainsi que des mots « Peter et Emma, 21 novembre 2014 » en majuscules noires toutes simples.

À l'intérieur, on peut lire :

Peter Anderson et Emma Davies seront heureux
de vous avoir à leurs côtés pour la célébration
de leur mariage le vendredi 21 novembre 2014
à 11 heures.
Southside Church, Newmill Road.
Réception à partir de 19 heures à l'hôtel Hilton.

En cet instant, j'éprouve tout ce qu'on peut éprouver. Tristesse, jalousie, agacement, solitude, apitoiement sur mon sort, fringale. Tout ça.

Je referme la carte et fais de mon mieux pour sourire à Grace. J'ai le cœur qui bat à cent mille à l'heure.

— Quelle chance ! Je vais pouvoir te voir dans ta belle robe de demoiselle d'honneur ! En novembre, en plus ! C'est bientôt. Pourquoi est-ce que c'est tellement bientôt ? Est-ce que tu as chaud, Grace ? Moi oui. Allons vite à l'école.

J'ouvre ma fenêtre et desserre le frein à main, consciente que Grace me regarde à présent comme si j'étais cinglée.

— Il y a eu une annulation, c'est pour ça. Ça va, maman ? Papa pensait que tu ne voudrais pas venir, mais je l'ai forcé à t'envoyer une invitation parce que je savais que tu serais triste de louper ça.

Elle ramasse les étoiles sur mes genoux pendant que je conduis vers l'école. Je tourne à gauche au niveau de Queens Park, évitant de justesse une pie au milieu de la chaussée.

— Bien sûr que j'ai envie de venir, ma chérie ! C'est un grand jour pour tout le monde. Et tu sais que j'adore me faire belle. Ça va être sympa !

Sympa ? Mon ex vient de m'inviter à le regarder se marier. Ça va être terriblement humiliant. Pas question que j'y aille. Nous nous garons devant l'école juste quand la cloche sonne.

— On se voit à 15 heures, maman ! Je t'aime.

— Et moi je t'aime encore plus, Grace. Passe une bonne journée.

Je la regarde rattraper un petit garçon en gilet jaune, et entrer avec lui dans la cour. À peine a-t-elle disparu de mon champ de vision que j'appuie la tête sur le volant et pousse un soupir. Je reste dix minutes sans bouger, assise dans la voiture, concentrée sur ma respiration.

— Je ne comprends pas que ça te mette dans un état pareil.

Helen me rend l'invitation et continue à siroter son café sans réagir à mon expression qui dit clairement « Tu te fous de ma gueule ? ».

— Allons, Cat, reprend-elle. Ça fait des années que vous êtes séparés, Peter et toi, et en plus, tu étais au courant. Se marier en novembre, cela dit, drôle d'idée. Il va faire un froid de canard.

Je me masse les tempes. J'ai un début de migraine. Je commence à regretter d'avoir demandé à Helen de passer bavarder.

— Donc toi, tu ne trouves pas que m'inviter soit complètement saugrenu ?

— Si, mais je pense que tu y accordes trop d'importance. Grace a dû le harceler jusqu'à ce qu'il t'envoie un carton. Ça fait des années que vous cachez à Grace la haine que vous nourrissez l'un envers l'autre. Comment est-ce que

Peter pourrait lui expliquer que sa maman qu'elle adore n'est pas la bienvenue lors d'un grand jour comme celui-là ? Ou pourquoi tu refuses de te joindre à une journée qui est si importante pour elle ? Ce serait vraiment cruel…

Appuyée contre le dossier du canapé, je réfléchis à ce qu'elle vient de dire. Ça fait si longtemps que je considère Peter comme un connard qui fait ses coups en douce que je n'ai même pas envisagé qu'il pense simplement au bonheur de Grace.

— Tu dois avoir raison. Mais ça va être horrible de le voir épouser quelqu'un d'autre…

— Bordel, Cat, quand est-ce que tu vas enfin te décider à tourner la page ?! s'exclame Helen en levant les mains.

Je sursaute. Helen ne dit presque jamais de gros mots. Elle ramasse l'invitation et l'agite dans ma direction.

— Regarde ! Peter a tourné la page, lui. Tout le monde a tourné la page, mais toi, tu es toujours en train de te lamenter sur la perte d'un homme qui ne t'a jamais correspondu !

Je m'enfonce dans le dossier pour éviter de me prendre dans la figure le carton qu'Helen agite toujours devant moi.

— Peut-être qu'après avoir trouvé quelqu'un qui…

— Tu ne trouveras JAMAIS quelqu'un tant que tu te comporteras comme l'héroïne torturée d'un roman des sœurs Brontë.

— Tu es dure avec moi. On a eu un enfant ensemble. Peter était l'amour de ma…

— Je t'interdis de finir ta phrase. L'amour de ta vie, ça n'existe pas, c'est des conneries. Ce qui existe, ce sont des hommes que tu vas aimer pendant une certaine période, avec un certain degré de passion. Tu ferais mieux de songer au suivant plutôt que de pleurer sur le précédent.

Elle pose l'invitation pour me prendre la main.

— Si je suis dure avec toi, c'est parce que je n'ai pas envie que tu finisses comme maman. Quand papa a disparu, elle a totalement rejeté la possibilité de rencontrer un autre homme. Elle a fait de nous le centre de sa vie. Mais ce n'était juste ni pour elle, ni pour nous. Tu te souviens ?

J'acquiesce. Lorsque Helen est partie à la fac, seule ma présence a permis à maman de tenir le coup. Mais cinq ans après, lorsque mon tour est arrivé, elle m'a suppliée de ne pas m'installer dans une résidence étudiante. Peut-être que j'aurais dû rester, mais j'avais vraiment besoin de quitter le nid. Je suis partie à Manchester. Helen et moi, nous lui rendions visite aussi souvent que possible, mais je voyais bien qu'elle se sentait seule. Tout était immaculé chez elle. Ce n'était pas la maison de quelqu'un qui vit sa vie, mais celle d'une femme qui n'a rien d'autre à faire que le ménage.

— C'est tellement difficile, dis-je dans un soupir, les lèvres tremblantes. Et si je n'en sortais pas ? Si je restais seule avec Grace jusqu'à ce qu'elle parte ? Maman a peut-être réussi à le supporter, mais je n'y arriverai pas. Je ne veux pas d'une vie comme celle-là…

J'essuie une larme avant qu'elle ait le temps de rouler sur ma joue. Puis je me jette dans les bras d'Helen, qui me serre contre elle.

— Cat, tu trouveras de nouveau le bonheur, et quand Grace viendra te voir, elle verra ta maison pleine de vie. Ça ne sera pas un mausolée enseveli sous les souvenirs. Ne laisse jamais un mec t'abattre. Après tout, Peter n'est rien de plus que ça. Un mec parmi tant d'autres. Maintenant, reprends-toi, et fais-moi un café correct. Celui-ci a un goût de bitume.

Riant et reniflant à la fois, je lui prends sa tasse de bitume liquide des mains pour l'emporter à la cuisine. Je me sens épuisée, mais pleine d'espoir. Au diable le présent ! L'avenir sera meilleur.

The Lowdown Magazine
Samedi 8 novembre 2014

Est-ce enfin à moi de choisir ?
Dans le monde moderne, la séduction va dans les deux sens. Les décisions de couple se prennent ensemble, et entre tous ces choix importants et sans aucun doute excitants, hommes et femmes ont des conversations profondes, enlèvent leur culotte et se livrent avec bonheur à toutes ces activités agréables qui sont interdites selon *Les Règles d'Or de la Séduction.*
Je n'y suis pour ma part pas autorisée. Les seules décisions que j'ai le droit de prendre concernent ma tenue pour aller au rendez-vous de son choix, et à la fin, la manière de me débarrasser du cadavre de Monsieur quand je craquerai, ce qui est inévitable. Mais j'ai promis de respecter les règles jusqu'au bout, si amère soit la pilule, et je suis une femme de parole.
Malheureusement, un obstacle s'est dressé sur mon chemin : Monsieur X a mis bien trop de temps à organiser notre troisième rendez-vous, et j'ai dû débloquer la situation moi-même. Pourquoi ? Parce que ma date butoir n'attend pas, même pour un bel Anglais avec un corps de rêve et une chevelure de star.
Je dois le reconnaître : j'ai fait des choses dont je ne suis pas fière. Avec un peu d'aide de diverses personnes, j'ai débarqué sans crier gare sur son

lieu de travail avec un décolleté plongeant. Puis j'ai fait semblant d'avoir mieux à faire que de rester là, alors que j'avais en réalité passé toute la journée à manigancer ma venue. Ce n'était pas mon heure de gloire, mais ça a fonctionné. Le lendemain, nous nous sommes retrouvés pour le déjeuner.

C'était très agréable. J'ai pu bavarder de façon très légèrement plus intéressante (et lui s'est dévoilé bien davantage), et aucun de nous n'a éprouvé le désir de renverser la table pour s'engager dans un pugilat. Il n'est pas parfait, mais après tout, moi non plus.

Ah, est-ce que je vous ai dit qu'on s'était embrassés ? Eh bien oui, nos visages se sont touchés et il y a eu échange de salive, ainsi que promesse d'un autre rendez-vous. Je suis contente d'être moi, aujourd'hui !

Alors, que va-t-il se passer lors du rendez-vous numéro 4 ? Je ne suis toujours pas autorisée à choisir le restaurant, ni à lui révéler quoi que ce soit qui puisse lui donner envie de pleurer ou de vomir. Ah, et le sexe n'est pas permis non plus. Même un simple frotti-frotta tout habillés est proscrit à ce stade de la relation. J'espère que lui aussi, ça le tue.

Chapitre 13

Aujourd'hui, je suis de retour au bureau et contente de revoir Leanne, tout juste rentrée de vacances avec des coups de soleil et des tresses afro. À peine ai-je franchi la porte qu'elle se jette sur moi.

— Te voilà ! Je t'ai cherchée à la gare ce matin. Je viens de rattraper mon retard pour ta chronique, et j'espère bien que tu vas m'offrir une boîte de chocolats pour me remercier de t'avoir donné ce bouquin génial. Parle-moi de ce mystérieux Monsieur X, je veux tout savoir !

— Ça n'a rien de génial, Leanne. C'est une véritable torture. Et ça demande un sacré travail.

Je pose ma veste sur le dossier de ma chaise avant de m'asseoir.

— Je sais, convient-elle, la tête penchée d'un air de compassion. Il faut faire des compromis. Je me souviens de mes débuts avec Charlie. J'ai dû lui cacher que j'adore *The Big Bang Theory* ou que je regarde des extraits de *The Hit Girls* tous les jours, parce qu'il trouve ça minable.

— Mais *The Hit Girls* est le meilleur film du monde ! C'est complètement dingue… Pourquoi est-ce qu'on doit changer notre nature profonde pour plaire à un mec ?

Je me garde de lui dire que je suis du côté de Charlie sur *The Big Bang Theory.*

— Parce que vous êtes toutes cinglées ? suggère Gordon sans même lever les yeux.

— Non, parce que Charlie était plus important pour moi que des chanteuses trop rigolotes qui font des concours de chant avec des mecs sexy à tomber. Maintenant qu'on est ensemble depuis deux ans, il m'aime assez pour accepter que je tienne à elles presque autant qu'à lui.

Je me retourne pour découvrir Patrick et Gordon qui font semblant d'être plongés dans leur travail, mais ricanent comme des collégiens.

— Ce que je veux dire, reprend Leanne, c'est qu'une fois qu'il t'aimera, il se fichera que tu sois un peu originale. Tu dois juste t'arranger pour qu'il n'en découvre pas trop avant ce moment-là.

— Originale ? Est-ce que tu sous-entends que je suis bizarre ?

— Pas du tout ! proteste-t-elle.

— Si, si, marmonne Patrick.

— Tais-toi, Patrick. Tout ce que je dis c'est que tu es différente, et c'est pour ça qu'on t'aime. Pas un mot de plus, Patrick !

Patrick obéit, et sort du bureau avec sa tasse de café, la queue entre les jambes comme un basset penaud. Il déteste se faire engueuler par Leanne.

— C'est quand, le prochain rendez-vous ? Est-ce qu'il t'a appelée ? demande Gordon. Pour notre quatrième rendez-vous, j'ai emmené ma femme dans un hôtel à Aberdeen.

Je me retourne. Il est en train d'arracher des pages d'un journal.

— Contre son gré ?

— Pas du tout, répond-il, content de lui, sans cesser de déchirer les feuilles. Peut-être que ton bonhomme va te la jouer grande star. S'il pense qu'il peut en retirer quelque chose, c'est même probable. C'est ce que j'ai fait.

— Eh bien non, il n'a pas appelé. D'ailleurs, en y repensant, il ne m'a jamais téléphoné. Il envoie des textos, c'est tout.

— À l'époque, j'appelais la ligne fixe de Charlie quand il était au bureau, pour entendre sa voix sur le répondeur.

D'un même mouvement, Gordon et moi nous tournons vers Leanne. Penchée en arrière sur sa chaise, elle est occupée avec l'une de ses lentilles de contact.

— Ça m'a bien aidée. J'avais ma dose sans qu'il le sache. Sa voix ne te manque pas, quand tu es loin de lui ?

— Bien sûr que si ! mens-je.

Leanne correspond exactement au genre de femmes pour lequel Dylan a écrit son livre. Ces filles dont j'ai naguère affirmé qu'elles n'existent pas. Mais tout a changé. La vérité, c'est que je pense à Tom tout le temps, mais d'un autre côté, je rêve aussi de Jake de la série *Scandal*. Est-ce que pour autant, je harcèle leur répondeur en leur absence ? Pas spécialement.

Je quitte le bureau à l'heure du déjeuner pour réaliser une interview d'un comique particulièrement peu doué, qui a réussi contre toute attente à décrocher un prix au Edinburgh Fringe. Au bout de vingt minutes, je n'en peux plus. Je lui assène sans aucun scrupule qu'il est arrivé en retard à notre rendez-vous et que je dois aller chercher ma fille à l'école.

En rentrant avec Grace à l'appartement, je tombe sur Helen dans le couloir, avec une valise. Grace ayant besoin d'aller aux toilettes, je lui confie la clé.

— Helen, tu t'es fait virer de chez toi ?

Elle met un poing sur la hanche et me regarde, attendant que je me souvienne. Quand Adam apparaît à son tour, passeport à la main, ça me revient.

— L'Égypte ! Je croyais que c'était la semaine prochaine.

En réalité, j'avais totalement oublié qu'ils partaient.

— Tu t'es bien rattrapée, Cat, me taquine Adam. Notre vol est à 18 heures. Je suis vraiment content de me barrer d'ici pour une semaine. Tiens, en cas d'urgence.

Il me tend ses clés.

— Mais attention, Cat, les cas d'urgence, ce n'est pas de venir me faucher mes produits pour les cheveux, me sermonne Helen.

— Helen, c'était il y a sept ans, et que tu le veuilles ou non, c'était bien une urgence. J'avais des frisottis vraiment grotesques, cet été-là.

Ils me font la bise à la hâte et filent vers Charm el-Cheikh. Me voilà privée de baby-sitters, mais dotée d'un accès illimité à leur congélateur, toujours bien rempli.

Comme si devoir m'occuper de ma gamine vingt-quatre heures sur vingt-quatre pendant une semaine ne suffisait pas, je viens de me rappeler que demain soir, c'est la rencontre parents-enseignants. C'est-à-dire que je vais devoir faire semblant d'être super copine avec Peter pendant une heure entière pendant que nous discuterons des progrès de Grace. L'école m'a fait parvenir plusieurs cahiers que je dois regarder avant la réunion avec son institutrice, Mme Sharma. Après le dîner, Grace me présente fièrement son travail : il s'agit surtout de cahiers que je me souviens vaguement d'avoir couverts de film plastique à 1 heure du matin, et qui contiennent des problèmes mathématiques aussi ardus que trois fois trois, et des fichiers d'exercices que Grace a remplis avec un crayon qu'elle ne s'est pas donné la peine de tailler.

— Tu crois que tu vas avoir un bon bulletin ? Ou tu as martyrisé ta maîtresse avec ton crayon mal taillé et tes bêtises toute l'année ? dis-je en fouillant le placard à la recherche d'un dîner pour ce soir.

— Bien sûr que non ! répond-elle en gloussant de rire. Je l'adore. Elle a apporté un safari pour nous montrer. Je l'ai essayé.

— Tu veux dire un sari ?

— Oui. Il était doré. Elle est vraiment gentille. Avant, on avait Mme Fair deux jours par semaine mais elle est partie. Je la détestais. Elle nous criait tout le temps dessus sans raison. Kelly l'appelait Mme Enfer.

— J'aime bien Kelly.

À l'autre bout de la pièce, mon téléphone se met à sonner, et Grace va le chercher. Avant que j'aie pu crier que j'allais décrocher, elle le fait.

— Allô ? hurle-t-elle dans le micro. Maman, c'est Tom. Il veut te parler.

Je n'ai même pas le temps de me souvenir de qui il s'agit qu'elle m'a déjà lancé l'appareil. Une fois que je l'ai dans les mains, mon cerveau s'est remis en marche et c'est d'un geste nerveux que je l'approche de mon oreille.

— Bonjour.

Grace vient s'asseoir près de moi.

— Maman, c'est qui, Tom ?

— C'est un ami, Grace. Excuse-moi, Tom, je suis à toi dans deux secondes. Grace chérie, va jouer pendant que je suis au téléphone, d'accord ?

— Pourquoi tu es toute rouge, maman ? Est-ce que Tom est ton petit ami ?

— Arrête, Grace. Va jouer.

— Mais réponds, d'abord !

Bon sang. Je fais un geste ferme en direction du couloir, et elle s'éloigne en sautillant, non sans chanter à tue-tête.

— Maman, elle a un petit ami ! Maman, elle a un petit ami !

— Désolée, Tom. Pas toujours évident d'avoir de l'intimité.

— Pas de problème. Alors, est-ce que je suis ton petit ami ?

J'ai les joues en feu.

— Euh, ben… Désolée. Tu connais les enfants. Hum.

Putain, achevez-moi…

— Je te taquine. Je me demandais si on pourrait dîner ensemble mercredi soir ? C'est le jour où ta fille est chez son père, non ?

Tiens, tiens, il a écouté ce que je disais.

— En effet. Oui, ce serait bien. Tu sais déjà où tu veux aller ?

Je lui donne sans doute l'impression de ne pas être particulièrement bouleversée par le fait qu'on ait un nouveau rendez-vous. Parce qu'il ne me voit pas remuer le popotin sur le canapé. J'aimerais bien qu'il m'invite au nouveau restau thaï dans le West End.

— Ça te dirait de se voir à la maison ?

Ah, il a envie de coucher !

— Bien sûr. Chez toi ?

— En fait, je préférerais chez toi… Je t'aurais bien accueillie ici, mais le propriétaire a décidé de changer les radiateurs et l'appartement est dans un drôle d'état. Et ça me ferait plaisir de voir où tu habites.

Merde, ça ne m'arrange pas. Oh, et c'est le rendez-vous numéro combien, déjà ? Ai-je seulement le droit de faire l'amour maintenant ?

— Bonne idée ! dis-je d'un ton faussement joyeux. Tu apportes le vin, et je m'occupe du repas. On dit 19 h 30 ?

— Parfait. À mercredi !

J'ai toujours le téléphone contre l'oreille alors qu'il a déjà raccroché. Pourquoi est-ce que j'ai accepté ? Aurai-je la force de caractère de ne pas lui sauter dessus ? Et vais-je être capable de ne pas l'empoisonner avec ma cuisine ? Pire… que vais-je porter ?

— Grace, il te reste vingt minutes avant l'heure du bain !

— Maman, pourquoi tu cries ? demande Grace à qui mon ton hystérique n'a pas échappé.

— Je ne sais pas. Désolée. J'ai une petite question. Qu'est-ce que je sais faire pour le dîner, qui est bon ?

— Des nuggets avec du maïs en boîte, une omelette au jambon, des saucisses et de la purée.

Elle virevolte et s'élance vers sa chambre.

Des nuggets ? Je pressens une catastrophe. Je me lève d'un bond pour me précipiter vers ma bibliothèque dans l'espoir qu'un livre de recettes de chef vienne d'y apparaître par magie. Merde. On est lundi soir. J'ai quarante-huit heures devant moi pour devenir Jamie Oliver. Je cours vers la salle de bains afin de remplir la baignoire pour Grace. Comment me tirer de ce mauvais pas ? Que dit le livre à ce sujet ?

Dylan me répond aussitôt.

— Qu'est-ce qui se passe ? demande-t-il avec nonchalance. J'imagine que le prince charmant t'a téléphoné ?

— Oui, et je me suis retrouvée à accepter qu'il vienne dîner chez moi.

— Et c'est un problème ? Tu es dans ton bain ?

— Non, je prépare celui de Grace, et oui, c'est un problème. Que dois-je faire s'il s'attend à quelque chose de bon ? Remarque, je pourrais commander du chinois et…

— Non, pas de plats à emporter, Cat. Premièrement, ça montre que tu n'as fait aucun effort, et ensuite, il devinera que tu cuisines comme un pied.

— C'est faux !

— Dans ce cas, prépare un plat !

— Impossible, je cuisine comme un pied.

Je me cogne la tête contre le miroir de la salle de bains en signe de désespoir. Ça fait plus mal que je l'aurais cru.

— Écoute, tu as une gamine. Tu dois quand même cuisiner un peu ?

— « Cuisiner » est un bien grand mot. Je maîtrise l'ébullition, la cuisson vapeur, et je sais mettre un plat du commerce au four. Est-ce que ça compte ?

— Il y a bien des recettes que tu connais ?

— Euh... le pain grillé ?

— Demande à ta sœur de préparer le dîner.

— Helen est en vacances.

— Dans ce cas, tu es foutue.

Je me tape de nouveau le front contre le miroir.

— Dylan, je tiens à ce que tu sois conscient que sans ton livre, je commanderais une pizza avant de le mettre dans mon lit.

— Tout le monde peut faire ça, soupire-t-il. Le but, c'est de lui montrer que tu n'es *pas* tout le monde.

— Attends une seconde.

J'éteins le robinet pour appeler Grace. Elle surgit dans la salle de bains, toute nue, avec deux poupées et une théière.

— Je reviens dans une seconde, Grace, mouille-toi les cheveux.

Je me replie au salon.

— Tu es toujours là ?

— Cat, c'est quoi ton adresse ?

— Pourquoi ?

— Je vais venir t'aider.

— Mais il est tard. Et ma fille est là.

— Il n'est que 19 heures. Et ce n'est pas parce que tu es maman que tu n'as pas le droit d'inviter des amis.

— C'est vrai, mais...

— Soit je viens te montrer comment préparer une délicieuse bolognaise, soit tu te rabats sur un plat du commerce en croisant les doigts pour qu'il ne s'en rende pas compte.

— Tu me crois vraiment incapable de chercher une recette sur Internet ?

— Pas du tout. Mais j'imagine que la difficulté n'est pas de trouver une recette, sinon tu serais déjà aux fourneaux…

Il a raison. Un jour, j'ai essayé de faire une bûche pour le goûter de Noël à l'école, et Grace a refusé que je l'apporte au prétexte qu'elle préférerait mourir que de présenter un gâteau qui ressemblait à une énorme crotte aux fruits. Je cède à contrecœur et lui donne mon adresse.

— OK, je serai là dans une heure.

J'enfouis mon téléphone dans ma poche et me précipite pour retrouver Grace, qui par chance est toujours vivante et très heureuse de faire des éclaboussures dans son bain.

— Grace, j'ai un ami qui va passer dans un moment, alors j'aimerais que tu te couches tôt.

— Mais c'est pas le moment ! J'ai encore des heures devant moi.

— Pas des heures. Une heure. Tu peux lire ou t'occuper gentiment jusqu'à 20 h 30.

— Je peux regarder *La Reine des neiges* ?

— D'accord, à condition que tu ne chantes pas l'air du bonhomme de neige en boucle.

— Marché conclu.

Je m'occupe de son shampoing puis de son après-shampoing pendant qu'elle en fait de même avec ses poupées, versant l'eau avec sa théière pour les rincer. Il nous faut encore un quart d'heure pour qu'elle se lave les dents, enfile sa chemise de nuit, et récupère son DVD bien-aimé sous le cul du chat. Une fois qu'elle est bien installée, je sors de sa chambre et referme la porte.

— Laisse ouvert, maman. Heisenberg voudra peut-être sortir.

Je laisse le battant entrebâillé avant de me glisser dans la cuisine pour mettre un peu d'ordre. Je ne voudrais pas que Dylan se forge une mauvaise opinion de moi parce que je n'ai pas fait la vaisselle depuis deux jours.

Je le vois se garer dans la rue, pile à l'heure.

— En voilà, une belle Jeep, dis-je entre mes dents. Payée avec les âmes des femmes seules, j'imagine.

Je compte jusqu'à trois, respire un grand coup, et lui ouvre la porte.

— Bonsoir ! lance-t-il d'un ton joyeux en s'essuyant les pieds sur le paillasson. C'est par où, la cuisine ?

Il dépose deux sacs de courses sur la table et enlève sa veste.

— C'est joli, ici. Pas du tout comme je l'imaginais.

— Je préfère ne pas te demander ce que tu imaginais…

Je regarde ce qu'il a apporté. Les ingrédients sont nombreux : des bocaux de tomates bien rouges, des tomates-cerises, de l'ail, des oignons, et une sorte d'herbe verte. Je suis impressionnée.

Il roule ses manches avant de se laver les mains.

— J'imaginais un espace beaucoup moins coloré.

Je n'arrive pas à savoir s'il se moque de ma belle cuisine vert pomme, ou si elle lui plaît. Mais ça m'est égal. Il est ici pour cuisiner, pas pour commenter mon merveilleux intérieur.

Il vide les sacs puis ouvre les tiroirs au hasard pour en sortir des couteaux, des casseroles, et la planche à découper.

— Tu as de la musique ? demande-t-il en ouvrant un bocal de tomates. Il en faut pour cuisiner.

— Vraiment ? Eh bien, la chaîne est dans le salon, mais Grace dort. Je ne veux pas la réveiller.

— Tu en es sûre ? demande-t-il avec un signe de tête vers la porte de la cuisine.

Je fais volte-face pour découvrir Grace sur le seuil, dans sa robe de chambre rouge.

— Maman, j'ai soif.

— Je t'apporte à boire, retourne dans ton lit.

Elle s'approche de moi à pas de loup.

— C'est qui ? chuchote-t-elle en montrant du doigt l'homme occupé à émincer un oignon sur mon plan de travail comme si sa vie en dépendait. C'est Tom ?

Je tends un verre de lait à Grace. Dylan ricane.

— Non, ma chérie, c'est Dylan. Il m'aide à préparer des spaghettis bolognaise.

— Mais c'est l'heure de dormir. C'est bizarre.

— Je sais.

Dylan lâche son couteau, s'essuie une main sur un torchon, et la tend à Grace.

— Moi c'est Dylan. Tu dois être Helen, la sœur de Cat. Elle ne m'avait pas dit que tu mesurais moins d'un mètre cinquante.

Grace éclate de rire et lui serre la main.

— T'es bête ! Je ne suis pas Helen. Moi, c'est Grace. Cat est ma maman.

— Enchanté de faire ta connaissance, répond Dylan avec un grand sourire. Ta maman m'a dit qu'elle était incapable de te préparer des spaghettis bolognaise, et ça m'a fait de la peine, alors j'ai accouru pour lui montrer. Tu veux nous aider ?

— Non, il est tard. Grace a école demain.

— Oh, maman, s'il te plaît ! Juste une minute ! Dis oui…

— Bon, d'accord, mais pas longtemps.

Je recule pour observer la scène. Dylan laisse Grace verser de l'huile d'olive dans la casserole, qu'il fait ensuite chauffer pour griller des lardons. Puis elle déchire l'herbe, qui s'avère être du romarin, pendant qu'il lui explique que le céleri est dégoûtant cru, mais que cuit, il apporte de la saveur au plat. Les joues roses d'excitation, elle boit toutes ses paroles. Il n'aura fallu que dix minutes à cet homme pour tenir ma fille de huit ans sous son charme.

Je sens quelque chose me frôler la jambe, et découvre Heisenberg assis à mes pieds, les yeux rivés sur Dylan. S'il décide de mettre ce bourreau des cœurs en pièces, je ne le retiendrai pas…

— Grace, c'est l'heure d'aller au lit. Le chat se demande ce que tu fiches ici.

Elle descend de la chaise de cuisine d'un bond et se penche pour caresser Heisenberg qui lui répond par un miaulement.

— D'accord, mon choupinou, je viens me recoucher.

Dylan pose sa cuillère en bois et se tourne vers nous.

— Sympa, le chat. Comment il s'appelle ?

— Heisenberg. Il n'aime que moi, répond Grace. Il ne se laisse même pas toucher par maman, et pourtant, c'est la meilleure en câlins !

Dylan s'approche pour se pencher vers Heisenberg.

— Je suis sûre que ta maman est championne de câlins, Grace, et ton chat a un nom super cool.

Il présente une main à Heisenberg, qui la renifle puis arque le dos. Je ferme les yeux en attendant la mise à mort imminente de Dylan. Quelques secondes plus tard, Grace pousse un petit cri et je découvre en rouvrant un œil qu'Heisenberg se frotte contre Dylan telle une chatte en chaleur. Il ronronne comme un marteau-piqueur et s'enroule autour de la jambe de Dylan. C'est de la sorcellerie…

— Grace, au lit. Allons-y. Dis bonsoir à Dylan.

Je l'escorte vers sa chambre.

— Mais maman, tu as vu ?! Il n'aime jamais personne, d'habitude !

— Je pense que Dylan a dû lui donner un lardon. Maintenant, endors-toi. On se retrouve pour le petit déjeuner.

Sur le chemin de la cuisine, je croise Heisenberg.

— Traître ! lui dis-je entre mes dents.

Mais il m'ignore avec superbe et se glisse dans la chambre de Grace. Je me faufile au salon. J'ai besoin de quelques secondes de solitude pour reprendre mes esprits. Grace n'était pas censée rencontrer Dylan – encore moins se mettre à l'aimer – et je suis étonnamment jalouse que mon chat s'attache davantage à cet homme qu'à la personne qui lui achète ses putains de boîtes de pâtée. Je suis toute déboussolée.

Malgré la porte fermée, les parfums qui s'échappent de la cuisine sont envoûtants. Avec un soupir, j'ouvre le battant pour m'apercevoir que Dylan écoute de la musique sur son téléphone. Il touille la casserole en mesure sur *Scooby Snacks* de Fun Lovin' Criminals.

— Ça me rappelle l'école, dis-je en refermant la porte derrière moi. Je sortais avec un certain Gary Hughes… Toujours un joint au bec… Il embrassait comme un pied, et c'était la première fois que je fumais.

Dylan pose un couvercle sur la casserole, lève la bouteille de vin rouge et tire une chaise. Il reste un moment debout devant la table, sourire aux lèvres.

— Une sacrée rebelle, à l'époque ? J'étais à la fac quand cette chanson est sortie. Je sortais avec Melanie Hawthorne. Elle savait embrasser, mais pour la suite c'était moins bien. Elle m'a offert une place pour leur concert.

— La chance ! Ils étaient bons, sur scène ?

— Aucune idée. Elle a revendu le billet quand elle a appris que j'avais couché avec sa colocataire.

— Tu es horrible.

— Tu as un tire-bouchon ?

Je lui montre le tiroir sous le micro-ondes.

— Je n'étais pas du genre à me droguer au lycée, contrairement à toi, mais je dois avouer que je ne suis pas fier de cet épisode.

Je prends deux verres sur l'étagère et m'assieds à table pendant qu'il verse le vin.

— Dylan, ça sent vraiment bon. Tu es peut-être infidèle, mais il semblerait que tu saches cuisiner.

— Ma sœur est chef. Et j'écoute ce qu'elle dit. Ta fille est vraiment adorable.

— Laisse-moi deviner… Tu ne l'imaginais pas comme ça ?

Il prend une gorgée de vin.

— Je n'imaginais rien du tout. Je veux juste dire qu'elle a l'air d'une petite fille très bien. De toute évidence, tu es une bonne mère.

— Oh ! Tu me fais des compliments ?!

— Un constat, c'est tout.

Nous dégustons notre vin en silence. Le téléphone de Dylan enchaîne avec Simon et Garfunkel, et nous écoutons la musique par-dessus le bouillonnement de la casserole. On est bien. Pendant un moment, j'oublie le livre et les circonstances de notre rencontre, et je profite de l'instant, assise dans ma cuisine vert pomme en compagnie d'un homme dont la playlist allège mon cœur. Dylan se lève pour surveiller son chef-d'œuvre culinaire, et j'en profite pour admirer ses larges épaules. Ça aussi, j'avais oublié… Il marmonne en ajoutant du sel avant de mélanger de nouveau, puis me propose de goûter. Je lui prends la cuillère des mains pour prélever une bouchée, attentive à ne pas me brûler la langue.

— Hmmmm, c'est divin ! Tu es un génie des fourneaux. Si je n'avais pas peur de ce que tu vas penser, je plongerais tête la première dans cette marmite.

— Merci. C'est meilleur que la merde du supermarché, pas vrai ?

— C'est délicieux ! Cette petite pointe de piment me chatouille la langue. Est-ce que j'en ai plein la figure ?

Dylan me passe le pouce juste sous la lèvre inférieure.

— Plus maintenant.

Il suce son pouce plein de sauce et je me retrouve hypnotisée par la vision de sa bouche. Il a des lèvres parfaites, en forme de cœur. Je n'arrive pas à en détacher les yeux. Est-ce que c'est avec cette magie vaudou qu'il a ensorcelé Heisenberg ? Dylan surprend mon regard, et nous restons un instant les yeux dans les yeux. Il sourit.

— Je suis sûr qu'il aimera aussi. Je peux récupérer ma cuillère ?

— Quoi ? Qui ça ? Ah oui, la cuillère. Tiens.

Il prend l'ustensile et se tourne pour le rincer dans l'évier.

— Tom, répond-il en riant. Je suis sûr que Tom aimera la bolognaise. Tu te souviens qui est Tom, n'est-ce pas ?

Merde. J'avais tout oublié, y compris la raison de la présence de Dylan dans ma cuisine. Est-ce qu'on vient vraiment de vivre ce moment ? Est-ce que Dylan est seulement capable de ces émotions ?

— Ah, oui, bien entendu. Il va adorer.

Je me rassieds et respire le bouquet de mon vin.

Dylan éteint le feu et la musique du téléphone.

— Tu n'as plus qu'à mettre ça au frigo et le réchauffer mercredi. Il y a des spaghettis dans le petit sac.

C'est tout juste si je l'écoute. Je n'arrive pas à me défaire de l'idée que s'il avait voulu, je l'aurais laissé m'embrasser. Il faut que je sorte de cette fascination.

— Merci. On emporte nos verres au salon ?

Il acquiesce et me suit hors de la pièce. Il regarde autour de lui pendant que j'allume la chaîne à un volume raisonnable.

— C'est quelle couleur, ce mur ? Turquoise ?

— Bleu canard.

— Très joli. Et le canapé aussi. J'ai toujours rêvé d'un canapé d'angle, mais ça n'irait pas dans mon intérieur.

Il s'assied et repère son livre sur la table basse.

— Tu ne l'as pas jeté, alors ? Ça me fait plaisir.

— Comment est-ce que je pourrais le jeter ? Tu me ferais virer. Ou assassiner.

— Tu penses toujours que c'est un ramassis de conneries ?

— Est-ce que c'est important ?

Il réfléchit quelques secondes.

— Sans doute pas.

Je prends le volume et contemple la couverture d'un noir satiné où s'étale son nom de plume en lettres d'or.

— Pourquoi tu n'as pas signé de ton vrai nom ?

— Je pourrais te retourner la question, Glasgow Girl.

— C'est plus simple comme ça. Ça m'évite de mettre mes proches dans l'embarras.

Il se passe la main dans les cheveux et se penche vers l'avant.

— Parfois, je regrette de l'avoir écrit. Comprenons-nous bien : j'assume ce que je dis dans le livre, mais je n'avais pas envie de me coller pour toujours l'étiquette du gars qui écrit des conseils de séduction. Je voulais garder mon nom pour des livres sérieux.

Bordel de merde, on est en train d'avoir une vraie conversation. Je lui propose de se resservir de vin mais il décline.

— Je conduis, tu te rappelles ?

Je vide la bouteille dans mon verre.

— Alors, qu'est-ce qui t'est arrivé ?

— Pour faire court, je n'ai jamais réussi à franchir le pas d'un nouveau bouquin. La sécurité financière a étouffé ma créativité.

— Mais tu as le Filmhouse, maintenant ? Ça doit être intéressant ?

— Oh, ce n'est qu'un investissement. Je n'y suis jamais. C'est Adrian qui s'occupe de tout. Mais j'insiste quand même pour qu'on fasse une nuit de l'horreur chaque mois. On passe *Carrie* et *Shining* dans quinze jours.

— Sans blague ? J'adore Stephen King. Je ne peux pas rater ça.

— Tu aimes Stephen King ? Je ne te crois pas.

Je lui désigne mon étagère entière du maître.

— Je suis super fan.

— Tu ne cesses de m'étonner ! constate-t-il en secouant la tête. Je te voyais plutôt du genre sciences humaines. Trop raisonnable pour le fantastique.

— Arrête de me coller des étiquettes, bordel !

— Désolé, c'est la force de l'habitude, s'excuse-t-il, gêné. Tu as hâte d'être mercredi ?

— Je crois, dis-je en faisant tournoyer le vin dans mon verre avant de le finir d'un trait. S'il vient ici, c'est qu'il espère coucher, non ?

— Cat, même quand on va au supermarché, on espère coucher. On est comme ça, nous, les mecs.

— Et je ne peux vraiment pas ?

— Si, tu peux, mais ce serait enfreindre les règles. Je croyais qu'on s'était mis d'accord là-dessus.

Fait chier. Me revoilà en imagination chez lui, à le regarder se déshabiller. Je ramène mes pensées vers Tom.

— C'est injuste, parce que je trouve Tom très attirant.

— Tu peux quand même résister au charme de ce grand et puissant dentiste pendant encore un rendez-vous ? demande-t-il d'un ton moqueur. Je veux bien qu'il soit sexy… mais jusqu'où ?

— Tu n'imagines pas. Il est à tomber. Suivre les règles, c'est difficile, tu sais. Ce n'est pas seulement cette histoire de sexe, c'est…

— Quoi ?

— Ça. Je ne pourrais rien faire comme ce soir. Tu sais, avoir une vraie conversation. Rigoler. Dire des gros mots ! Je serai trop occupée à être ce monstre de politesse et de timidité que tu as créé.

— Il faut toujours que tu dramatises. Continue à suivre le bouquin et tout ira bien. Je sais que tu as tendance à sous-estimer mon livre, mais tu te dévalorises trop, toi aussi. Pour être franc, je suis surpris que tu sois célibataire.

Je rêve, ou il vient de me faire un compliment ? Je sens mes joues s'empourprer tandis que mon cerveau cherche un sens à tout ça.

— Et pourquoi tu es tout seul, toi ?

— Je n'ai pas envie de me compliquer la vie. Et je suis très difficile.

Il me sourit d'un air sûr de lui, mais je pense qu'il me raconte des conneries, au moins en partie. Je suis certaine que derrière son physique avantageux et son attitude bravache, se cache un être qui, à un moment dans ses quarante et une années d'existence, a eu le cœur brisé pour de bon.

— C'était qui ?

— De qui tu parles ?

— Tu sais bien. Ton ex. Ton cynisme face à la séduction et aux femmes ne sort pas de nulle part.

Il ne répond pas. Il espère sans doute que je vais la fermer. Mais je n'en ai pas l'intention.

— Oh, arrête, tu sais presque tout de ma vie sentimentale, pourquoi…

— Anna. C'était Anna.

Son attitude séductrice vient de laisser la place à une posture défensive.

— Quand j'ai écrit le livre, elle m'avait quitté depuis six mois. J'étais effondré, bien sûr, mais j'étais capable de reconnaître les erreurs que j'avais faites. J'étais passé par-dessus beaucoup de ses conneries… je pensais que ça n'avait pas d'importance parce que je l'aimais.

— Ses conneries… tu veux dire, te téléphoner toute la journée et te raconter tous les détails de sa vie ?

— Exactement.

— Mais ce n'était qu'un exemple, tu ne peux pas juger toutes les femmes à partir de là.

Il rejette la tête en arrière avec un soupir.

— Mais il en suffit d'une pour foutre ta vie en l'air. Il faut changer de méthode, sinon l'histoire ne fait que se répéter. On nous raconte que se montrer honnête et vulnérable avec quelqu'un qui a la capacité de nous arracher le cœur est une bonne chose. Mais c'est faux ! Tu me croiras si tu veux, mais quand j'ai écrit ce livre, mon souhait était d'épargner à certaines femmes les souffrances qui accompagnent la phase de séduction. Leur permettre d'avoir des attentes raisonnables. On n'a pas besoin de tout savoir pour être vraiment avec vous. On préfère ne pas connaître chaque détail intime de votre vie, parce qu'une fois que vous êtes parties, on continue à les porter en nous comme si vous étiez toujours là.

Il finit son verre de vin et je reste là en silence. Je ne sais pas si j'ai plus envie de le prendre dans mes bras ou de le secouer, mais je choisis de ne pas lui poser davantage de questions, et de mettre fin à la soirée.

Contrairement à notre dernier au revoir, il n'y a pas de tension sexuelle sur le pas de la porte. Je le remercie d'être venu, et il s'en va sans faire de vagues, me souhaitant bonne chance pour mercredi et déclinant ma proposition de lui rembourser les provisions qu'il a apportées.

Peut-être qu'Anna est pour lui ce que Peter est pour moi ? Sans la connaître, je constate qu'elle l'a mis dans un drôle d'état mais contrairement à Dylan, je n'ai pas renoncé à l'espoir de rencontrer à nouveau quelqu'un. Pour sa part, il semble en avoir fait le deuil.

Si j'étais encore avec Peter, nous n'aurions pas besoin d'aller tous les deux à la rencontre parents-enseignants. L'un de nous resterait à la maison pour s'occuper de Grace. Ça se passe comme ça, dans les vraies familles. Mais comme nous sommes séparés, nous ne voulons ni l'un ni l'autre passer pour le parent qui ne se donne pas la peine de se déplacer. C'est une question de principe. Et si la maîtresse dit quelque chose de chouette sur Grace, et que l'autre oublie de nous le répéter ? Et que penseraient de nous tous ces gens dont nous n'avons rien à foutre ? Après trois années d'école primaire, notre position n'a pas varié, et la pauvre Grace doit donc nous accompagner pour que ses deux parents aient le privilège de passer dix minutes avec l'institutrice.

Lorsque nous arrivons, Peter est déjà là. C'est Grace qui le voit la première. Elle fonce sur lui comme un petit taureau. Je prends davantage mon temps. Elle nous conduit dans le gymnase, où patientent d'autres enfants qui, comme Grace, sont là contre leur gré. Mais Grace ne semble pas contrariée. Elle nous abandonne pour se rendre à la bibliothèque avec une gamine efflanquée du nom de Patsy, ou Parsley. Un prénom en P, en tout cas.

Je m'assieds avec Peter sur des chaises en plastique, à côté de l'affichette P4, le nom de la classe de Grace. L'institutrice termine un entretien avec d'autres parents, qui portent des parkas noires identiques. Après seulement quelques minutes, c'est notre tour.

Mme Sharma est une quinquagénaire débordante d'enthousiasme. Elle nous annonce chaque fois, avec un plaisir non dissimulé, qu'il n'y a pas grand-chose à dire sur Grace.

— C'est un plaisir de l'avoir dans ma classe. Je suis sûre que vous avez pu remarquer dans ses cahiers qu'elle n'a aucun mal à suivre le programme. Je ne me fais pas de souci pour elle. Vous pouvez être fiers de votre fille !

Je sens Peter me foudroyer du regard, mais je fais semblant de ne pas m'en apercevoir. Il est furieux de ne pas avoir vu les cahiers. S'il veut vraiment les examiner, je suis certaine que la joyeuse Mme Sharma se fera un plaisir de les lui montrer. Elle continue à parler.

— Grace a raconté à la classe qu'elle avait préparé des spaghettis bolognaise avec votre ami, hier soir. Elle nous a dit qu'il avait beaucoup plu à son petit chat, aussi !

Peter semble à présent vouloir me transpercer le crâne avec son regard. Je me tortille sur ma chaise. Il est temps de filer.

— Ah, oui ! Eh bien, merci beaucoup de nous avoir reçus, madame Sharma. Nous sommes ravis que Grace s'en sorte aussi bien.

Peter parvient à retenir son flot de questions pendant six secondes. Un record pour lui.

— Cat, qui est-ce qui a appris à Grace à faire la bolo ?

— C'est juste un ami.

— Si tu vois quelqu'un qui va passer du temps avec ma fille, j'ai le droit de savoir qui c'est !

J'attire Peter dans une petite salle de classe. Je suis folle de rage, et nous n'avons pas beaucoup de temps avant le retour de Grace.

— Peter, j'ai deux choses à te dire. Premièrement, Emma passait du temps avec Grace avant même que je sois au courant de son existence. Et deuxièmement, je n'ai pas à te tenir informé de ma vie privée. Qu'est-ce que tu veux ? Une liste des gens que je fréquente et qui sont susceptibles de faire un saut chez moi ? Il va falloir que tu acceptes mes choix concernant ma fille, que tu me fasses confiance. Pourquoi est-ce que tu te comportes comme ça ? Il est temps de grandir, bordel !

Sans lui laisser le temps de répondre, je me dirige vers la bibliothèque d'un pas furieux. Grace est assise toute seule sur un fauteuil poire rouge, absorbée par un livre sur les dinosaures. J'entends Peter derrière moi, le son de ses sabots fendus reconnaissables entre tous. Je respire un grand coup et me force à sourire.

— Grace ! C'est l'heure de rentrer, ma chérie.

— Enfin ! Vous avez vu ma maîtresse ? demande-t-elle en rangeant le livre sur son étagère.

— Oui, répond Peter. Ta maman et moi, on est très fiers de toi. Et Emma va être ravie.

Beurk. Je suis sûre que tuer à coups de livres sur les dinosaures le connard prétentieux qui a engendré votre enfant est mal vu, mais j'imagine la joie que ça doit procurer.

Grace nous précède d'une démarche sautillante vers la voiture, et je marche rapidement derrière elle, décidée à garder une distance minimale de cinq mètres avec Peter et ses questions oiseuses. Arrivée sur le trottoir, Grace embrasse son père. Je referme la portière arrière et il me pose une main sur le bras.

— Cat, je suis désolé. Tu as raison. J'ai confiance en toi. Mais je me fais du souci pour Grace. C'est comme ça, je ne peux pas m'en empêcher.

— Peter, si en effet je noue une relation avec un homme, et qu'il entre dans la vie de Grace, tu le sauras. Grace est une enfant joyeuse et intelligente, et c'est parce qu'on a réussi à lui offrir un environnement stable et heureux. Sous-entendre que je pourrais remettre ça en cause est insultant.

— Je l'admets. Désolé. Je la vois demain, quand tu me l'amèneras.

— En fait, est-ce que tu pourrais passer la chercher en sortant du travail ? Je dois déposer ma voiture au garage dans l'après-midi, et je ne la récupère que jeudi.

C'est un bobard, mais j'ai besoin de temps afin de me préparer pour mon rendez-vous.

— D'accord, mais je ne serai pas là avant 18 heures. À demain, alors.

Il adresse un dernier geste de la main à Grace et descend la rue vers sa voiture.

Parfait. Je me dis qu'il ne faudra pas oublier de me garer loin de la maison pour que Peter ne se rende compte de rien, et me plonge dans l'anticipation de mon rendez-vous numéro 4.

Chapitre 14

Je suis censée travailler, mais ça fait trois heures que je nettoie l'appartement.

En général, quand j'attends des invités, je me contente d'un petit rangement superficiel, mais selon *Les Règles d'Or de la Séduction*, je dois m'assurer que mon appartement ne puisse en rien laisser deviner que je suis une folle dangereuse qui ne le lâchera plus jamais.

> *Ne laissez pas traîner vos affaires, c'est un véritable tue-l'amour. Ça signifie qu'à aucun moment vos sous-vêtements ne doivent être laissés à sécher dans la salle de bains. On ne doit pas voir non plus de romans sentimentaux ou de magazines du style « comment mettre le grappin sur un homme ».*

Je dois dire qu'après le semblant de confession de Dylan, consulter son livre est un peu étrange…

Après quelques petites courses, je me gare dans une rue parallèle à la mienne pour que le mensonge que j'ai servi à Peter ne soit pas éventé. Je vais jusqu'à demander à George, le mari de Rose, de me déposer Grace en voiture après l'école. Bien que bâclé, mon plan semble fonctionner à merveille.

Je promets à Grace de la laisser se choisir un cadeau au magasin de jouets si elle ne remet pas de désordre dans mon appartement étincelant. Elle accepte à condition d'être autorisée à prendre une poupée-monstre hors de prix. J'ai acheté des fleurs pour le salon, et allumé une bougie parfumée. L'étiquette annonce une fragrance de cookie, mais je ne suis pas convaincue, et Grace non plus.

— Je n'aime pas, maman. Ça sent comme un biscuit moisi.

Je la remplace par de l'encens.

Je me dis que même si je ne dois pas coucher avec Tom ce soir, il se pourrait que tous mes vêtements tombent par accident. Je ne veux prendre aucun risque : je me rase donc jusqu'à ce que mort s'ensuive, ne laissant que mes cheveux et un ticket de métro.

Je n'en suis qu'à la moitié de mon brushing lorsque l'Interphone sonne à 18 h 35. Peter. Grace s'élance dans le couloir pour ouvrir pendant que je grommelle : « Pas trop tôt, bordel. » J'attrape ma robe de chambre pas très sexy en me dirigeant vers la porte. Grace ne prend même pas la peine de demander qui c'est avant d'appuyer sur le bouton et de glisser devant moi comme Tom Cruise dans *Risky Business*. Je me dis qu'il faudra que je lui explique vertement qu'on ne laisse pas entrer n'importe quel psychopathe dans l'appartement, puis me prépare à affronter les remarques de Peter sur ma « tenue ». Gardant ma robe de chambre fermée d'une main, j'écarte le battant de l'autre.

— Dylan ?!

Il se tient sur le seuil, avec une barquette de parmesan et un gigantesque moulin à poivre.

— Salut, Cat. J'ai remarqué avant-hier qu'il te manquait un gros détail. La bolo sans parmesan et sans poivre, ça n'existe pas.

Il attend que je le fasse entrer, mais je suis sans voix. Et sans culotte, aussi. Serrant fermement ma robe de chambre, je m'écarte pour le laisser passer.

— Je ne veux pas être grossière, Dylan, mais Peter va passer d'une minute à l'autre pour chercher Grace et je suis en retard et Grace, arrête de faire des glissades avec tes chaussettes et mets tes chaussures !

— Tu m'as l'air un poil stressée. Écoute, finis de te préparer tranquillement, je m'occupe de la nourriture. Est-ce que ça te rendrait service ? Je ne te dérangerai pas.

— Pourquoi est-ce que tu te donnes tout ce mal ? dis-je, perplexe. On est copains, maintenant ?

Il réfléchit un peu avant de répondre.

— Peut-être. Mais je crois surtout que j'ai envie de jeter un coup d'œil à ce fameux Tom.

— Non ! Hors de question ! dis-je, paniquée. Il faut que tu sois parti quand il arrivera.

— Cat, tu es en train de gaspiller un temps précieux. Tu devrais être en train de te sécher les cheveux, pas de te disputer avec moi. À moins que cette coiffure soit un choix ?

— Très bien ! Reste aider si tu veux.

Je lève les mains en signe de défaite et retourne dans ma chambre. Dylan emprunte le couloir vers la cuisine.

— Grace ! Viens t'asseoir près de moi en attendant papa.

— Mais pourquoi ? gémit-elle depuis le salon. Je regarde *Ren et Stimpy* !

— Parce que ta maman a peur que je t'apprenne des gros mots ! crie Dylan dans la cuisine.

Grace arrive d'un pas traînant et me regarde d'un œil noir pendant tout le temps qu'il me faut pour me sécher les cheveux, mais ça m'est égal. Je décide de porter mon haut en dentelle bleue et un jean slim : sexy mais décontracté. J'apaise la colère de Grace en la laissant jouer avec mes produits pendant que je me maquille. Peter finit par sonner à l'Interphone – avec quarante minutes de retard –, délivrant Grace de mes griffes maléfiques. Au moins, cette fois, c'est habillée que j'ouvre la porte. J'entends Dylan remuer de la vaisselle dans la pièce d'à côté.

— Salut Cat. Grace est prête ?

— Oui, elle n'a plus qu'à prendre son sac.

Normalement, je le ferais entrer le temps qu'elle arrive, mais après son attitude l'autre soir à l'école, il n'en est pas question.

— Elle n'a pas dîné. Elle voulait manger avec toi.

Grace me bouscule pour passer avec son cartable et un Tigrou en peluche.

— Allons-y, papa ! À demain, maman !

Je la regarde partir en lui faisant des signes de la main avant de me retourner vers le couloir. Une de partie, encore un à mettre dehors.

Bien décidée à me montrer ferme vis-à-vis de Dylan, j'ouvre la porte de la cuisine à la volée, prête à le renvoyer chez lui… mais me retrouve clouée sur place, un sourire idiot sur les lèvres.

Pendant que je me préparais, il a fait une salade et mis le couvert si joliment que mes assiettes bon marché semblent presque élégantes. Il a disposé les photophores bleus du salon au milieu de la table. Il est en train de verser la sauce bolognaise dans une casserole pour la réchauffer. Bien qu'il me tourne le dos, il est conscient de ma présence.

— Voilà, Cat, tout est prêt. Lance la cuisson des spaghettis dix minutes avant de passer à table.

Pour finir, il pose le saladier entre les deux bougies.

— Pas mal, hein ?

— Je suis sans voix, dis-je. Et vraiment reconnaissante. Pourquoi tu me regardes comme ça ?

— Je te regarde bizarrement ? demande-t-il en secouant la tête. C'est juste ce jean… bordel.

— Merci. Je suis ravie qu'il te fasse de l'effet. Avec un peu de chance, Tom va… oh merde, quelle heure il est ?

Je regarde l'horloge. 19 h 15. J'ai encore le temps de mettre Dylan dehors avant que…

L'Interphone me fait sursauter. Tom est en avance. Pourquoi me fait-il le coup d'arriver en avance, bordel ?!

Dylan éclate de rire.

— Ah, Cat, trop tard ! Il est là… Je vais enfin rencontrer ton prince charmant. Mais comment vas-tu expliquer ma présence ? Est-ce que je devrais rester dîner ? Peut-être qu'il ne s'en apercevra pas…

J'ai l'estomac noué. L'Interphone retentit de nouveau. Deux fois.

— Reste ici, il faut que j'aille ouvrir. Et arrête de rire comme une baleine.

Je me précipite dans le couloir et décroche le combiné.

— Allô ? Bonsoir, Tom, je t'ouvre.

J'essaie de me calmer. Peut-être que je vais réussir à faire sortir Dylan pendant que Tom sera au salon. Ça peut se tenter.

Quelques secondes plus tard, Tom toque à la porte. J'écarte le battant et lui souris de mon mieux. Vêtu d'un costume bleu marine, il tient des fleurs et une bouteille de vin. La perfection faite homme… Il franchit le seuil. Un type d'une telle beauté n'a pas besoin qu'on l'invite à entrer.

— Tu es très jolie, Cat, déclare-t-il en me tendant le bouquet avant de m'embrasser sur la joue. Je suis un peu trop habillé, mais j'avais une réunion et je suis venu directement.

— Tu es splendide !

Oh merde, merde, merde.

Je suis toute rouge.

— Je veux dire, elles sont magnifiques, dis-je en faisant machine arrière. Les fleurs. Et tu es bien aussi. Viens au salon, je vais les mettre dans l'eau.

Il me suit dans le couloir. J'espère qu'il est plus occupé à mater mon cul qu'à se demander pourquoi je parle comme une cinglée. Je prends sa veste et lui propose du vin.

— Le dîner est presque prêt, alors…

Je suis interrompue par un fracas de casseroles en provenance de la cuisine. Suivi d'un deuxième. Je sens mon cœur se serrer. Qu'est-ce qu'il fout ? Tom me regarde dans l'attente d'une explication, mais je n'ai pas eu le temps d'en inventer une.

— Accorde-moi une minute, s'il te plaît…

Je me dirige vers la cuisine aussi calmement que j'en suis capable. Dylan avance déjà vers la sortie. Il s'arrête un instant pour m'adresser un clin d'œil.

— C'est fait, Cat ! s'écrie-t-il d'une voix forte. Ça devrait marcher, maintenant.

Il me dépasse d'un pas nonchalant et bifurque vers le salon. Je me précipite à sa suite.

Apercevant Tom, il s'arrête net. Il a perdu son air bravache, tout à coup.

— Oh ! Navré de vous déranger. Je me présente : Dylan, le voisin du premier.

Tom se lève pour le saluer.

— Tom Ward. Enchanté.

Ils se regardent droit dans les yeux. Sont-ils en train de se mesurer ? Merde, c'est gênant… Je décide d'intervenir.

— Les ampoules de la cuisine ont grillé. Dylan a eu la gentillesse de venir me les changer. Enfin, je veux dire, je sais changer une ampoule, mais je suis trop petite, le plafond est très haut.

Ce n'est pas fameux, comme explication, mais c'est toujours mieux que la vérité. L'air est tellement saturé de testostérone qu'on risque de mourir étouffés. Je prends Dylan par le bras.

— Merci beaucoup, Dylan. Laisse-moi te raccompagner. Tom, mets-toi à l'aise.

— Ravi d'avoir fait ta connaissance, Tom, lance Dylan en m'emboîtant le pas.

Je ferme la porte du salon et nous nous hâtons vers l'entrée.

— Bien joué, Cat. J'allais inventer un évier bouché, mais j'ai adoré ton histoire. Ah oui, la sauce est sur le feu.

— Je crois que je vais faire une crise de nerfs. Tu peux partir, s'il te plaît ?

J'ouvre la porte, mais il ne bouge toujours pas.

— Ce type ? murmure-t-il. Tu es sûre que c'est ton genre ? Certes, il n'est pas vilain, mais…

— Arrête ! N'essaie pas de me mettre la tête à l'envers. Il n'y a rien à redire sur Tom. Bien sûr que c'est mon genre, tu l'as regardé ? Maintenant, laisse-moi suivre tes règles à la con et voir ce que ça donne.

Il comprend enfin le message et sort sur le pas de la porte.

— Tu te souviens de ce que je te disais ? Que les femmes n'en valent pas la…

— Dylan. On peut discuter à un autre moment ? Je ne veux pas abandonner Tom tout seul dans le salon…

— Ah. Parfait. À plus tard, alors.

Je claque la porte et retourne auprès de Tom, qui n'a pas bougé d'un poil.

— Désolée. En temps normal, j'aurais demandé à mon beau-frère, mais ils sont en vacances…

Oh, la ferme, Cat. Il n'a pas besoin de connaître tous les détails.

— Bref, j'allais te servir du vin…

J'allume mon lecteur MP3 avant d'aller chercher des verres et un tire-bouchon dans la cuisine. À ma grande horreur, quand je reviens, Lady Gaga s'époumone sur *Applause*. J'adore cette chanson mais j'aurais préféré que Tom ne le découvre pas si vite. Il me regarde d'un air de dire : « Je ne m'attendais pas à ce choix musical ».

— Désolée. Il y a plein de morceaux qui sont à ma fille dans cet appareil. Je vais changer.

Je fais défiler les albums à toute vitesse, trouve George Ezra et appuie sur « play ». Première catastrophe de la soirée évitée. Mais s'il n'aime pas les tubes du moment, il peut s'en aller.

— Ça sent bon, commente-t-il en ouvrant la bouteille. Qu'est-ce qu'on mange ?

— Oh, juste une petite bolo que j'ai préparée. Maison.

— Impressionnant. Tu aimes cuisiner.

Beurk, non !

— Quand j'ai le temps. C'est très relaxant. Je vais mettre les spaghettis à cuire. J'en ai pour une seconde.

Je suis devenue une reine des *Règles d'Or de la Séduction*.

Je suis en train de déchiffrer les instructions sur le paquet de pâtes lorsque Tom me rejoint.

— Je peux te donner un coup de main ?

Oh, oui. Comment on fait cuire les spaghettis, bordel ?

— Non, tout va bien. Merci, Tom.

Il s'assied à la table de la cuisine. Merde, il va me regarder. Il faut que je fasse comme si je savais ce que je fabrique.

L'eau bout déjà dans la casserole, et je n'ai plus qu'à y plonger les spaghettis, mais le récipient est trop petit et je dois appuyer comme une malade pour essayer de les casser en deux. Je règle le minuteur sur neuf minutes.

— C'est très joli, chez toi, dit Tom. Très différent de chez ta sœur. C'est plus… rigolo.

Je ris poliment.

— Oui, l'intérieur d'Helen est plus sophistiqué que le mien, mais j'ai une fille de huit ans. J'aime lui donner un environnement sympa.

Ce n'est qu'une partie de la vérité. En réalité, j'ai toujours vécu comme ça. Helen a un appartement d'adulte. Tout est blanc, ou en bois naturel, et bien assorti. Chez moi, c'est un peu chaotique. Mais les guirlandes lumineuses, les cubes à LED et les murs colorés me mettent de bonne humeur. J'ai besoin de couleur.

Les spaghettis ayant enfin accepté de rentrer dans la casserole, je goûte la sauce. Elle est chaude, et toujours aussi délicieuse que lorsque Dylan l'a cuisinée. Je baisse le feu et sors les plats de service du placard pendant que Tom me parle des ouvriers qui ont envahi son appartement.

— Je te jure, il n'y en a pas un qui sache siffler, mais ils ne peuvent pas s'empêcher de le faire.

— Ils sont sept et tout petits ? dis-je en riant à ma propre blague.

Tom rit en chœur avec moi, mais je vois à son air qu'il n'a pas compris.

Le minuteur sonne et je regarde mes pâtes. J'ai lu quelque part que pour savoir si elles sont cuites, il faut en balancer une sur le mur. Je pêche soigneusement un petit morceau de spaghetti et le jette sur le panneau mural. Il colle ! Je suis désormais une pro de la cuisson et du lancer de pâtes. J'ai bien envie de crier « Regarde ce spaghetti, il fait moins le malin ! », mais même moi, je sais que j'aurais l'air un peu toquée.

Même si je lutte pour cacher mon côté timbré, le repas est parfait. Tom ne tarit pas d'éloges sur ma sauce. Comme j'ignore ce qu'elle contient, je lui raconte que c'est la recette de ma grand-mère et que j'ai juré de la garder secrète. Record du monde du secret de famille le plus nul. Pourtant, il ne pose pas de question. En dessert, je lui propose de la glace Häagen-Dazs, mais je suis ravie qu'il refuse : j'avais prévu de la manger toute seule plus tard. Nous attaquons le plateau de fromages à la place, avant d'emporter nos tasses de café au salon, où l'album de George Ezra est terminé. Tom s'assied sur le canapé et je le rejoins.

En temps normal, je serais un peu nerveuse, car maintenant qu'on a dîné, il est l'heure de boire du vin, flirter, puis s'embrasser avec passion avant de faire l'amour maladroitement. Mais je me sens bien. En fait, je me sens aux commandes. Bien que Tom l'ignore encore, nous ne coucherons pas ensemble ce soir. Nous n'allons donc pas beaucoup flirter, et je sais déjà comment ça finira : il prendra un taxi et j'engloutirai le pot de Häagen-Dazs. Je n'ai donc ni frissons ni impatience vibrante. Je suis là, tranquille, avec cet homme magnifique assis à une distance raisonnable sur le canapé. Mais j'ai vraiment envie de faire pipi.

Tom, à l'inverse, semble à fond.

—Catriona, tu me plais beaucoup, ronronne-t-il en se rapprochant. Tu es exactement mon genre de femme. Je crois que nous sommes faits l'un pour l'autre.

Ah, je t'en prie, ne sois pas si cucul ! Ça m'empêche de me concentrer sur ton visage magnifique.

Il me caresse les cheveux.

—J'ai envie de t'embrasser, confie-t-il.

Je ferme les yeux et sens ses lèvres sur les miennes. Il pose une main légère sur mon genou, l'autre sur ma joue. C'est doux… Peu à peu, son baiser se fait plus brûlant, mais je ne suis pas dans l'instant, car le seul désir qui me brûle est celui de me vider la vessie. Si je n'y vais pas bientôt, je vais faire pipi dans ma culotte. Je m'écarte de lui et rouvre les yeux.

— Tout va bien ?

— Il faut que j'aille aux toilettes. Je reviens.

Je me dirige en hâte vers la salle de bains, priant pour ne pas mouiller ma culotte hors de prix, celle que je ne sors que pour les grandes occasions. Je ferme la porte et traverse la pièce sans encombre. Assise sur le siège de porcelaine, je pousse un soupir de soulagement dont l'écho résonne sur le carrelage. L'appartement est totalement silencieux.

Merde, j'aurais dû mettre de la musique.

Il n'y a vraiment pas un bruit et Tom va m'entendre faire pipi. Ce n'est que le quatrième rendez-vous : je préférerais qu'il ne soit pas témoin de ça si vite.

Je tends le bras pour ouvrir le robinet dans l'espoir que le son de l'eau couvre celui que je vais faire en pissant comme un cheval de course qui aurait bu du gin. Tom me parle depuis le salon.

— Qu'est-ce qui te prend si longtemps ? Tu te repoudres le nez ?

Parfait, il pense que je suis en train de me laver la foufoune, alors que je n'ai même pas fini d'uriner. Personne ne reste aussi longtemps aux toilettes… à moins que ce soit la grosse commission. Ah, c'est de pire en pire ! Je termine, tire la chasse, éteins le robinet et ouvre la porte de la salle de bains à la volée.

Je pousse un cri de surprise en découvrant Tom sur le seuil.

— À mon tour, déclare-t-il.

Bon sang, pas de doute, il va se laver les outils en croyant que c'est ce que je viens de faire ! Il se faufile près de moi et ferme la porte pendant que je retourne au salon, honteuse de cette nouvelle névrose. Je viens de devenir une coincée de la vessie, et ça ne me réjouit pas du tout.

Après un laps de temps bien plus court, Tom revient d'un pas confiant et se rassied sur le canapé à mes côtés. Cette fois, il ne prend pas la peine de m'annoncer qu'il va m'embrasser.

— Si on allait dans ta chambre, Cat ? souffle-t-il en me mordillant le cou.

Ça y est. Je dois faire semblant de ne pas avoir envie de découvrir si son corps est aussi musclé qu'il en a l'air. Je pourrais lui dire que j'ai mes règles, mais le livre proscrit toute mention de fonctions corporelles, et je me rabats donc sur la vérité. Plus ou moins.

— J'aimerais bien, Tom, mais j'ai une règle perso : je ne couche pas avant le cinquième rendez-vous.

Il s'écarte.

— Vraiment ? Cinq rendez-vous ?

— Oui. Mais tu me plais beaucoup, Tom.

— Cinq ? répète-t-il, abasourdi par cette révélation. C'est un principe religieux ?

Oui, Tom, je suis une mère célibataire pratiquante qui a l'intention de boire tout ton champagne.

— Pas du tout. Je veux juste être sûre de la personne avant de coucher avec. Sûre à cent pour cent.

— Je te respecte pour ça, Cat, assure-t-il en me regardant dans les yeux. Tu ne te laisses pas dominer par les émotions ou la luxure. C'est admirable.

Disons que ça le serait si c'était vrai.

— Mais pour voir le verre à moitié plein, notre prochain rendez-vous sera le cinquième, rappelle-t-il en tirant sur son pantalon. Tu es libre quand ?

Motivé !

— Samedi. Grace sera chez son père.

— Parfait. Viens chez moi. Je ne cuisine pas aussi bien que toi, mais je suis un pro des livraisons à domicile.

Je ne peux pas m'empêcher de rire.

— Qu'est-ce qui est si drôle ?

— Rien. Samedi, c'est parfait.

Il me prend la main.

— Tu sais, tu n'as pas répondu à ma question, l'autre jour. Est-ce que je suis ton petit ami ?

C'est gênant. J'ai l'impression d'être dans un épisode de *Sauvés par le gong*. Je me penche pour lui donner un baiser profond. C'est une entorse aux règles, mais j'essaie de gagner du temps. Ai-je seulement le droit de répondre à cette question ? N'est-il pas trop tôt pour se coller ce genre d'étiquettes ?

Je finis par m'écarter pour lui demander :

— Est-ce que ça te va, comme réponse ?

— Oui. On se voit samedi...

Je raccompagne Tom et envoie un texto à Dylan.

Dîner réussi. Cinquième rendez-vous samedi. Tu avais raison. Pas sur tout, mais je commence à comprendre. Bise.

J'attends une réponse, qui ne vient pas.

The Lowdown Magazine
Samedi 15 novembre 2014

Un homme chez Glasgow Girl

Ce n'est pas ce à quoi je m'attendais pour mon quatrième rendez-vous avec Monsieur X. Je voyais plutôt un cinéma... une expo... l'opéra... Ou alors, un week-end coquin avec de l'huile de massage, des masques vénitiens et un peu de BDSM, je ne sais pas. En tout cas, je n'aurais jamais cru qu'il viendrait dîner chez moi, et c'est pourtant ce qui s'est produit.

Le premier challenge, c'était de lui servir un repas. D'après ma fille, le sommet de mon talent culinaire consiste à réchauffer des nuggets et ouvrir une boîte de conserve, mais une âme charitable qui connaît bien *Les Règles d'Or de la Séduction* m'a affirmé que préparer autre chose qu'un dîner maison me mènerait droit au désastre. Apparemment, les vrais hommes savent détecter les plats industriels. J'ai donc fait ce que toute diva des fourneaux aurait fait à ma place : je me suis arrangée pour que quelqu'un d'autre cuisine pour moi.

Ensuite, j'ai débarrassé mon appartement de tout ce qui indiquait que je suis un être normal, qui aime le bordel. Pour citer le livre : « À un moment donné, il songera peut-être à vivre avec vous. Il faut donc faire disparaître tout ce qui pourrait l'en dissuader. »

Bien sûr, ça m'attristait de me séparer de l'autel qui avait servi à mon précédent mariage, ainsi que de tous mes amis. Mais après tout, c'est moi qui ai choisi de suivre ces règles, et je n'ai pas le droit de me plaindre.

Le repas lui a plu, et la soirée se déroulait sans encombre, jusqu'à ce qu'il suggère que nous fassions l'amour. Les lecteurs des *Règles d'Or* savent bien que le sexe est *streng verboten* avant le cinquième rendez-vous. Ça n'a pas été facile, mais j'ai réussi à refuser, et il a respecté ma décision en vrai gentleman, qu'il est. Avec le recul, je pense que la seule raison pour laquelle il l'a si bien pris, c'est que notre prochain rendez-vous sera le cinquième. Je crois qu'autrement, il se serait roulé à mes pieds…

L'auteur déclare en ouverture de son ouvrage qu'en suivant les règles « vous aurez le contrôle de votre vie sentimentale », et je ne le croyais pas vraiment… jusqu'à maintenant. Monsieur X a peut-être décidé de ce que nous allions faire pour ce rendez-vous, mais j'étais aux commandes pour tout le reste. Je crois, à la réflexion, que la seule chose qui me manque, c'est l'impatience de découvrir ce qui va se passer. En respectant le calendrier pas à pas, l'inconnu disparaît : tout est réglé d'avance.

La prochaine rencontre est prévue chez lui ce soir (il va m'offrir un repas en livraison, hum hum), et si vous croyez que je vais tout vous raconter… Vous avez raison !

Le spectacle va commencer…

Chapitre 15

Règle 6 : le sexe
Le sexe n'est ni un chemin vers le bonheur, ni une façon de combler un vide émotionnel. Ce n'est rien d'autre que du sexe.

Cette phrase est absurde et condescendante. Je jette le livre et m'empare de mon téléphone.

Dylan, toutes les femmes savent que le chemin vers le bonheur, ce n'est pas le sexe, mais de beaux escarpins qui ne niquent pas les pieds. Écoute, je sais que tu es soit mort, soit décidé à ne pas me répondre, mais je voulais te dire que ma prochaine chronique sera la dernière sur ton livre. Nous reprendrons donc notre liberté. Je crois que je sors désormais officiellement avec Tom maintenant, alors bien que ça me troue de le reconnaître… ça a marché.

J'appuie sur « envoyer ». Dylan n'a répondu à aucun de mes quatre précédents messages. Je place l'appareil sous mon oreiller et me retourne dans le lit. On est samedi matin, il est 8 h 30, et pour une fois, Grace dort à poings fermés alors que je suis réveillée. J'écoute la pluie battre la fenêtre de ma chambre comme un million de petits poings furieux et tente de dissiper le malaise qui me tord l'estomac. Je ne sais pas si c'est de la faim, de l'anxiété, ou même de l'agacement devant le silence inexpliqué de Dylan. Dans tous les cas, ça ne me plaît pas. Je dois admettre qu'il me manque d'une façon étrange.

La pluie ne s'arrête pas de la journée. Je m'occupe avec Grace à des jeux de société. Nous mangeons du fromage avec du pain grillé et des cornichons avant qu'elle parte chez Peter. Je vois qu'elle est heureuse de passer autant de temps avec moi, et j'éprouve la même chose. Ma vie a été tellement chaotique ces temps-ci que c'est bon d'être assise là avec elle, et de retrouver le plaisir des choses simples.

À 15 heures, elle enfile ses bottes en caoutchouc jaune poussin et fouille le placard de l'entrée à la recherche de son parapluie-abeille pendant que j'accroche ma seule et unique petite robe noire à la porte de ma chambre pour qu'elle se défroisse. C'est mon arme secrète : elle n'est pas trop serrée, mais moule tous les endroits stratégiques. Je vais être bien trop habillée pour un repas en livraison, mais bon, je n'ai pas l'intention de garder mes vêtements toute la soirée...

Dehors, les flaques sont impressionnantes. Chaussée de mes vieilles Converse, je les enjambe comme un cabri joyeux tandis que Grace saute à pieds joints en faisant tourner son parapluie.

Je règle les essuie-glaces à la puissance maximale et nous roulons lentement à travers le Southside. Les rues sont peuplées de parapluies et de visages fermés. Grace a l'idée de jouer à « Devine ce que je vois », mais je garde les yeux sur la route et ça ne marche pas.

— Non, il fallait répondre « un chien », maman.

— Où ça, un chien ?

— Là-bas. Retourne-toi, si ça se trouve, tu peux encore le voir !

— Je conduis, Grace !

— C'est nul…

Nous arrivons enfin chez Peter et j'entraîne Grace à toutes jambes vers la porte d'entrée. Peter, qui semble avoir passé la journée au lit, l'aide à enlever ses bottes.

— Va te sécher, dit-il en secouant le parapluie jaune un peu trop près de moi. J'arrive dans une seconde.

— Au revoir, Grace ! Salut Peter, je n'ai rien de spécial à te dire aujourd'hui. J'attends Grace demain.

Je suis de plus en plus trempée.

— Le mariage a lieu la semaine prochaine et tu n'as pas encore envoyé ta réponse. On se demandait juste si tu venais, et si tu amenais quelqu'un. Tu sais, à cause du traiteur…

La semaine prochaine ?! Ce n'est pas possible…

— Oui, je viens. Accompagnée.

Je ne peux pas me permettre d'apparaître seule, mais je me demande bien avec qui je vais venir. Peter et Kerry se haïssent. Helen, peut-être ? Tom ? Une grosse goutte de pluie dans le cou me donne des frissons.

— Peter, je suis en train de me faire saucer. Il faut que j'y aille. À bientôt.

Je vois bien qu'il a envie de bavarder, mais je fonce tout de même vers ma voiture. Je dois me préparer pour mon rendez-vous.

Il me reste quarante minutes avant de partir chez Tom lorsque Dylan, l'homme qui m'a échappé depuis des jours, se présente à ma porte, débraillé et l'air malicieux.

— Dylan ? Qu'est-ce que tu fais là ? Pourquoi tu ne répondais pas à mes textos ?

— Désolé, maman. J'étais occupé, réplique-t-il en se faufilant pour entrer sans y être invité. De ton côté, tu m'as quasiment foutu à la porte l'autre fois… Mais comme l'heure de ta dernière chronique se rapproche, j'ai pensé que tu avais besoin d'un dernier petit cours. J'aime bien ta robe, au fait.

Je referme la porte. Il est déjà en train de s'installer.

— Je suis sûre que je peux m'en sortir toute seule, mais merci quand même, Dylan. Ce n'est pas la peine d'accrocher ton manteau à la poignée de la porte. J'ai des patères, tu sais.

Il me tend le vêtement.

— Il y a quelques points auxquels tu dois réfléchir. Pour ma part, je n'ai jamais couché avec une dentiste, mais... tu n'as pas peur que ce soit trop aseptisé ? Et s'il te demandait d'ouvrir la bouche et de dire « A » ?

— Arrête tes conneries ! m'écrié-je en essayant de ne pas rire.

— Encore plus important : et s'il avait une petite bite ? On m'a dit que c'était fréquent chez les dentistes. Enfin, pas seulement chez les dentistes, mais chez les hommes qui ne sont pas moi, en général. Fais-moi un thé, tu veux ? J'ai froid.

Sans me laisser le temps de répondre, il se dirige à grands pas vers la cuisine en me demandant si j'ai quelque chose à manger. Je reste là, son manteau à la main. Il grignote un biscuit qu'il a trouvé dans le placard pendant que je m'affaire avec les tasses. Il attend une réponse.

— Alors, qu'est-ce que tu en penses, Cat ?

— Est-ce que tu essaies de me faire peur, Dylan ? Si c'est le cas, c'est réussi.

— Tu as peur de quoi ? s'étonne-t-il.

Il s'arrête de manger.

— Ben, je ne sais pas... Il y a quelque chose qui ne tourne pas rond...

Je regarde la bouilloire sans la voir. Dylan essuie les miettes de biscuit sur la table pour les jeter dans la poubelle.

— Tu es sûre que tu m'as tout raconté ? Est-ce qu'il a fait quelque chose de bizarre ? Qu'est-ce qui s'est passé ?

— Rien ! Ce n'est pas sa faute. Mais je me comporte mal avec lui. Et avec moi. Tu veux du sucre ?

Je mets deux sachets dans la théière avant de verser l'eau.

— Un seul, s'il te plaît. Tu es encore en train de te prendre la tête pour rien. Il te plaît. Tu lui plais. Où est le problème ?

Je pose brutalement une tasse sur le plan de travail.

— Je lui plais ? Comment est-ce que je pourrais lui plaire ?! Il ne me connaît pas ! Celle qu'il a rencontrée, c'est « Cat », la femme qui n'a pas de personnalité visible à l'œil nu. Il ne sait pas que je lis des romans d'épouvante au lit, que je cuisine comme une merde, que…

— Ça te prend trois plombes pour préparer le thé ?

— Mais merde pour le thé, je suis sérieuse ! Il ne me connaît pas, Dylan. Il croit que je suis raisonnable et réservée. Moi ! Alors que je parle toute seule ! J'engueule les gens dans la télé ! Je chiale comme un bébé en écoutant Wichita Lineman et je ne peux pas entendre *Icky Thump* sans avoir envie de baiser.

— Il faut admettre que c'est une chanson qui fait grimper la température.

— On est bien d'accord. Qu'est-ce que je disais ?

— Que tu es déjantée, et pas lui, résume-t-il en commençant un deuxième biscuit.

J'apporte la théière sur la table et m'assieds avec un grognement.

— Tu ne comprends pas…

Il reste un moment silencieux.

— C'est vrai, finit-il par reconnaître. Tu sors avec un beau mec. Il a un bon boulot, il est sans doute chiant comme la pluie, mais il a envie de passer du temps à t'écouter et de coucher avec toi. Et toi, tu te demandes si tu pourras insulter les gens dans la télé devant lui ? J'ai l'impression que tu ne me dis pas tout.

— Mais non, je ne te cache rien. À t'entendre, on croirait que je suis superficielle, dis-je en servant le thé. Ce n'est pas aussi simple. Si je devais choisir entre une vie heureuse et rangée, et ma vie actuelle, je choisirais de rester comme je suis.

— Si ça peut t'aider, il y a un chapitre sur la rupture dans…

— Ah, lâche-moi avec ton putain de bouquin !

— Tu es dure avec moi.

— Arrête de me faire tes grands yeux de cocker. C'est toi qui m'as mis dans ce pétrin. Toi, et Leanne.

— Leanne ? C'est qui ?

— Une de tes fans. À cause de vous deux, j'ai réussi à séduire quelqu'un qui n'a pas la moindre idée de qui je suis vraiment.

Il pose sa tasse et se lève.

— Tu ne peux pas le reprocher à mon livre, ni à moi, Cat. Souviens-toi, ce n'est pas moi qui ai choisi Tom. C'est toi qui as accepté de sortir avec lui.

— Tu as raison, j'ai dit oui quand il m'a proposé de me revoir. Il me plaisait vraiment, mais c'était avant que…

— Avant quoi ?

— Rien. Aucune importance.

— Mais dis-moi, bordel !

— Avant que je te rencontre.

Il nous faut une seconde à tous les deux pour prendre conscience de ce que je viens de dire. Pendant qu'il me dévisage, je me demande si on peut se suicider avec une théière. Plus il reste silencieux, plus je m'énerve. Au point où j'en suis, autant aller au bout de ma pensée.

— Tu sais ce que je déteste le plus dans cette histoire, Dylan ? De tout ce que j'ai caché à Tom, le pire, c'est que lorsque je ne suis pas avec lui, je pense à toi. Et même quand je suis avec lui, tu es toujours dans un coin de ma tête ! Tantôt tu enseignes la cuisine à Grace, tantôt tu ne prends même pas la peine de répondre à mes textos. Et maintenant, tu débarques chez moi sans prévenir. Qu'est-ce que tu veux, à la fin ?

Il se lève.

— Je ferais mieux de partir, déclare-t-il d'une voix calme et douce. Je n'aurais pas dû venir…

Je me lève pour lui barrer le passage.

— Mais pourquoi tu es là, dans ce cas ? Réponds, Dylan. Pourquoi est-ce que tu fais tout ça ? Pourquoi tu es venu ?

— Parce que, Cat, à cause de toi, je n'ai envie d'être nulle part ailleurs !

Il m'attrape le visage à deux mains et m'embrasse avec fureur. Hum, quel baiser délicieux… Je ne sais pas ce qu'il signifie mais…

C'est le genre de baiser qui peut me faire perdre la tête à jamais.

Chapitre 16

— Et ensuite, qu'est-ce qui s'est passé ?

La voix de Kerry vibre d'intérêt. Je ferme la porte d'entrée et me dirige vers le taxi qui m'attend.

— Rien. Il s'est écarté. Il m'a dit qu'il était désolé, et il est parti.

— Il s'est barré ? Après t'avoir dit toutes ces choses gentilles ? Et t'avoir embrassée ! Pourquoi est-ce qu'il était désolé ? Est-ce qu'il a dit quelque chose d'autre ? J'ai un million de questions à te poser !

J'ouvre la portière du taxi et monte en voiture.

— Arlington Avenue, s'il vous plaît. Kerry, tu es toujours là ?

— Attends, tu es dans un taxi ? Qu'est-ce que tu... Tu ne vas quand même pas chez Tom ?!

— Si.

— Tu es cinglée ? Mais tu n'es pas du tout sûre de toi au sujet de Tom ! Tu as dit à Dylan que tu en pinçais pour lui...

— C'est vrai, mais ça ne veut pas dire que Tom ne me plaise pas aussi. En tout cas, il semble sincère. Ce baiser avec Dylan, c'était... un moment d'égarement. J'étais énervée. Tu sais comment je suis quand je m'énerve.

— Excitée ?

— Non. Émotive. Et maintenant, complètement déboussolée.

— Tu devrais peut-être appeler Dylan, ou...

— L'appeler ? Il m'embrasse, puis change d'avis et s'enfuit en courant. J'ai quand même encore un peu de dignité !

Le chauffeur me dévisage dans son rétro, et je baisse la voix.

— Je me sens tellement bête ! Je ne veux plus avoir affaire à ce mec.

— OK, je comprends. Mais est-ce que tu es sûre que voir Tom soit une bonne idée ? Je pourrais venir passer la soirée avec toi, si tu préfères.

— Je n'ai pas mis mes plus jolis sous-vêtements pour toi, Kerry. Je vais passer une soirée agréable avec un homme agréable. Avec un peu de chance, l'alcool et ses prouesses sexuelles suffiront à me faire oublier que j'ai un jour rencontré ce connard de Dylan Morrison.

— D'accord, Cat, capitule Kerry. Appelle si tu as besoin de moi.

Je raccroche, vérifie mon maquillage dans mon petit poudrier doré, et me répète que tout va bien se passer. Je m'efforce d'oublier les émotions suscitées par le baiser de Dylan, et qui sont encore sensibles dans tout mon corps.

On ne peut pas faire davantage classe moyenne qu'Arlington Avenue. Trente maisons blanches joyeusement alignées, un peu cachées par des haies parfaitement entretenues. Tom loue le numéro 18, le dernier pavillon au fond de l'impasse. À travers la vitre constellée de gouttes de pluie, je reconnais sa BMW, et j'indique au chauffeur que je suis arrivée. Je paie la course, respire un grand coup, et m'élance en courant vers la porte.

Tom m'accueille en jean et tee-shirt noir moulant à col en V.

— Entre, Cat. Je suis ravi de te voir. Quel temps affreux, hein ?

Il prend mon manteau, et je le vois regarder ma silhouette soulignée par la petite robe noire. D'un côté, je voudrais qu'il claque la porte, me jette par terre, et me baise jusqu'à ce que j'oublie Dylan. Mais de l'autre côté, je crève la dalle.

Il me conduit le long d'un petit couloir jusqu'à son salon décoré dans les tons crème. La pièce est accueillante avec sa lumière tamisée. Une cheminée électrique est encastrée dans un mur, et sur la table trône un seau à champagne ainsi que deux flûtes. Au fond de la pièce, deux portes-fenêtres donnent sur une véranda. Je m'en doutais ! Il faudra absolument que j'examine tout ça plus tard.

— Mets-toi à l'aise, Cat. J'ai commandé du chinois, ça devrait arriver d'ici une demi-heure. Je peux te servir à boire ?

— Oui, s'il te plaît. C'est très joli, chez toi, Tom. Tu as déniché la perle rare.

— En effet, je m'y sens bien. Je préfère habiter un peu en dehors de la ville, à présent. Ça doit être l'âge… Je n'ai pas l'intention de rester éternellement locataire, mais pour l'instant, ça me convient.

Il fait sauter le bouchon de champagne sans l'ombre d'une grimace – un talent que j'ai toujours admiré chez un homme – et nous levons notre verre « à une charmante soirée », ce qui est bien sûr une façon polie de dire « prions pour que ça se passe bien au lit ».

Bien que ce soit déjà notre cinquième rendez-vous, j'ai l'impression que la conversation reste superficielle. Au même stade de la relation avec Peter, je savais déjà qu'il avait été harcelé à l'école, qu'il avait une tache de naissance en forme de croissant de lune sur la hanche, prenait deux sucres dans son thé et savait imiter Alan Rickman de façon tordante. Avec Tom, je suis toujours à la surface, et ni l'un ni l'autre ne semble décidé à aborder des sujets plus profonds. De mon côté, j'ai de bonnes raisons, mais je me demande s'il se retient aussi, ou s'il est comme ça au naturel.

J'entends mon téléphone émettre une notification dans mon sac, mais j'attends que Tom aille ouvrir au livreur pour la consulter. Bien que je vienne d'échanger un baiser fervent avec un autre homme, je tiens tout de même à respecter l'étiquette un minimum. C'est un texto de Peter.

> Grace avait la peau sèche sur les mollets, mais nous avons traité le problème.

« Nous avons traité le problème ». Je me représente Peter et Emma en pyjama de bloc opératoire, occupés à étaler de la Vaseline sur un petit coin de peau sèche en se félicitant mutuellement pour leur prise en charge rapide et efficace.

> Excellente nouvelle, Peter. Je suis contente que vous ayez pu sauver sa jambe. Il faut toujours travailler en équipe !

Je range mon téléphone dans mon sac et avale une grande gorgée de champagne. Tom ferme la porte, et j'entends le froissement des sacs en plastique.

— Je vais mettre la table. Je n'en ai pas pour longtemps, crie-t-il.

L'image de Dylan en train de faire remuer la sauce bolognaise par Grace se forme brièvement dans mon esprit.

Qu'est-ce que je fous ? Je suis dans une belle maison, avec un homme ultrasexy, une flûte de champagne à la main, et je laisse le souvenir d'un auteur merdique me mettre en colère. Un type qui ne sait même pas s'y prendre avec les femmes ! Qu'ils aillent se faire foutre, lui et son bouquin ! La page est tournée.

Je fais les cent pas dans le salon de Tom en attendant qu'il m'appelle pour manger et tombe sur une pile bien nette de magazines, à côté de la télé. Pourvu que ça ne soit pas sa collection de porno ! Un rapide coup d'œil me fait regretter que ce ne soit pas le cas. Il s'avère que Tom est abonné à une publication sur les voitures anciennes et une autre sur le golf. Il aurait vraiment dû cacher ça sous son matelas.

— Je vois que tu as découvert mon petit vice.

— Bordel, Tom, tu m'as fait une de ces peurs !

Je recule et manque de tomber. Il me rattrape en riant.

— Désolé. C'est la moquette, elle étouffe le bruit des pas. Ça me fait tout drôle de t'entendre dire une grossièreté. Chaque fois qu'un juron m'échappait, Kathryn, mon ex, m'obligeait à mettre une pièce dans la boîte à gros mots.

Je commence à avoir l'impression d'en savoir plus sur cette Kathryn que sur Tom.

— Oh, désolée, j'essaie de faire attention, en général, mens-je tout en me récitant une litanie de jurons dans ma tête.

J'entre dans sa cuisine, qui doit faire deux fois la taille de la mienne et au milieu de laquelle trône une grande table en bois blanc. Tom y a disposé le repas : quelque chose à l'aigre-douce, du poulet frit, du canard laqué, du riz, et des chips de crevettes. Je repense à ma rencontre avec Dylan chez *Yen*… aujourd'hui, je ne laisserai pas une miette de ce poulet frit.

Arrête de penser à Dylan, Cat !

— Je me suis dit qu'avec du chinois, je ne prenais pas de risque, explique Tom en posant les couverts. Tout le monde n'aime pas ce qui pique. Assieds-toi, je t'en prie.

Nous prenons place l'un en face de l'autre. Bien qu'affamée, je fais de mon mieux pour ne pas engloutir le contenu de mon assiette en trois minutes comme je le ferais à la maison. Petite victoire, je parviens à ne pas tacher ma robe. Tom, à l'inverse, se débrouille pour mettre de la sauce sur son tee-shirt.

— Comme c'est gênant ! bredouille-t-il en s'essuyant avec sa serviette. Normalement, je suis moins maladroit…

Une petite tache de rien du tout, il trouve ça gênant ? Grace et moi, on en a vu d'autres.

— Ne sois pas idiot. J'ai une gamine de huit ans, j'ai vu bien pire.

— Parfois, j'oublie que tu es maman…

— Pardon ?

— Je veux dire, c'est super que tu aies une fille, mais je suis content que tu ne passes pas ta vie à parler d'elle comme certaines femmes de ma connaissance. Je crois que ça fait partie de ce que j'aime le plus chez toi : tu gardes cette partie de ta vie pour toi.

Ses paroles me font mal. Après tout, cette partie de ma vie, comme il dit, est la plus importante. Je me sens gênée, comme si je venais de trahir Grace. Je ne peux pas vraiment le reprocher à Tom : en suivant les règles d'or, je me suis engagée à ne pas évoquer ma fille. Je n'ai pas le droit. Mais cette mauvaise impression stagne pendant tout le repas. Je ne parviens pas à m'en débarrasser.

— Ces verres à vin sont magnifiques, dis-je pour changer de sujet. Tu as très bon goût.

— Merci. Je les ai récupérés dans le divorce. Si je me souviens bien, c'était un cadeau des parents de Kathryn.

Encore elle !

Le repas fini, je me rends aux toilettes. J'ai besoin de réfléchir.

Sa salle de bains est sans doute aussi charmante que le reste de sa maison, mais je n'y accorde pas d'attention alors que je m'assieds sur la cuvette fermée. Je me demande si passer la nuit à faire l'amour avec Tom parviendra à changer le fait que je commence à douter de ma compatibilité avec lui et son omniprésente ex-femme Kathryn.

Lorsque je retourne au salon, Tom est bien installé sur son canapé Chesterfield. Il tapote le siège à côté de lui pour m'inviter à le rejoindre.

— Viens ici, ma jolie.

C'est la goutte d'eau…

— Ne m'appelle pas comme ça, s'il te plaît… Je trouve ça cucul.

Il semble un peu surpris.

— Ah. Désolé… Je pensais que tu aimais bien.

— Pas trop.

— Il y a quelque chose qui te tracasse, Cat ?

— Je te dois des excuses, dis-je en me glissant sur le canapé près de lui. J'ai essayé d'être quelqu'un d'autre que celle que je suis vraiment, et tu mérites mieux que ça.

— Je ne comprends pas, réplique-t-il, décontenancé.

Ce n'est pas étonnant.

— Tom, en réalité, je dis des gros mots. Tout le temps. Sauf quand je suis avec Grace, bien sûr. À propos de Grace, je parle d'elle sans arrêt à mes proches, parce qu'elle est la personne qui compte le plus pour moi. J'écris une chronique sur le sexe, la séduction et la romance, et je considère mon ex comme un gros salaud et aussi, je trouve que tu parles beaucoup trop de la tienne et que c'est bizarre… Et ce que je voudrais savoir, par-dessus tout, c'est… Est-ce que tu as déjà baisé dans ton fauteuil de dentiste ?

— Mon fauteuil ? Non. Cat, est-ce que tu as pris de la drogue ?

— Ah, j'oubliais : je mens, dis-je avec jubilation. Pas souvent, mais avec toi je n'ai pas arrêté. Par exemple, mon voisin, Dylan : ce n'est pas mon voisin. C'est lui qui a préparé le repas, parce que j'ai fait semblant de savoir cuisiner. J'ai aussi couché avec lui, parce qu'en vérité, je couche avant le cinquième rendez-vous – c'était une connerie que je t'ai racontée pour que tu continues à t'intéresser à moi – et… Merde, Tom, tu es blanc comme un linge !

Je m'aperçois que je ne suis pas très gentille, mais maintenant que je lui ai dit la vérité, je me sens mieux. J'attrape ma flûte de champagne pour la finir pendant que Tom essaie d'accepter ce qu'il vient d'entendre.

— Autre chose ?

— Non, je crois que j'ai fait le tour. Je suis désolée, Tom. Tu me plais vraiment, et j'avais très envie de te voir nu, mais je vais y aller et essayer de trouver un taxi.

Je saisis mon sac et me dirige vers l'entrée, où je prends ma veste sur le portemanteau en acajou.

— Il pleut à torrents. Tu n'es pas obligée de partir.

Il se tient dans l'embrasure du salon, les bras croisés, à peine moins effrayé qu'il y a deux minutes.

— Si. Tu es super, Tom. Je suis vraiment désolée. J'ai suivi des conseils qui n'étaient pas les bons, dis-je en lui faisant la bise.

Je sors sous la pluie et remonte vers la rue principale, soulagée. Plus qu'une chronique, et je pourrai tourner la page. Pour Glasgow Girl, c'est retour à la case départ.

Chapitre 17

Kerry a l'idée lumineuse de m'emmener déjeuner dans le parc pour me « remonter le moral ». Si tant est qu'on puisse appeler deux sandwichs au thon ramollis et un sachet de bretzels un déjeuner. Il fait froid et humide ce dimanche, mais je suis contente d'avoir son opinion sur ma soirée avec Tom.

— Je dois reconnaître que je suis étonnée, avoue Kerry en jetant une miette de son sandwich à un caneton qui la couve des yeux avec patience depuis quelques minutes. Après notre conversation, j'étais persuadée que tu avais l'intention de coucher avec lui, pas de le larguer. Tu semblais vraiment décidée.

— C'était la meilleure chose à faire, dis-je avec un geste vers la mare. Ce gros canard, là-bas, c'est un connard. Tu l'as vu essayer de chourer le pain du petit ? Tu as assez mangé comme ça, gras du bec !

— Qu'est-ce que tu vas faire, maintenant ?

— Aucune idée. Mais je vais devoir écrire une chronique intitulée « J'ai jeté Monsieur X à cause de ma putain de conscience » ou un truc dans le genre. Natasha ne sera pas contente. Je pense qu'elle s'attendait à une conclusion un peu plus explosive. Comme nous tous, d'ailleurs.

— Tu n'as qu'à parler de Dylan…

— Pff, pour raconter quoi ? « J'ai perdu la tête un moment parce que ce type était sympa avec ma fille et que mon chat ne le haïssait pas » ?

— Il a plu à Heisenberg ? Ça alors…

— Ne te laisse pas impressionner. Ce chat est déséquilibré. Je suis sûre qu'il aurait aimé Hitler.

Elle enfonce son emballage dans la poubelle qui déborde à côté de notre banc.

— Il t'a embrassée, après tout… Il t'a avoué qu'il n'arrivait pas à se passer de toi. Tu n'as pas envie qu'il t'en dise plus ?

— En fait, c'est toi qui es curieuse !

— Oui ! Mais tu dois te poser des questions, toi aussi.

— Non. J'en ai assez de l'écouter parler. J'ai lu son livre. Il n'arrête pas de répéter que les hommes courent après les femmes si elles leur plaisent. Il n'annonce nulle part qu'ils vont vous sauter, vous manipuler, puis vous aider à draguer un autre homme avant de vous embrasser avec passion et de se tirer juste après.

— Tu l'avais dans la peau, pas vrai ?

J'acquiesce et jette un bretzel au gros canard harceleur.

— Mais ça n'a plus d'importance. Il prend tout comme un jeu. Au moins, Tom n'était pas comme ça.

— Et tu es certaine que c'est mort, pour Tom ?

— Il aime le golf et les voitures anciennes, Kerry. Je ne peux pas accepter l'inacceptable.

— Le golf ? s'exclame-t-elle avec un frisson horrifié. N'en parlons plus.

L'air froid de l'après-midi finit par nous chasser de notre banc. Nous nous dirigeons d'un pas vif vers la Mini rouge de Kerry garée sur le parking qui se vide rapidement. Elle allume le chauffage pour nous dégeler le visage et propose qu'on s'arrête pour un café à emporter sur le chemin.

— La grande mode en ce moment, c'est le latte à la citrouille, explique-t-elle en bouclant sa ceinture. C'est de saison. C'est surtout de la connerie pour hipster, mais j'ai envie de goûter, même si je vais sans doute détester.

De fait, elle trouve ça dégueulasse, et quand je rentre chez moi, j'ai dans les mains un thé au lait ainsi que le jus de citrouille épicé qui a fait grimacer ma meilleure amie et auquel elle a à peine touché. Grace rentre à 17 h 30, emmitouflée dans un chapeau tout doux, avec des gants assortis, les joues si roses qu'on est obligé de l'embrasser. Peter ne descend pas de voiture. Il boude sans doute à cause de mon dernier texto.

— Maman ! J'ai essayé deux robes pour le mariage ! Une rose avec des petites perles. Et l'autre violette, avec une grande jupe qui s'évase. C'est celle-là que j'ai préférée. Elle claque quand je tourne !

— Ça, c'est important, conviens-je. On dirait que tu as passé un bon week-end.

— Si je devais mettre une note, je dirais quatre-vingt-neuf sur cent. J'enlève des points parce que Netflix ne marchait pas.

— Enlève ton manteau, je vais préparer le dîner. Qu'est-ce qui te ferait plaisir ?

— Le truc pour les spaghettis comme avec Dylan. On peut manger ça ?

Elle jette son chapeau par terre. Heisenberg fait le dos rond en crachant ; on dirait un arceau de croquet en colère.

— Un autre jour, ma chérie. Je ne suis pas certaine d'avoir tous les ingrédients, et…

— Tu n'as qu'à appeler Dylan. Peut-être qu'il voudra bien venir et faire encore la cuisine ? Tu te souviens, quand il m'a parlé du céleri. Il est trop marrant !

Je sens mon cœur se serrer. En cet instant, je ne serais pas étonnée que le prix du pire parent de l'année me tombe sur la tête, causant une hémorragie au passage.

— Il est parti pour son travail, mais on s'organisera quand il sera rentré.

Elle accepte mon mensonge sans ciller et file dans le salon voir si Netflix s'est remis à fonctionner. Je réchauffe un misérable repas à base de poisson pané, de frites et de haricots en boîte. Ce n'est pas gastronomique, mais il faudra que ça fasse l'affaire.

Il est 22 h 30 quand je peux de nouveau m'asseoir après avoir repassé l'uniforme d'école de Grace, préparé son repas à emporter, lavé la vaisselle, donné son bain à la petite et réussi à la mettre au lit malgré ses protestations.

Je suis épuisée, mais mon cerveau refuse de dormir. Il faut que je trouve une idée pour conclure ma chronique cette semaine sans donner l'impression d'avoir renoncé à suivre *Les Règles d'Or de la Séduction*. Je pourrais raconter que Tom était en fait un horrible raciste... non, ce serait méchant. Peut-être que je pourrais mentir, prétendre qu'il m'a larguée ? C'est bien plus intéressant que de jouer la carte de la morale, non ? Mais ça sous-entendrait que les règles ne fonctionnent pas... Mais, et si Tom m'avait quittée pour retourner avec son ex-femme ? Ça pourrait marcher. Qui suis-je pour faire obstacle à l'amour véritable ?

À contrecœur, je prends *Les Règles d'Or* et cherche des conseils pour quand on s'est fait larguer. Comme je m'y attendais, le livre reste très basique. Il s'adresse à des personnes dépourvues de vie intérieure. D'après ce que je comprends, je ne dois pas me promener avec une tête digne du Mur des Lamentations. Dylan passe ensuite en revue les émotions qu'une femme peut éprouver, et je prends quelques notes pour chacune :

Tristesse : Pourquoi n'est-il pas tombé amoureux de moi ? Je suis tellement adorable !

Colère : Il se prend pour qui ? Je vais le tuer.

Folie : Si je ne le vois plus, je vais me couper les cheveux avec cette cuillère à soupe.

Vengeance : Je vais lui offrir un chien et le lui voler. Comme ça, j'aurai un chien, et lui, ses yeux pour pleurer.

Déni : Il va revenir. Je vais l'attendre en me gavant de chocolat.

Dylan prétend que le plus important, c'est de se respecter soi-même. Je ne dois pas me transformer en cliché de la fille qui pleurniche. Je ne dois pas le supplier de revenir, sinon je vais forcément me mettre à pleurer. Et ça ne sera pas une petite larme discrète à la Sinéad O'Connor, non, ce sera une rivière de désespoir lacrymal qui ruissellera sur mon visage et détrempera le tee-shirt informe que je porte depuis que j'ai cessé de me préoccuper de mon apparence. Les femmes qui n'accordent plus d'intérêt à leur aspect finissent par se ratatiner et mourir, pendant que leur ex-petit copain est à Cannes, en train de se taper quelqu'un de mieux sur un yacht. Sans surprise, le livre ne fournit aucune indication sur la marche à suivre lorsqu'un homme vous donne un baiser qui vous hante encore longtemps après, puis sort de votre vie pour toujours en courant.

Si Tom m'avait en effet larguée, ce chapitre ne me serait d'aucune aide. Mais au moins, ça me donne de la matière pour ma chronique de samedi. Pour la toute dernière fois, je referme *Les Règles d'Or de la Séduction*. Puis je le jette à la poubelle.

Helen et Adam sont de retour de vacances. Ils semblent reposés comme il se doit, et ravis de retrouver Grace quand je la dépose avant l'école.

— Vous m'avez rapporté un cadeau ? demande-t-elle avant toute chose.

— Oui. Entre et va voir ce que ton oncle Adam a pour toi.

Grace m'embrasse avant de disparaître dans l'appartement, laissant très exactement soixante-sept secondes à Helen pour m'interroger avant que je parte au travail.

— Comment ça va, avec Tom ?

Hors de question de me lancer dans cette conversation avant d'aller bosser.

— Bien, Helen. Je te raconterai plus tard, je vais être en retard.

— « Bien », sans plus ? Tu l'as vu, cette semaine ?

— Je dois vraiment filer. Tu sauras tout plus tard. Promis.

Je dévale le couloir au petit trot et l'entends crier dans mon dos :

— Je t'ai acheté de la vodka à la framboise, mais tu ne l'auras qu'après avoir craché le morceau !

Merde, j'adore la vodka à la framboise. Quelle horrible sœur ! Elle va piquer une crise quand elle saura que j'ai largué Tom. Après une semaine comme celle-ci, j'aimerais vraiment pouvoir boire dans le train le matin sans choquer personne.

— C'est quoi, cette odeur atroce ?

Je ne suis au bureau que depuis deux minutes lorsque je me mets à ouvrir les fenêtres et chercher un cadavre d'animal. Super façon de commencer le lundi… Je me tourne vers Leanne. Elle est en train d'asperger toute la pièce d'un désodorisant bon marché qu'elle a piqué dans les toilettes du personnel.

— Aucune idée, mais il faut virer l'équipe d'entretien.

Il y a quelque chose de changé dans son visage… Oh, je vois ! Bon sang…

— Leanne, qu'est-ce qui est arrivé à tes sourcils ?

Elle plisse le front et lève les yeux dans une tentative pour les contempler.

— Je suis allée chez l'esthéticienne samedi. C'est une épilation « Haute Définition ». J'adore.

On dirait qu'ils ont été dessinés d'un coup de Bic, mais je n'ai pas le cœur de le lui dire. Cette femme vient d'essayer de regarder son front sans miroir, après tout. Ce serait comme de flanquer un coup de pied à un chiot particulièrement idiot.

Il n'y a que Leanne et moi au bureau, ce matin. Patrick a pris une semaine de congés, Gordon passe la journée à Édimbourg et Natasha est partie pour un congrès à Perth. Ça me met d'excellente humeur. Moins il y aura de gens pour me demander comment s'est passé mon rendez-vous numéro 5, mieux ce sera. Sans surprise, Leanne tente de me tirer les vers du nez, mais elle aura beau jouer de ses sourcils haute définition, elle n'arrivera à rien.

— Tu auras la réponse dans l'édition de samedi !

— Trop bien ! Dommage que ce soit la dernière. Il va falloir que tu recommences à chercher de nouvelles idées.

— Ce bouquin, ce n'était pas mon idée, je te rappelle, dis-je sèchement.

Oh, parfait, maintenant Leanne a une moue boudeuse en plus de ses sourcils bizarres.

— Désolée, je suis un peu stressée. Je ne voulais pas être désagréable.

Rassérénée, Leanne me propose du thé et s'éloigne vers la cuisine tandis que je parcours mes mails et dresse mon planning de la journée. L'odeur empire. Elle semble émaner du bureau de Patrick. Pour finir, je suis obligée d'aller enquêter. Trente secondes plus tard, je transporte un Tupperware de chou frisé pourri vers la poubelle sur le trottoir d'en face. Je remonte au bureau et écris un petit mot à Patrick :

Tu as abandonné ton chou frisé, et il est décédé.
Toutes mes condoléances.
En plus, IL FAUT ÊTRE TIMBRÉ
POUR APPORTER DU CHOU AU BUREAU !
Tu me rembourseras ma greffe des narines.

— Je vais acheter du bicarbonate de soude à la pause déjeuner, dis-je à Leanne en scotchant le papier sur le bureau de Patrick. Ça devrait atténuer un peu l'odeur.

— Je me souviens que Patrick a mangé une salade de chou la semaine dernière. Du bicarbonate de soude ? Comment tu connais ce genre de trucs de grand-mère ?

— J'ai un enfant et un chat. Il leur arrive de temps en temps de faire caca à un endroit bizarre et de me laisser le cadeau sans me prévenir. Et puis, Grace a l'habitude de renverser du lait. Souvent, et sans jamais me le dire, dis-je en parcourant les journaux.

— Je t'admire, soupire Leanne avec un sourire. J'ai déjà du mal à m'occuper de moi-même, alors un enfant… Je me demande comment tu fais pour ne pas devenir folle !

— Grace est à la fois le mal et le remède. Tu comprendras quand tu seras maman.

Je remercie Leanne pour le thé et réponds à mon premier appel téléphonique de la journée : une jeune recrue des relations publiques qui répond au prénom de Penny et prononce sans arrêt le mien « Ca-tri-o-na ».

— Pardon, Penny, mais c'est « Ca-tri-na », en fait. On ne prononce pas le O.

— Vous êtes sûre ?

— Si je suis sûre de la prononciation de mon prénom ? Oui. Sûre et certaine, merci.

— Hum. C'est bizarre, mais d'accord, alors.

Est-il besoin de préciser que je décide alors de raccrocher sans plus de cérémonie afin de vaquer à mes occupations ? Pendant ce temps, Leanne accueille le facteur.

— Du courrier pour toi, Ca-tri-o-na, lance-t-elle en riant avant de me tendre une petite enveloppe blanche.

— Ah ah, très drôle.

Je déchire l'enveloppe et en sors une carte rouge, avec un message griffonné à l'encre noire.

Lieu : le Filmhouse
Date : Vendredi 21 novembre 2014
Horaire : minuit.

Bises, D.

Je retourne le carton, mais il n'y a rien d'autre. C'est tout. Je ne demande pas à Leanne si elle a également reçu une invitation : de toute évidence, ce n'est pas destiné à l'ensemble des journalistes, mais à moi seule. Ça tombe le soir du mariage de Peter, et j'ai promis à Grace d'assister à la réception. Est-ce que je peux faire les deux ? Ai-je seulement envie de le voir ?

— Tout va bien ? s'enquiert Leanne, manifestement inquiète devant mon expression.

— Oui, oui. Je viens juste de me rappeler que le mariage de Peter est ce vendredi et que je n'ai pas encore acheté de cadeau, mens-je.

— Il y a moins trente pour cent chez *Debenhams* en ce moment, réplique-t-elle. Je suis sûre que tu trouveras quelque chose. Ça doit te faire bizarre de voir ton ex aussi heureux, mais je suis certaine que ton tour viendra !

En réalité, je compte leur donner le vase abominable qu'Helen m'a offert à Noël l'année dernière, mais je remercie Leanne pour sa suggestion, m'abstiens de commenter ses vœux pour mon futur, et me remets au travail.

Rose est allée chercher Grace à l'école pour moi, et je me dirige donc vers sa maison après une journée passée essentiellement à procrastiner en buvant du café. Laissant les enfants jouer dans le salon, Rose et moi nous installons dans la cuisine pour bavarder. Je lui raconte tout ce qui s'est passé pendant qu'on ne s'est pas vues.

— Je ne comprends rien à ce Dylan ! s'écrie-t-elle. C'est une véritable énigme… Qu'est-ce qu'il cherche, ce con ? Mystère et boule de gomme !

Elle allume la bouilloire, ouvre un paquet de biscuits et me les tend.

— Et le mariage de Peter, ça te fait quelque chose ? demande-t-elle. Si tu veux savoir, je pense que tu as raison d'y aller.

— Non, ça ne me fait rien, finalement, dis-je en choisissant un shortbread, bien décidée à me gaver. C'est drôle, depuis que cette histoire calamiteuse avec Tom et Dylan a commencé, je n'ai presque pas pensé au mariage de Peter. Ni à Peter lui-même, d'ailleurs.

— C'est parce qu'il n'est plus le dernier homme à t'avoir fait vibrer. C'est marrant comme une nouvelle relation peut remettre la précédente en perspective, n'est-ce pas ?

— Il veut me revoir, tu sais, dis-je avec un grand sourire. Dylan. Il m'a envoyé une invitation très mystérieuse…

— Mystérieuse ? Attends, s'exclame-t-elle en sortant la tête par la porte de la cuisine. Jason, arrête avec ce synthétiseur. Ça fait trop de bruit !

Elle s'approche des tiroirs en secouant la tête.

— Je regrette vraiment de lui avoir offert ce machin à Noël. Chaque fois qu'il joue avec, on dirait que Jean-Michel Jarre fait une crise d'épilepsie... Désolée, tu disais... Dylan veut te voir ?

— Oui. Qu'est-ce que je dois faire ? Aller le rejoindre après le mariage, ou faire la morte ?

— J'imagine que Grace dort à l'hôtel ?

— Oui, ils ont réservé des chambres. Elle sera avec la mère de Peter, l'abominable Victoria.

— Dans ce cas, vas-y ! Il n'y a rien qui t'en empêche. Comme ça, tu sauras ce qu'il veut, conseille Rose en sortant des tasses du lave-vaisselle.

— Mais il m'a traitée comme une merde ! Il est d'une grossièreté ! Est-ce que j'ai vraiment besoin de quelqu'un comme lui dans ma vie ?

— Écoute, quand j'ai rencontré George, je le prenais pour un connard arrogant. Maintenant, je le considère comme l'homme le plus adorable et le plus modeste de ma connaissance. Si tu as des sentiments pour ce Dylan, alors vois où ça te mène. Tu n'as rien à perdre.

— Sauf ma santé mentale.

— La santé mentale, ça ne sert à rien. Va voir ce qu'il veut.

— Et ma dignité.

— Va voir ce qu'il veut !

— Très bien, très bien !

Je mange un autre biscuit avant d'avoir eu le temps de changer d'avis.

— C'est la bonne décision. Si je ne te vois pas avant vendredi, bonne chance pour le mariage. J'espère que ça se passera bien. Et quoi qu'il se passe avec Dylan, dis-toi que tu as bien de la chance de ne pas être la femme qui va se lier à jamais à ce guignol brinquebalant de Peter.

Brinquebalant.

Pourquoi ça me fait autant rire ?

Grace n'est rentrée que depuis un quart d'heure lorsque Helen toque à ma porte. Elle est armée d'un litre de vodka et d'un regard sévère.

— Tu as un nouveau dentiste à me conseiller ? demande-t-elle.

Merde. Elle est au courant.

— N'en fais pas trois tonnes... J'avais l'intention de t'en parler ce soir. Comment tu l'as su ?

Elle me marche sur le pied en passant à côté de moi.

— J'ai appelé Tom pour l'inviter à dîner et il m'a répondu que ce serait sans doute un peu gênant puisque vous ne vous voyez plus. Il m'a dit que tu n'étais pas trop son genre et qu'il avait essayé de te quitter en douceur. Il espère que tu n'es pas au trente-sixième dessous.

C'est lui qui m'a plaquée ? Bien joué ! Je n'ai que ce que je mérite.

— Ça va, Helen. La vie continue, et...

— ... mais alors il m'a expliqué qu'il n'avait jamais vraiment eu envie de sortir avec une de ces mères célibataires d'aujourd'hui, et je lui ai dit d'aller se faire foutre. Donc, pour revenir à la question initiale, est-ce que tu aurais un nouveau dentiste à me conseiller ?

Je me jette dans les bras d'Helen. Elle me murmure à l'oreille :

— De toute évidence, c'est toi qui as rompu et tu as bien fait. Je peux comprendre qu'il essaie de sauver la face, mais qu'il ose te regarder de haut, c'est honteux ! Tu es la meilleure des mamans.

Elle s'écarte et me tend la bouteille de vodka.

— Tu peux boire à ma santé. On se voit vendredi, au mariage. Je vais mettre mon tailleur crème, celui que j'ai acheté en soldes chez *Fraser's*. Et toi, tu comptes t'habiller comment ?

— Un tailleur bleu layette à la Jackie Kennedy pour la cérémonie, et ma robe bordeaux évasée, avec les fines bretelles, pour la réception.

Je m'attends à ce qu'elle m'explique que mon choix est totalement inadapté, mais pas du tout.

— Tu vas être magnifique. À vendredi.

Elle me fait la bise et traverse le couloir, me laissant faire connaissance avec ma vodka framboise. Je me verse une petite dose au fond d'un grand verre, ajoute de la limonade, et m'attelle à la tâche de rédiger ma dernière chronique.

The Lowdown Magazine
Samedi 22 novembre 2014

J'ai suivi les règles d'or
Que se passe-t-il quand tout fout le camp ?
Ça n'aura pas été une promenade de santé. Entre les débuts, à épier des inconnus au supermarché, et mon lancer de spaghetti sur le mur de la cuisine, j'ai respecté scrupuleusement les règles dans l'espoir que Monsieur X soit le prince charmant. Mais quand votre prince charmant a encore des sentiments pour une autre, même le fameux livre des règles d'or ne peut rien pour vous. Eh oui, chers lecteurs, c'est fini.

La veille du mariage, Grace prépare son petit sac avec toutes sortes de trésors sans lien direct avec le grand jour, comme des figurines d'animaux et des autocollants. Elle jacasse avec bonheur sur l'importance de la tâche de lancer des pétales, et le fait de ne surtout pas courir ou danser dans la nef. Je guette Peter par la fenêtre. Tout ça me semble surréaliste.

— On va passer DEUX nuits à l'hôtel, maman ! Je dors avec Mamie Victoria. Et quelqu'un viendra nous coiffer le matin.

— J'ai hâte de voir à quoi tu vas ressembler !

Je l'embrasse, pleine de l'espoir qu'elle oublie les instructions de Peter et se mette à courir ou danser. Je rêve qu'elle se déchaîne et finisse carrément par un french cancan.

L'Interphone sonne et je fais entrer Peter. Il semble un peu affolé, mais heureux.

— Tout est prêt, alors ? dis-je dans un effort pour mener une conversation à la fois polie et impersonnelle.

— Oui. Est-ce que nous te verrons à l'église demain matin ?

— Bien sûr. Je ne voudrais pas rater ça. Et je ferai un saut à la réception le soir.

Il ne m'écoute pas. Je connais Peter : il est en train de se demander comment il va faire pour supporter ses parents pendant deux jours, et si sa chambre d'hôtel a un Minibar. Ce qui sort de ma bouche n'est que du bruit.

— Allons-y, papa ! crie Grace en s'échappant de mes bras. À demain, maman ! Ça va être trop, trop super !

Elle pousse un cri d'excitation en s'élançant vers la porte de la rue.

— À demain. Tous mes vœux, Peter.

— Merci. Bonne nuit.

Je referme la porte et m'appuie un instant contre le battant. Je suis contente qu'Helen m'accompagne à la cérémonie. Ce n'est sans doute pas la compagne la plus indiquée, car elle ne peut s'empêcher de dire tout ce qui lui passe par la tête, mais je suis soulagée de ne pas être seule… Je serai bien habillée et souriante, et je les féliciterai. J'ai toujours du mal à y croire, mais pour la première fois, je ne suis pas submergée d'émotions négatives. Enfin, nous sommes tous en train de passer à autre chose.

Chapitre 18

Le mariage. Nous ne sommes là que depuis sept minutes et déjà, je porte des escarpins qui ne sont pas les miens. L'un des talons des chaussures confortables que j'avais décidé de porter a lâché et se trouve actuellement dans le caniveau, et Helen m'a forcée à enfiler ses talons aiguilles argentés, de véritables instruments de torture bien trop étroits pour mes pieds larges et plats. Ça ne m'aurait pas gênée de finir pieds nus, mais Helen a déclaré que jamais elle ne laisserait sa sœur se promener comme une hippie. Elle m'a donc refilé ses Kurt Geiger neuves avant de courir chercher des ballerines dans sa voiture. Et je suis cachée près de l'église.

Pendant qu'Helen contourne son véhicule sur la pointe des pieds, un taxi s'arrête. Une jolie brune que je ne connais pas en descend en prenant soin de ne pas montrer sa culotte malgré sa jupe courte. Elle est suivie par son compagnon mal rasé, qui préférerait de toute évidence être n'importe où plutôt qu'à un mariage un vendredi matin. Un peu plus loin, j'aperçois Jay et Lonna, les amis de Peter, qui traversent le parking, suivis par un groupe de femmes qui a choisi de porter du noir. Je devine que ce sont des proches d'Emma.

Je déteste les mariages. Depuis ma rupture avec Peter il y a sept ans, je suis allée à six cérémonies de ce genre, et le seul moment sympa, c'est celui où je choisis un cadeau bien merdique, comme une salière à thème religieux ou des bouillottes en forme de bite. J'essaie toujours de me persuader que je vais passer un bon moment, mais c'est chaque fois la même chose : je passe la soirée à errer entre les tables où les couples enamourés et de plus en plus bourrés se sentent obligés de me dire que « mon tour viendra ». Certains jours, je parviens à sourire poliment, mais d'autres fois je leur demande de la boucler. J'éprouve inévitablement un pincement au cœur en songeant qu'autrefois, j'y ai cru. Ensuite, je suis un peu déprimée, puis je me jette sur le buffet pour me goinfrer, tout en me sentant de plus en plus boudinée dans ma jupe.

Mais cette fois, ce sera différent. C'est Peter qui se marie. Je vais regarder le père de mon enfant, « l'amour de ma vie », épouser une femme qui n'est pas moi… et bizarrement, ça ne me dérange pas plus que ça. Moins que je l'aurais cru, en tout cas. J'ai juste envie que ce soit derrière moi.

Mon attention est de nouveau attirée vers la rue, où j'aperçois deux voitures de mariés au loin, arrêtées à un feu rouge. Je fais de grands gestes à Helen pour qu'elle se dépêche. Je suis sûre qu'Emma n'a pas du tout envie, en descendant de voiture, que la première chose qui croise ses yeux soit l'ex de son futur époux, en train de trébucher sur des talons vertigineux. Grace sera aussi dans la voiture ; je ne veux pas la distraire de ses tâches.

Helen accourt, chaussée de ses ballerines, et m'aide à entrer sans être repérée. Nous trouvons des places dans la troisième rangée en partant du fond, derrière deux femmes d'âge mûr avec des chapeaux identiques et ridicules. Helen ricane tellement que le banc d'église tremble.

— Arrête de glousser ! dis-je avec un coup de coude.

— Trop tard. Vous m'avez perdue. Essaie de résister si tu peux.

Je me tourne vers la droite et repère Peter debout devant l'autel. Vêtu de gris et de violet, il semble nerveux, comme tout futur marié. Il me voit et m'adresse un petit geste, me montrant son costume pour savoir s'il me plaît. À ma grande surprise, son attitude me touche, mais avant que j'aie pu lever les pouces en signe d'approbation, les portes s'ouvrent dans mon dos, l'assistance se lève et la musique commence.

Je me tourne vers Helen qui m'adresse un clin d'œil. Elle se penche pour me murmurer :

— Et voilà !

Je respire un grand coup.

Et voilà, putain de bordel de merde !

— Félicitations. Je suis tellement heureuse pour vous !

Je cesse de sourire et pousse un soupir. Non, ça sonne faux. Il faut que je sois plus naturelle. Je secoue la tête avant d'adresser un nouveau sourire à mon reflet dans le miroir.

— Félicitations ! Et espérons que tu ne merdes pas, cette fois-ci, Peter, hein ?

Nan. Pff, l'éclairage des toilettes me donne l'air d'avoir au moins soixante-dix ans. Je fais une nouvelle tentative sans sourire : sombre, mais profonde, la tête baissée comme Lady Di.

— J'espère que vous vivrez heureux, et longtemps... dans les flammes de l'enfer !

Oh, putain... Pourquoi est-ce si difficile ? Pendant la cérémonie, tout allait bien. Je n'ai pas pleuré quand ils ont dit « Oui » et j'ai réussi à contenir mon hilarité lorsque Emma, ses trois demoiselles d'honneur et Grace ont descendu la nef sur *Somewhere Over the Rainbow* (franchement !). J'ai souri d'un air triomphant à Grace lorsqu'elle m'a fait coucou à deux reprises pendant la cérémonie. Le pire, c'est que j'espère vraiment qu'ils seront heureux ensemble... mais je n'arrive pas à le dire d'un air sincère. Car même si je souhaite de tout cœur qu'ils vivent de belles années, ce qui me préoccupe vraiment, c'est ce qui va se passer tout à l'heure lorsque je verrai Dylan.

La porte s'ouvre, et un flot de rires et de musiques envahit la pièce pendant un instant avant qu'elle se referme.

— Maman !

Grace, vêtue de sa robe violette avec la grande jupe qui claque, court vers moi à toutes jambes pour me serrer par la taille, sa tête heurtant ma poitrine.

— Ça fait des heures que je danse avec papa, pourquoi est-ce que tu mets si longtemps ?

— Oh, ma chérie, tu es tellement belle ! Laisse-moi te regarder.

Elle recule et tourne pour me montrer comme sa jupe se gonfle. Je vois bien que même si c'est Peter qui se marie, elle a été au centre de l'attention toute la journée.

— Maman, je vais faire pipi. Tu m'attends ?

Elle disparaît dans l'une des cabines et je finis de me remettre du rouge à lèvres. Alors que Grace ressort, la jupe coincée dans la culotte, je rajuste les bretelles de ma robe bordeaux et jette un dernier regard dans le miroir, enfin prête à affronter ce qui m'attend lors de la réception.

Grace se lave les mains pendant que je lui remets sa jupe en place, cachant sa minuscule culotte blanche aux regards. Elle ouvre la marche pour sortir des toilettes et nous traversons la réception, main dans la main, vers la pièce principale. Je repère aussitôt Emma dans sa robe de mariée, qui danse avec un tout petit garçon en kilt. J'ai un peu plus de mal à trouver Peter, mais Grace ne tarde pas à l'apercevoir. Tout au fond de la salle, il est en grande conversation avec son copain Ryan. Je suis gênée, comme si je n'avais pas le droit d'être là.

Grace gambade vers Peter, qui m'adresse de grands signes alors que je la suis à pas lents.

— Coucou, Grace ! Papy te cherchait. Il veut danser avec toi. Essaie de le retrouver pendant que je parle avec ta maman.

Nous la regardons détaler vers le père de Peter.

— Alors, est-ce que tu as passé une journée affreuse ? me demande-t-il.

— Non ! Pas du tout ! réponds-je en riant. La cérémonie était magnifique. Je suis ravie que vous m'ayez invitée. Je suis vraiment heureuse pour vous.

Bravo !

— Tu sais, je ne pense pas que j'aurais pu te regarder épouser quelqu'un d'autre, avoue-t-il en me posant la main sur le bras. Je me doute que ce n'était pas facile.

— Eh bien, à ma grande surprise, ça l'était. Toi et moi, ça commence à dater, Peter…

Je me demande vraiment où va cette conversation.

— J'ai beaucoup de regrets, confie-t-il. J'ai eu de nombreux torts envers toi. Je veux que tu saches que malgré tout ce qui a pu se passer, je pense que Grace a une super maman, et que tu es merveilleuse.

— Mais… ?

— Non, il n'y a pas de « mais ». C'est tout ce que je voulais te dire.

Il me serre dans ses bras. Je suis abasourdie. Il semblerait qu'épouser Emma ait fait de Peter un être humain correct et capable de réfléchir – bien qu'un peu ivre. On dirait bien que c'est le plus beau mariage auquel j'aie assisté, et je me sens enfin heureuse pour eux.

Pendant la soirée, les parents de Peter viennent me trouver avec un mélange de méfiance et de mépris. Pour eux, je suis toujours la harpie sans âme qui a choisi de ne pas rester dans une relation de couple vouée à l'échec. Je me contente de leur sourire. Je n'en ai vraiment rien à foutre de ce que ces deux vioques peuvent penser. Emma, charmante, m'apporte une flûte de champagne. Elle me remercie d'être venue et de m'être montrée si compréhensive alors que ça ne devait pas être évident. Ah, si elle savait !

Vers 23 heures, Grace n'est pas loin de s'endormir debout, et elle ne proteste pas trop quand sa grand-mère l'emmène dans leur chambre d'hôtel. C'est le moment de m'éclipser. Peter m'accompagne jusqu'au taxi et me serre de nouveau dans ses bras avant d'aller rejoindre ses invités et sa jeune épouse. Je me dirige vers le Filmhouse.

Chapitre 19

L'extérieur du Filmhouse a une allure très différente à minuit. Sans la chaleureuse lumière de l'autre jour, la façade semble froide et peu accueillante. Presque menaçante. Et le fait que ça se trouve à Glasgow n'arrange rien. Même des villes plus sûres semblent un peu glauques à la tombée de la nuit…

J'essaie la porte d'entrée, mais elle est fermée, et l'idée qu'il m'ait posé un lapin m'effleure brièvement. Mais ma question trouve aussitôt une réponse lorsque la porte latérale s'ouvre dans l'allée qui court le long du bâtiment.

— Par ici ! crie Dylan en me faisant signe d'approcher.

Perplexe mais curieuse, je parcours les quelques mètres qui me séparent de l'ouverture.

— Qu'est-ce que je fous là ? dis-je alors qu'il referme le battant derrière moi.

Nerveux et mal rasé, il se frotte le menton.

— Je n'étais pas sûr que tu viendrais. Je me suis dit qu'il fallait que je m'explique mieux après l'autre soir… c'est par ici, Cat.

— Et tu ne pouvais pas faire ça par téléphone ?

Nous traversons un petit espace de rangement et débouchons dans la réception. La pièce est plongée dans l'obscurité, à l'exception de bougies posées à même le sol, dessinant un chemin vers la salle 2.

— Si j'avais appelé, cette mise en scène n'aurait pas été possible.

Je sens un frisson me parcourir la colonne vertébrale. Il a pris le risque de mettre le feu au bâtiment, juste pour m'impressionner. Et ça marche.

— C'est pour moi que tu t'es faite belle ?

— Ne te monte pas le bourrichon. J'arrive juste du mariage de mon ex.

— Oh, merde…

— Non, ça allait.

— Tant mieux. Eh bien, si tu veux bien te diriger vers la salle 2, le film va bientôt commencer.

— Le film ? Mais je croyais que tu voulais parler ?

— On peut faire les deux. Après tout, le cinéma est à moi.

Il m'emmène dans le couloir, suivant le chemin de bougies, qui s'arrête devant la porte. Dylan l'ouvre pour moi et j'entre la première. La salle est bien éclairée, et une musique douce passe dans les haut-parleurs. Sur l'écran est affiché un message :

« Stanley Kubrick, *Shining*. Durée : 146 mn. »

— Tu m'as amenée ici pour me terroriser ?

— C'est un bon film, pour un premier rendez-vous, répond-il en riant.

— Ah, ceci est un rendez-vous galant, alors ?

Je me dirige vers les rangées de sièges. En vérité, personne ne m'a jamais offert de moment aussi romantique, et pour couronner le tout, je porte une robe magnifique, parfaite pour une première soirée. C'est dommage que tout ça se passe avec le fuyard sans cœur de la cuisine.

Dylan me conduit à la rangée H, où il a préparé des boissons et des choses à grignoter.

— Ça commence à quelle heure ? dis-je en lorgnant le pop-corn.

Je ne comprends pas vraiment ce qui se passe, mais je me laisse aller à suivre le mouvement, d'autant plus volontiers qu'on m'offre des friandises.

— Bientôt. Mais…

— C'est Johnny Cash, que j'entends ? Tu as mis de la country pour moi ?

— Euh, oui, mais…

— J'adore cette chanson ! Elle est tellement…

— Cat ! On peut discuter ? S'il te plaît. J'ai quelque chose à te dire, et ça ne peut pas attendre.

Oh là là…

Je me tais et prends mon air le plus désinvolte pour gober une poignée de pop-corn.

— La nuit où je t'ai abandonnée dans ta cuisine… alors que je t'écoutais parler avec tant de passion de toutes ces choses que Tom ignorait à ton propos… Tout à coup, j'ai compris que je voulais être celui qui connaîtrait tous ces détails. Pas Tom. Tu es ma révélation et j'étais trop bête pour le voir.

— Ta quoi ? Je ne comprends pas, ce que tu dis n'a aucun sens…

Dylan attrape quelque chose sous son siège pour me le tendre.

— J'ai du mal à m'exprimer. Ceci t'éclairera peut-être.

C'est un exemplaire du *Tribune* censé paraître le lendemain.

— Quoi ? Ma chronique ? En quoi ça peut m'éclairer ?

— Lis-la.

— Mais je sais très bien ce qu'il y a dedans.

Il ouvre le magazine à la page 16.

— Cat. Lis-la, c'est tout.

— Très bien.

Je lui prends le magazine des mains, mais je me sens vraiment idiote.

Nous vous présentons nos excuses : il n'y aura pas de chronique de Glasgow Girl cette semaine. Nous vous proposons à la place une chronique spéciale par Guy Wright, auteur des *Règles d'Or de la Séduction*.

Incrédule, je garde les yeux rivés sur la page. C'est quoi, ce bordel ? J'ai peur de lire la suite, mais mes yeux en ont décidé autrement…

Lorsque j'ai écrit *Les Règles d'Or de la Séduction*, je me suis assuré de traiter chacune des possibilités de la relation naissante. Que dire, comment s'habiller, quand coucher pour la première fois, comment faire face à la rupture. Mais il y a une question que je n'avais jamais pensé à me poser : que faire quand on rencontre quelqu'un avec qui les règles ne s'appliquent pas ?

Je vais être clair : c'est un cas extrêmement rare, voire insolite. Comme lorsqu'il pleut des grenouilles, que la foudre frappe deux fois la même personne, ou qu'il fait chaud en Grande-Bretagne, mais comme tous ces événements, cela peut arriver.

Donc, pour rester dans le thème du livre et de cette chronique, je voudrais ajouter une dernière règle. Elle peut sembler un peu mystérieuse au premier abord, mais lisez-moi jusqu'au bout.

Règle 11 : la révélation

Tout au long de ce livre, je vous ai donné des conseils pour rencontrer des hommes, susciter leur intérêt, et le maintenir.
Mais que faire si, sans même chercher à y parvenir, vous avez réussi à faire d'un homme ordinaire, fermé aux sentiments, l'ombre de lui-même ? Et s'il ne vous le dit pas ? Comment pourriez-vous le deviner ?
Par chance, il existe des signes auxquels vous pouvez vous fier :

✓ Il trouve votre incapacité à cuisiner charmante.
✓ Il est prêt à reconnaître que vous êtes plus drôle que lui.
✓ Ça ne le dérange pas que vous écoutiez de la country de merde.
✓ Il devine que vous êtes une excellente maman, parce que votre enfant n'est pas un monstre.
✓ Il déplore la façon dont vous vous êtes rencontrés, mais ne regrette pas d'avoir passé la nuit avec vous. Pas une seconde.
✓ Il est paumé et a passé toute la semaine dernière à se mettre des baffes et à croiser les doigts pour ne pas avoir tout foiré.

Et si aucun de ces signes ne vous rassure :

✓ Il pirate votre chronique pour déclarer à la face du monde qu'il est amoureux de vous.

Ne ratez pas l'interview exclusive de Guy Wright la semaine prochaine. *Les Règles d'Or de la Séduction* est disponible dans toutes les bonnes librairies, pour le prix de 5,99 £.

Je prends conscience de ne pas avoir ouvert la bouche depuis au moins cinq minutes.

« *déclarer à la face du monde qu'il est amoureux de vous* »

Je ne cesse de relire ces mots, incrédule. Tout au fond de moi, je sens une émotion bouillonnante se former. Ça fait longtemps que ça ne m'est pas arrivé, mais je crois qu'il s'agit d'un sentiment de pur délice. J'essaie de reprendre contenance.

— Alors ? Cat, dis quelque chose. Je commence à flipper…

— Je n'arrive pas à croire que tu aies fait ça.

Je me lève et me dirige vers la sortie. Il ne peut pas voir que je souris comme une idiote.

— Où tu vas ?

— Chez moi.

— Merde ! Cat, écoute. Peut-être que cette chronique était une mauvaise idée. Je suis désolé. Reste. Je t'en prie.

Je suis presque à la porte quand je me retourne vers lui.

— Tu viens ?

Sourcils levés, je lui souris. C'est exactement comme le soir de notre rencontre, en ce même lieu. Mais les rôles sont inversés.

— Quoi ?

— Tu m'as entendue.

Il se lève d'un bond en éclatant de rire.

— Bien joué !

— Je crois que j'ai aimé le moment où tu m'as dit ça. On peut dire que tu as réussi à me faire bonne impression…

— Alors, tu sais ce qui va se passer maintenant, conclut-il en s'avançant lentement vers moi.

Il déboutonne sa chemise. En effet, je sais ce qui va se passer…

Je me débarrasse de mes chaussures. Si cette robe ne m'avait pas coûté si cher, je serais déjà en train de l'arracher. Je descends l'allée vers lui et laisse glisser mes bretelles sur mes épaules, tout en essayant d'atteindre la tirette de ma fermeture Éclair.

Il marche toujours dans ma direction, en dégrafant sa ceinture.

— Reste où tu es.

Alors qu'il s'approche, je remarque combien il est curieux que j'aie vu aujourd'hui mon premier amour se marier, alors qu'à présent tout a changé de manière imprévisible grâce à un ridicule petit bouquin. Je suis consciente également que nous ne pourrons pas attendre d'être chez lui ou chez moi.

Il est près de moi, la chemise ouverte, sa ceinture sur le sol. Avant que j'aie pu dire un mot, il me pousse dans le fauteuil 5 de la rangée C et m'y maintient fermement, les mains agrippées aux miennes. Il me regarde avec une telle intensité que j'ai peur de me dissoudre.

— Tu sais que nous sommes en train d'enfreindre au moins quatre règles, dis-je dans un murmure.

Il dégage sa main gauche pour me caresser la joue.

— Les règles, on les emmerde, Cat.

Puis, dans la rangée C, sur du Johnny Cash, Dylan se penche vers moi pour m'embrasser. Mais cette fois, je connais la signification de ce baiser.

C'est un baiser qui veut dire quelque chose.

Qui veut tout dire.

Achevé d'imprimer en mars 2017
Par CPI France
N° d'impression : 3021752
Dépôt légal : avril 2017
Imprimé en France
81121959-1